Für meine Seemänner Peter und Finn
Der schönste Platz auf der Welt?
Ganz nah bei euch!

Impressum

Alexandra Schöler-Haring, Peter Schöler
Wellenzeit

Palstek Verlag GmbH
Eppendorfer Weg 57 a, 20259 Hamburg
Telefon 040 - 40 19 63 41, Fax 040 - 40 10 63 41
Email: info@palstek.de
Internet: www.palstek.de

Umschlag: Imke Feddersen
Weltkarte: Peter Schöler

ISBN: 978-3-931617-39-4

Druck:
Westermann Druck GmbH
www.westermann-druck.de

Alexandra Schöler-Haring | Peter Schöler

Wellenzeit

Palstek Verlag GmbH
Hamburg

Als ich den Kapitän versenkte

Wie alles begann? Mit einer Liebesgeschichte! Und wann? An einem windigen kalten Tag auf den Fluten der Alten Donau in Wien. Von einer Weltumsegelung war damals noch keine Rede. Oder sagen wir so: Mein Peter hatte mir seinen Traum noch nicht so richtig gebeichtet. Er war ja damals auch noch nicht mein Mann, sondern nur mein boyfriend, und das erst seit ein paar Wochen.

Er hatte mir natürlich von seinem Schiff RISHO MARU erzählt, einem Wharram-Katamaran (sagte mir rein gar nichts, außer dass ein Katamaran zwei Rümpfe hat). Er stand in einer Marina in Griechenland und Peter bewegte ihn drei Monate im Jahr. Ein Foto hatte ich auch. Peter, braun gebrannt mit blitzblauen Augen am Steuer seiner RISHO MARU. Ich hasse Sonnenliegen und werde auch nicht braun. Mhmm, das irritierte mich etwas, aber ich dachte mir, was soll's, der Sommer war noch einige Monate entfernt. Und so beschlossen wir, es mal mit dem Segeln zu probieren – im Kleinen.

Die Alte Donau in Wien war und ist ein begehrtes Wochenendseglerrevier. Ich weiß nicht mehr, warum, aber mein Bruder Stefan schloss sich uns an. Er würde es bereuen. Aber dazu später.

Wir mieteten eine nette kleine und schwere Jolle aus Holz und legten ab. Ich hielt in einer Hand die Großschot in der anderen die Steuerpinne. Wow! Die Gischt spritzte über uns hinweg, die Jolle jagte dahin, wir segelten!

„Fieren" klang es zärtlich von den Lippen meines Kapitäns.

Eine dicke graue Gewitterwolke schob sich über die Sonne.

„Fieren", mein Geliebter zwinkerte mir freundlich zu. Ich fror doch nicht. Mein Bruder schien etwas unlocker. Fror er? Ach Brüder! Freiheit! Luft! Liebe! Und dieser stürmisch leidenschaftliche Wind!

„Fieren! Mach die Großschot auf!" irgendwas irritierte mich am Ton meines Freundes. Frechheit, es klang ein bisschen nach Befehl. Zumindest so einen Hauch davon. Ach ja, unsere nette

Jolle hatte eine etwas eigenartige Lage eingenommen. On the heel – sollte ich einige Jahre später lernen – am Stöckel sozusagen. Schräglage.

Meine neuen Leinenturnschuhe (ohne Stöckel) schienen irgendwie dem Wasser sehr nahe gekommen zu sein.

„Mach das Segel auf. Leine los!"

Was? Ich zog doch schon die ganze Zeit dran und jetzt noch fester. Oder war das etwa wie bei rechts und links, die ich auch immer verwechselte?

Ja, es war. Langsam versank die Jolle im gar nicht so blauen Donauwasser. Neben mir mein Bruder, der sein Bauchtäschlein mit Handy und sämtlichen Kreditkarten verzweifelt in die Luft hielt. Peter stand mit einem Fuß am Rand der Jolle, mit dem anderen am Schwert und versuchte sie wieder aufzurichten.

Vergiss es. Vollholzjolle aus den Sechzigerjahren ohne Schwimmkörper. Immerhin, Peter verließ als Letzter das Schiff, und seinen trotz vorhersehbarem Untergang festen und entschlossen Blick werde ich nie vergessen. Das Wasser kroch langsam meine Leinenturnschuhe hoch, die Jeans entlang bis zum Frühlingsjäckchen. Schließlich erreichte es meinen Hals und ich wimmerte prustend:

„Was soll ich tun?"

Kapitän Peter: „Schwimmen."

Und so versanken wir vor den Augen der neugierigen Sonntagsspaziergänger in der Alten Donau.

Zwei Weltumsegler in spe und der Bruder einer Weltumseglerin! Wer hätte das gedacht!

Vor allem als man diese Gestalten später, gerettet vom yachtclubeigenen Motorboot, in alten Jogginghosen und peinlich gestreiften Siebzigerjahre-Pullis am Strand sitzen sah. Genau aus der Kleiderkiste, über die ich mich im Bootshaus lustig gemacht hatte.

„Nie wieder", fauchte die weibliche Crew und zukünftige Weltumseglerin.

Tja; never say never!

Peters Traum

So vergingen die Jahre in Wien. Mein boyfriend kniete eines Valentinstages in unserem Vorzimmer vor der grünen Sitzbank und hielt um meine Hand an. Mir war schlecht.

Nein, nein, nicht, was Sie denken. Natürlich sagte ich Ja. Ich wollte diesen Traummann auf jeden Fall heiraten. Ich hatte mit ihm bereits zwei Sommer auf seiner RISHO MARU verbracht. Den ersten Sommer im Ionischen Meer, der Westküste Griechenlands. Ich kannte jetzt die Unterschiede zwischen Großsegel, Fock, Spinnaker und Co. Am Wind, gegen den Wind, im Wind, ohne Wind! Erst im zweiten Sommer erlebte ich ordentlich Wind und für mich große Wellen, ja, Sturm um den Peloponnes, am Tor des Hades.

Ich erinnere mich, als wir unter Segeln ablegten: Ich fühlte mich wirklich um einige Tausend Jahre zurückversetzt in dieser Stille des Augenblicks. Wie Odysseus oder einer dieser großen Seehelden. Mein Mann, der Kapitän, war souverän, segelte er sein Schiff doch schon zwanzig Jahre von Italien, Kroatien, Griechenland bis Tunesien.

Er liebte sein Schiff, das war mir klar. RISHO MARU war und ist etwas ganz Besonders. Ein Eigenbau aus Holz und Epoxid, die Kabinen sehr persönlich gestaltet. Lange gab es keine Toilette, nur eine Klobrille an einem toilettentechnisch praktischen Platz über dem Wasser. Man setze sich im Sarong drauf und plumps! Erstaunlicherweise hielt das kaum jemanden ab, seine Sommerferien auf RISHO MARU zu verbringen. Ich war aber doch froh, dass es inzwischen ein nettes Klokabinchen gab!

RISHO MARU wurde gerne als Fotomodell eingesetzt in den kleinen, engen griechischen Häfen. Sie stach heraus mit ihrer eigenwilligen Form, zwei markant schrägen Masten, ohne Deckshaus, irgendwie hippiesque und doch elegant – vor allem unter Segeln.

Eine Ketsch: zwei Masten, zwei Vorsegel, ein Diesel-Outborder, den der Kapitän nur für Hafenmanöver verwendete. Es wurde vor allem gesegelt.

Mulmig war mir schon manchmal. Wenn in der Nacht der Wind über Deck fegte und der Kapitän mit seinem Dingi einen zweiten Anker ausbrachte. Ich fand das Segeln schön, aber nach dem Sommer freute ich mich dann doch wieder auf unsere Wohnung in Wien.

Inzwischen wusste ich, dass es Peters Traum war, eine Weltumsegelung zu starten. Seine Freunde Wolf und Doris, die Seenomaden, waren gerade von ihrer Weltumsegelung zurück. Weltumsegler. Was sind das für Typen? Eigentlich sahen sie ganz normal aus. Und doch war da irgendetwas, das einen unruhig werden ließ. Dieses Flackern in den Augen, eine ureigene Sicherheit, ihre unglaublichen Geschichten, ihre hohe Flexibilität. Sie waren anders als alle, die ich bisher kennengelernt hatte. Ich fragte mich immer, warum macht man so etwas. Dann besann ich mich. Auch ich war einige Jahre zuvor für zwei Jahre ausgestiegen und nach Amerika gegangen. Und diese Zeit war wunderbar gewesen, hart, aber prägend für immer.

Aber mit einem Segelboot?

Nein. Dazu sagte ich Nein. Peter war nicht böse, drängte nie, träumte weiter.

Die Segelmagazine häuften sich in unserer Wohnung. Irgendwann begann auch ich zu lesen, sah Bilder von braun gebrannten Menschen auf Segelyachten, die vor weißen Stränden ankerten. Südsee, Karibik, ich las natürlich vor allem die Berichte, in denen Segler in Stürme gerieten, Riesenwellen und Zyklone Strände verwüsteten, Piraten raubten und mordeten.

Aber ich las auch Tanja Aebi. Eine Achtzehnjährige, die das schafft? Ich sah „Der Sturm“ – der schöne George Clooney in Seenot! Ich verschlang Björn Larsson und sah den verzaubernden Diavortrag unserer Seenomaden.

Und erst an diesem Valentinstag hatte ich gelesen, dass es Leute gab, die auf so eine Reise sogar ihre Kinder mitnahmen!

Apropos Kinder. Mir war schlecht. Und ich sagte gerührt Ja zu dem Mann auf Knien vor mir.

Ich wusste, mit ihm wollte ich durch dick und dünn gehen. Mit ihm wollte ich immer zusammensein, mit ihm war auch die Nähe auf dem Schiff nie zu nahe. Er sagte, er würde mir die Welt zu Füßen legen – was ich damals nicht wusste: Er meinte es wirklich so!

Neun Monate später war mir nicht mehr schlecht, ich war durch dünn und dick gegangen und auf dem Schiff war es eine kleine Spur enger geworden. Finn war da. Fast an Bord geboren, verbrachte er seine Kleinkindjahre jeden Sommer auf unserer RISHO MARU. Sein erstes Wort war „Fischernetz".

Ich arbeitete als Schauspielerin am Theater und nach einer unglaublich mühsamen, von Eitelkeiten und Geziertheiten geprägten Probe fragte ich mich wieder mal:

„Wo ist der Sinn? Wofür das alles? Vielleicht wird es Zeit für eine Auszeit?"

Ich rief noch am Bühnenausgang Peter an und sagte: „Lass uns nach Hawaii segeln!"

Damit war der Bann gebrochen und auch in meinem Hirn begann sich die Idee einer Weltumsegelung zu spinnen. Die Welt sehen! Andere Menschen! Ein anderes Leben! Neues erleben!

Aber warum gerade mit einer Segelyacht, fragte ich mich. Warum den Launen der Natur so ausgesetzt? Wenn was passiert ... Und was erwartet uns, wenn wir heimkommen, das Danach, es läuft ja eigentlich alles gut zurzeit.

Eigentlich. Das Unwort.

Ich druckste manchmal noch herum in den folgenen zwei Jahren, aber Peter blieb standhaft und ihm ist es letzendlich zu verdanken, dass wir diesen Schritt gewagt haben. Ja, und natürlich einer kleinen Erbschaft, viel zu wenig, um damit eine Eigentumwohnung kaufen zu können, aber genug als Basis für diese Reise.

Wir nannten unser Vorhaben eine Segelreise – eine Weltumsegelung war nicht vorrangig.

Erster Plan: die Karibik. Danach würden wir (oder sagen wir ich!) den weiteren Verlauf der Reise bestimmen. Ich sagte also Ja. Zwei Mal. Zuerst zum Mann, dann zur Reise. Beides habe ich nicht bereut!

Sind wir von Sinnen?

Nein, bereut habe ich unsere Reise nie. Aber manchmal verwünscht. Schön bei der Wahrheit bleiben. Zum Beispiel, als wir in das Sturmtief vor Neuseeland segelten. Oder als der Autopilot mitten auf dem Pazifik seinen Geist aufgab. Oder als wir in Indonesien am Riff saßen. Oder als Finn auf Bali furchtbar hohes Fieber hatte. Dann dachte ich: Wir sind von Sinnen, warum tun wir das? Warum sitzte ich jetzt nicht in Wien auf der Couch vor dem Kamin?

Gut, dass ich kurz vor der Abreise Ingrid traf.

Ingrid war mit ihrem Mann Robert und der achtjährigen Anna gerade von ihrer vierjährigen Weltumsegelung zurückgekehrt. Anna schien ganz normal zu sein. Viele Leute hatten uns gefragt, ob wir sicher seien, dass wir Finn nicht unglücklich machen würden. Allein auf dem Schiff, ohne andere Kinder, immer eingesperrt. Nur eine Freundin hatte gemeint – was können wir ihm mehr geben, als immer für ihn da zu sein. Wie recht sie hatte!

Anna sprach fließend Englisch, schien fröhlich und nicht unsozial zu sein. Ingrid beäugte mich über ein Glas Rotwein und meinte: „Manchmal ist es zum Kotzen, da willst du sofort aussteigen, aber es geht eben nicht auf der windigen, welligen Strecke zwischen den Marchesas und den Tuamotus, und du schwörst deinem Mann, sofort im Hafen Flugtickets für dich und das Kind zu kaufen und abzuhauen. Aber dann kommst du an und sitzt bei einem fruchtigen Tropendrink, dein Geliebter fragt dich nach dem Abflugtermin und du antwortest: Was? Wieso? Wie kommst du darauf?“ Wie recht hatte sie!

Ach, Ingrid, wie sehr dachte ich an dich in diesen Sch... momenten, die man in vier Jahren wohl höchstens an vier Händen abzählen kann! Ich kniete an Deck und heulte in den zerfetzten Spinnaker auf dem Atlantik, ich brüllte meine Verzweiflung hinaus in die kalte neuseeländische Luft, ich schwor mir, das war‘s, Schluss, ich gebe auf. Kaum im Hafen: glückliche Umarmungen mit anderen Seglern, glitzernde Atolle mit freundlichen Menschen, Blüten im Haar, Duft in der Luft. Ja, ein bisschen von Sinnen muss man wohl sein.

Finns Kindergärtnerin schaute mich mit feuchten Augen an: „Erfüllen Sie sich diesen Traum, ich wollte immer Entwicklungshelferin in Afrika werden und hab es nie gewagt." Meine Mutter, ergo Finns Oma, umarmte mich und meinte: „Nehmt mich mit!" Ein alter Bekannter starrte mich an und fauchte: „Das hast du dem Peter eingeredet!" Ich!!!

Meine Musicalstudenten weinten bittere Tränen, der Volksoperndirektor beneidete mich.

Peters Geschäftspartnerin Barbara beschloss, den auch für sie kalten Sprung ins Wasser zu wagen – Geschäftsführerin zu sein. Sie bewies damit ebenso viel Mut wie wir!

Viele redeten plötzlich nur mehr von sich und ihren nicht erfüllten Träumen.

Einige sorgten sich um Finns soziale Kontakte und Schulbildung. Die Direktorin einer Volksschule schaute mich auf die Frage, was ich für Möglichkeiten hätte, mein Kind auf der Weltreise privat zu unterrichten, verwirrt an: „Weltreise?" Und verwies mich ans Bezirksamt, wo ich Unterlagen für den häuslichen Unterricht erhielt.

Schauspielkollegin Dagmar meinte auf meinen Einwand, dass ich natürlich sämtliche Kontakte zur Szene verlieren würde: „Na und, ich tät gleich mitfahren." Meine Friseurin argwöhnte: „Nach einem Jahr seid ihr wieder da!"

Es gab ein rauschendes Abschiedsfest und irgendwie konnte ich noch immer nicht glauben, dass ich wirklich diese Reise antreten würde. Und dann lag ich in der Koje, das Schiff auf dem Weg nach Kroatien, Aufbruch zur Weltreise, ich verschnupft, verheult, verzweifelt.

Peter, selbst nicht in bester Verfassung nach einem wirklich traurigen Abschiedsfest, nahm mich in die Arme und weinte mit.

Finn spielte Lego und dachte wahrscheinlich: Seltsam die Alten, jetzt treten sie eine Traumreise an und heulen.

Die sind von Sinnen!

Aller Anfang ist schwer

Ja, ich gebe es zu, ich habe Rotz und Wasser geheult. Warum? Ja, es ist der Aufbruch zu einer Traumreise. Weg von allen Zwängen, Konventionen, Terminen, Stadtverkehr. Auf ins Abenteuer. Auf zu fremden Ländern, zu fremden Menschen. Auf zu immerblauem Himmel und Sonnenschein!

Das klingt ja sooooo toll! Und ist es auch. Aber ich brauchte einfach Zeit zum Kapieren, zum Schlucken. Wir waren nicht aus Wien geflüchtet, unser Leben war wunderbar, alles da, Friede, Freude, Palatschinken. Und das hinter sich zu lassen, eingetauscht gegen die große Unsicherheit, eine Unsicherheit, die eben stete Begleiterin eines Abenteuers ist.

Keiner kann vorher sagen, wie das alles werden wird. Aber wer sagt einem, wie alles zu Hause wird? Zu Hause glaubt man, zu kennen was kommt, oder zumindest damit umgehen zu können.

Aber wie ist es, drei Tage auf See zu sein? Oder viel länger? Was macht man, wenn der große Sturm kommt, einer eine Blindarmentzündung im nowhere kriegt? Oder einer über Bord geht? Den Atlantik klinkte ich ganz aus, sonst wäre ich wohl nicht mal bis Spanien mitgesegelt.

Peter ging's wohl ähnlich. Oder noch schlimmer. Sah er sich doch als Hauptverantwortlichen. Er, der Frau und Kind ins Abenteuer lockte und für alles Kommende geradezustehen hatte. Aber rückblickend muss ich sagen, er wirkte sehr cool. Dass er es nicht war, gestand er mir viel später, auf jeden Fall nach der Atlantiküberquerung! Gut für ihn!

Und nun war ich also unterwegs, lag in meiner Koje, trauerte unserem alten Leben nach, fürchtete mich vor dem neuen.

Das ganze Mittelmeer – von Italien nach Spanien, die Ferieninseln Mallorca, Ibiza, Menorca, ja, das waren alles noch Monate der Feriengefühle. Es war irgendwie noch wie Sommerzeit, und dann geht's nach Hause. Ging es aber nicht. Mein Bruder mit Frau kam in ihren Flitterwochen und es folgte wieder ein trauriger Abschied: heul, heul.

Mein etwas panischer Zustand änderte sich ins Positive, als wir in Spanien die ersten Fahrtensegler trafen. Kanadier! Mit zwei Buben. Ich starrte die vier an wie Popstars. Sie waren aus Amerika hierher gesegelt!!!! Die Jungs schleuderten sich wie Tarzan an Leinen durch das Rigg. Rina erzählte, sie wären gerade drei Nächte durchgesegelt, weil alles so gut lief. Allerdings hätten sie leider irgendwo Kakerlaken eingefischt, wahrscheinlich in Portgual.

Drei Tage durchgesegelt: Wahnsinn! Mein Anfängerfahrtenseglerhirn arbeitete wie verrückt. Ohne dabei eine Sekunde darüber nachzudenken, dass wir in einigen Wochen über den Atlantik segeln würden und drei Tage dafür wohl nicht ausreichen würden.

Die letzte Nachtfahrt saß mir noch in den Knochen. Ich konnte nicht schlafen. Drei Nächte ohne Schlaf, wie sollte ich das je schaffen? Rina blickte in meine schreckgeweiteten Pupillen und grinste. Derek, ihr Mann, Mischung aus Surferboy und Indiana Jones, führte Peter seine Schleppangelsammlung vor. Die Jungs hüpften mit Finn auf den Steg und fingen für ihn eine Krabbe. Die vier waren so cool! Und ich fühlte mich irgendwie so gar nicht lässig, aber nach einem gemütlichen Abend in ihrem Cockpit ging es mir besser.

Die vier waren so anders, so verrückt, so erfrischend, so weit weg von den meisten Menschen, die einem im Alltag über den Weg laufen. Das tat so gut. Ich fühlte mich plötzlich einige Stufen entfernt von der Urlaubsseglerin in mir. Ich spürte an diesem Abend die Tragweite unserer Reise, dass alles, was wir bisher erlebt hatten, mit dem, was kommen würde, nicht zu vergleichen wäre. Denn an diesem Abend sah ich wieder dieses Funkeln in den Augen von Menschen, die es wagten den sicheren Hafen zu verlassen und den Wind in ihren Segeln einzufangen! Und das mit den Kakerlaken nahm ich mir auch zu Herzen. Schon am nächsten Tag war RISHO MARU gepflastert mit Fallen und Giftspritzen. Denn dieses Schiff war nun mein Heim und ich war bereit, es bis aufs Blut zu verteidigen und zu beschützen! Tod den Kakerlaken!

Liebes Tagebuch, Menorca

Wir sind in Menorca. Ich habe geglaubt, ich müsste auf der Überfahrt sterben. Schirokko, Wind von hinten, Monsterwellen, Gewitter und Regen. Das darf ich Mama nicht schreiben, dann bringt sie mich um, wenn sie hört was ich mit ihrem Enkel anstelle. Wenn die wüsste. Habe circa 200 Legofähren in 35 Stunden gebaut. Ich hasse Lego. Hallo!!!!!!! Ich bin auf einer Traumreise!!! Bei den Monsterwellen kaum vorstellbar und dann sagt am Steg diese blöde supertoughe schwedische Skipperin "Great sailing, don't you think so?" Ja, hab ich gesagt, und wegen der kühlen Witterung hab ich so gut wie schon lange nicht mehr in meinen Ruhezeiten geschlafen. Bin jetzt noch todmüde...

Liebes Tagebuch, Cartagena

Bin 37 geworden, nicht besonders aufregend. Hab mir einen Sunblocker für das Gesicht gekauft, nachdem wir das fröhliche Franzosenseglerpärchen Regine und Gerald getroffen haben. Regine hat eine Haut wie eine Schildkröte. Die sind schon einmal um die Welt gesegelt. Ibiza war übrigens grauenhaft. Sind jetzt am Festland, Cartagena heißt die Stadt, sehr schräg. Als Wahrzeichen haben die ein U-Boot in einem Springbrunnen stehen. Olé!

Liebes Tagebuch, Sotogrande, kurz vor THE ROCK

Diese spanische Küste ist so was von hässlich. Wer will denn in all diesen Bungalows wohnen, die gebaut werden? Liegen hier in einer Marina. Draußen Gegenwind. Ich krieg bald den Koller bei den vielen Motoryachten mit ihrer Jet-Set-Klientel.Spazierten gestern raus aus dem Resort, um Abenteuer im Hinterland zu erleben - volle Pampa - Mexico! Staub, Junk, Dreck, Pferde. Sind gleich wieder in unser Resort, elegant einmal Kaffee und Kuchen.

Was sind wir doch für heiße Abenteurer!

Der Atlantik ruft

Gibraltar war lässig. Da kauften wir Gewürze beim Inder und gingen dann auf den five-o'clock-tea mit Butterscones. Am Abend aßen wir Fish und Chips. Nette Abwechslung zu den spanischen Tapas-Orgien, wobei wir ja immer noch in Spanien waren. Dieser Platz, the Rock, the Europe Point, ist mir unvergesslich. Denn neben allen Annehmlichkeiten war immer in meiner Magengrube das Gefühl: jetzt wird's ernst, der Atlantik ruft.

Ohne Peter würde ich jetzt noch die Affen am Affenberg füttern. War doch wunderbar hier! Und wenn man so den alteingesessenen Seglern in der Marina zuhörte, gab es keinen besseren Platz und absolut keinen Grund hinauszufahren. Seeungheuer lauerten in der Straße von Gibraltar. Nicht mal der Odysseus war da durchgefahren, also warum ich? Riesenwellen, Monsterströmungen, versenkte Schiffe, vielleicht war die Erde bei Tarifa, am Ausgang der Straße, doch eine Scheibe?

Peter war nicht zur Umkehr bereit. Einige Segler in der Marina schienen ebenfalls gewillt, dieses Abenteuer auf sich zu nehmen. Beim Hafenkapitän gab es sogar Listen mit genauen Zeiten zum lossegeln.

Die Kanaren waren unser Ziel. Vier Tage segeln. Ich konnte mir ehrlich gesagt kaum vorstellen, dort jemals anzukommen. Wenn wir nicht untergingen, würde ich vor lauter Schlafmangel ohnmächtig werden oder beim Segelsetzen über Bord gehen. Meine Horrorszenarien erzählte ich natürlich niemandem. Nein, ich versuchte, cool zu bleiben, jawohl, ich freute mich auf das große Blau! Schluck.

Und dann segelten wir unter Spinnaker gemütlichst aus dem Mittelmeer in den Atlantik. Dass der Wind ein paar Stunden später drehte, war Pech. Die Franzosen funkten uns an: „Esch ischt nicht sehr comfortable, mais c'est ca!"

C'est ca! Haha. Mit meinem reichen Seglerinnen-Erfahrungsschatz heute würde ich sagen, es war ein bisserl ruppig. Und leider blies der Wind auf die Nase, aber mit günstiger Wettervoraussage, dass sich dies in vierundzwanzig Stunden ändern würde. Damals ging's mir ein bisschen anders. Die Wellen schienen mir riesig, der Atlantik rau und grau und der Himmel bleiern und bedrohlich. Weltuntergang, und ich mitten drin auf einem Boot.

Als dann der Wind tatsächlich drehte, war ich heilfroh, ja beseelt beinahe. Meine Gefühle hatten so an Sprunghaftigkeit zugelegt in wenigen Tagen, wie ich es nicht für möglich gehalten hätte. Zu Tode betrübt, himmelhoch jauchzend.

Auch mit den Nachtwachen ging es irgendwie. Jeder schläft irgendwann vor Erschöpfung ein. Als Lanzarote nach vier Tagen auf See im Morgenlicht aufleuchtete, glaubte ich, platzen zu müssen vor Stolz und Begeisterung. Peter ging's ähnlich und Finn hatte bewiesen, dass Legospielen auch nach vier Tagen auf See keinerlei Langeweile aufkommen lässt. Und dann ging noch der erste Thunfisch an die ausgetüftelte Schleppangel. Peter erschlug ihn noch etwas unfachmännisch mit der Winschkurbel, das Deck war bespritzt mit Blut nach dem Massaker, er hielt ihn am Schwanz hoch (oder was davon übrig geblieben war) und in seinen Augen flammte erstmals das Funkeln des Abenteurers auf! Ich kämpfe gegen die See und ernähre meine Familie! „Wir schind gut für dasch Schegeln" jubelten auch unsere wettergegerbten Franzosen und bei Fisch à la Lanzarote und Schokoladentorte feierten wir uns in der Marina in Lanzarote. Wir hatten es geschafft! Ohne Seeungeheuer! Ohne Monsterwellen! Ohne Seenotruf!!

Liebes Tagebuch, Lanzarote

Ich will auch in einem Lavahaus wohnen.

Lloyds Mastfuß leckt. Alles fließt, auch im Wohnzimmer. Das ist gelebtes Feng Shui am Schiff. Das hat Lloyd allen Ernstes unserem Französenpärchen erzählt und gerade hat Regine bewundernd geflötet: „Diescher Lloyd ischt sehr esotherique. Feng Shui sur le bateau! Formidable!" Peter hilft ihm beim Abdichten.

Was haben Hunde mit Fahrtenseglern zu tun?

Irgendwann, ich denke es war in Curaçao, trafen wir ein holländisches Paar, Anse und Joop.

Wie oft unter Seglern hatten wir uns mehrmals gesehen, erkannt, gegrüßt, aber nie miteinander gesprochen. Nicht so an diesem Tag in den holländischen Antillen. Ich stand vor Anse in Dreckhose, mit Mundschutz und einer Malerrolle in der Hand, mein Haar klebte schweißnass an meiner verpickten Stirn. Anse strahlte mich an. Sie wirkte wie einem Wellness-Wochenende entsprungen, kurz vor dem Vogue-Foto-Shooting mit dem Modethema Segeln.

„Ihr seid doch die, die in Teneriffa von den Kindern an der Leine geführt auf allen vieren über den Steg gelaufen sind und Schlager gebellt haben." Ah ... unser Ruf eilte uns voraus.

Später, als wir gute Freundinnen geworden waren, gestand mir Anse, dass sie damals schon etwas verwundert gewesen sei. Besonders als einer der Segler – ich denke es war Lloyd – zusammen mit dem Marinahund (der war echt) aus einer Schüssel Cornflakes gegessen hatte. Lloyds Tochter Jessica, damals vier Jahre, spricht heute noch lebhaft davon.

Teneriffa, Santa Cruz, war für uns der pralle Einstieg ins Fahrtenseglerdasein.

Alle in der Marina warteten auf das passende Wetter, um den Atlantik zu queren, alle wollten los und alle wollten lieber bleiben. Denn Teneriffa bot einiges: Erstens ein Blues-Jazz-Festival mit täglichen Straßenkonzerten, zweitens fantastisches Essen, drittens den Steg mit den wahnsinnigen Kinderschiffen. Da waren eben der Brite Lloyd mit dreiköpfiger Familie, die Franzosen Anabel und Fabien mit dem roten Katamaran und ihren vier Kindern, Olli und Beate aus Berlin mit ihrer Villa Kunterbunt Stahlkarosse BESS plus Pipi Langstrumpf Elaisa, Gidi mit seinem Aluminium-Wharram-Katamaran plus lockerer Crew mit Kinderbesuch aus Wiesbaden, Yannik mit Lübecker Eltern und auch noch ein kleiner Vietnamese mit Eltern aus Toulouse. Dazu hatte sich unser Franzosenpärchen gesellt, ein freundliches Paar aus Amerika, dessen Name mir entfallen ist. Und Anse und Joop, die sich aber offensichtlich im Hintergrund hielten.

Dass die Eltern Hunde spielen, war übrigens so eine Idee von Peter um Finns Geburtstagsparty etwas aufzulockern. Höchst empfehlenswert!

Es war wie in einem Schrebergarten. Durch das Schicksal zusammengeschweißt auf ungewisse Zeit, und deswegen umso intensiver. Wir fühlten uns wohl in diesem Kreis der Erwählten, erwählt die Karibik zu erreichen, aber zuvor natürlich den Atlantik zu bezwingen.

Keiner von uns hatte dies zuvor gemacht und dann passierte es. Eine Segelyacht legte an, ganz neu, die Sitzbänke noch mit Plastikhüllen geschützt. Der Skipper, gottvoll cool, erklärte uns, er müsse das Schiff in die Karibik überstellen. Morgen ginge es los in Richtung Martinique, er müsse ja, denn in einem Monat warte in Kroatien die nächste Yacht. Wie bitte? In einem Monat der nächste Termin in Kroatien?! Der Typ redete, als würde er morgen mit der österreichischen Bundesbahn nach Laa an der Thaya fahren.

Seit drei Wochen studierten wir Wetterkarten, planten Routen, verglichen Gribfiles, verproviantierten uns immer wieder neu, und dann kommt Mr. Cool und fährt gleich los?

Das brachte die Kugel ins Rollen. Der große Aufbruch. Tränenreich winkten wir uns gegenseitig zu und mit Lloyd und Gidi gründeten wir die Tobago-Gogo-Ralley.

Weihnachten in der Karibik. Gemeinsam. Und dort würden wir auch eine Party in Gidis Haus schmeißen, das Haus, das er schon jahrelang aufsuchte und in dem er immer geschworen hatte, einmal auf eigenem Kiel dorthinzusegeln.

Wir waren nicht allein da draußen auf dem großen Atlantik. Die Route war abgesteckt. Erste Etappe Kurs Kap Verden. Gemeinsam sind wir mutig. Allein auch, natürlich, aber all diese Menschen in der Nähe zu spüren, tat mir sehr gut. Dennoch schlug mein Herz bis zum Hals, als wir Teneriffa hinter uns ließen. Adieu Europa, Afrika, wir kommen ...

Eierspeisen, Eieruhren und arme Schweine

Als wir die Kanaren Richtung Kapverden verließen, sah ich kurz nach Teneriffa das Einsamste, was ich je gesehen habe und wahrscheinlich je sehen werde: einen Ruderer in der hohen Atlantikdünung auf dem Weg in die Karibik. Wir hatten den Schotten Jamie in Teneriffa kennengelernt, als er mit seinem Ruderboot neben uns festmachte. Er wirkte verwirrt, Trockenfisch hing an Leinen quer über sein Ruderboot. Er war vor sieben Wochen in Spanien aufgebrochen und sein Wassermacher hatte nicht einwandfrei funktioniert. Am nächsten Tag wurde ein Auslegerboot ohne Mast in den Hafen geschleppt, mit sechs spindeldürren Franzosen an Bord. Es war kein Schiffbruch, sie hatten nie einen Mast gehabt, sie segelten mit sechs Surfriggs erfolgreich über den Atlantik – wie wir Monate später erfuhren.

Eigentlich fehlte in der Sammlung nur mehr ein Atlantikschwimmer. Das baute mich natürlich auf, als wir Kurs auf die Kapverden setzten. Sieben Tage segeln.

Am zweiten Morgen auf See überkam mich das Verlangen nach einer fetten, salzigen Eierspeise.

Früher, in meinem alten Leben als Landratte, war ich eine feurige Verfechterin des französischen Frühstücks: Milchkaffee mit knusprigem Croissant. Yak! Allein die Vorstellung, Kaffee trinken zu müssen, ließ Übelkeit in mir aufsteigen. Eierspeise, jawohl, danach stand mir der Sinn.

Übermüdet von zwei schlaflosen Nächten auf See warf ich die Eier in die Pfanne und verschlang noch vor der Morgendämmerung drei Portionen. Finn und Peter wunderten sich zwar etwas über diesen abrupten Sinneswandel, aber auch sie stopften die Mischung aus Eiern, Zwiebeln, Tomaten, Chili, Pfeffer und viel Olivenöl in ihre hungrigen Seemannsmäuler. Kurz bevor ich wohl aufgrund dieses Eiweißschocks in meinen ersten Tiefschlaf seit Tagen fiel, rechnete ich noch aus, ob der Eiervorrat bis Mindelo reichen würde. Er würde! Knapp, aber doch.

Das Ei-Fress-Verlangen hielt sich übrigens drei Jahre bis knapp vor Neukaledonien in der Südsee. Dort verschlang ich aus verwirrter Übermüdung, ausgelöst durch ein fettes Neuseelandtief, ein faules Ei.

Ein Biss genügte. Eier? Nein danke, bis heute nicht. Aber gut, jetzt bin ich ja wieder an Land und die leckeren Croissants gibt's ums Eck.

Nicht nur die Eierspeise wurde zum täglichen Ritual, auch das Aufziehen der Eieruhren. Aber nicht für die Eierspeise, nein, sondern um den jeweiligen Wachgänger wach zu halten.

Es war Folgendes eingetreten: Ich aß im Cockpit meine Eierspeise und konnte die Augen in der Nacht kaum offenhalten. Es ist, als wenn man gegen eine schwarze Wand segelt, eine Vorstellung, die mir vor Monaten unerträglich gewesen war. Manchmal wenn ich aus einem Zehn-Minuten-Schlaf gerissen in die laue Atlantiknacht blickte, in den tausenfachen Sternenhimmel, überkam mich ein tiefes Glücksgefühl. Ein Gefühl, ganz nah an mir und am Leben zu sein. Ich zu sein. Ein komisches Ich – Eierspeise essend und löffelweise Nutella aus dem Glas verschlingend.

Auch mein Geruchssinn veränderte sich. Das liegt wohl daran, dass man sich mehr auf das Meer und die Gerüche des Schiffs konzentriert. Wie in einem kleinen Kosmos, einer kleinen Raumfähre irgendwo in einer fernen Galaxie. Eines Nachts roch ich plötzlich statt des üblichen Thunfisch-Salz-Geruchs Schweinemist. Das war seltsam. Ich nahm schnell einen großen Löffel Nutella, weil ich an eine Sinnestäuschung glaubte. Aber nein, es wurde schlimmer. Ich sah Lichter!

Ich sehe gerne Lichter am Horizont, wenn ich weiß, voraus ist Land, eine Bucht, sind Menschen. Aber warum sehe ich Lichter mitten auf einem Ozean, Meilen weit weg von jeder Küste?

Es konnte sich also nur um ein Schiff handeln. Ich weckte Peter, ich musste dieses Schweinemist-Lichterlebnis dringend mit jemandem teilen. Es stellte sich nach einem fröhlichen Funkgespräch heraus, dass dieser Lichterhaufen am Horizont ein Cargoschiff mit einem koreanischen Kapitän war, der uns sein Leid klagte, dass seine Schweinefracht zum Himmel stank. Den Schweinen war schlecht, denn das Schiff stampfte gegen den Wind und gegen die Wellen. Es war schön, mit jemandem so weit draußen auf dem Ozean zu plaudern, sich zu verbrüdern, ein bisschen zu lachen und sich alles Gute zu wünschen. Ein anderer Kosmos eben.

Und dann im Morgenlicht Mindelo, die Kapverden. Afrika. Sieben Tage waren wir auf See gewesen.

Sieben Tage! Wow! Einen tropischen Sturm hatte es auch gegeben, aber hinter uns. Teneriffa und ihre Schwesterninseln waren betroffen, auch die Marina, in der wir noch vor einer Woche fröhliche Stegspiele gespielt hatten, trug schwere Schäden davon. Schwein gehabt, oder?

Die Menschen von Mindelo

Es war wild hier. Wir ankerten vor der Hauptstadt zwischen rostigen Tankerwracks und wenigen Fahrtenseglern. Mit dem Fernglas betrachteten wir die Häuser, waren einfach noch nicht bereit hinüberzufahren. Wir brauchten noch Schlaf in unserem Nest. In der Nacht Musik, fremde Gerüche, bleiche Lichter. Fremd. Fremd. Fremd.

Zwei Kapverdianer kreuzten uns am Morgen mit ihrem Fischerboot, Grinsen, Victory-Zeichen.

Zu Mittag trauten wir uns dann doch an den Strand, und George, der Kapverdier, nahm sich unseres Dingis an und versprach, darauf aufzupassen. Es war nicht schön hier. Nein, nicht schön, aber trashig schön. Die Straßen gesäumt von alten verfallenen Kolonialhäusern der Portugiesen, Menschen lachten uns an, die Kinder kicherten über Finn. Ein alter Mann stellte sich uns in den Weg, zeigte stolz sein rostiges Fahrrad aus Frankreich. Die Frauen trugen Bananentürme auf ihren

Köpfen, eine Marktfrau pries drei Maniokwurzeln an, ein seltsamer Typ rollte Zitronen auf der Straße und schleckte sie dann ab. Schulmädchen saßen in engen Internetcafés zu fünft vor einem Computer und betrachteten Heidi Klum und Co.

Über dem Schreibtisch des Immigrationsbeamten hing ein Präsidentenbild. Seine Exzellenz in Blumenhemd mit Sonnenbrille. „Wo sind die Engländer, Mama?" Als Finn das fragte, wurde mir erst klar, dass er sich wunderte, warum keine weißen Menschen mehr zu sehen waren. Wir waren in Afrika gelandet.

Die portugiesischen Klänge säuselten in unseren Ohren, die Sonne stach vom Himmel, der Wind fegte über das Ankerfeld. Im einzigen Yachtclub versammelte sich ein Häufchen Fahrtensegler. Ein Franzose organisierte eine Diashow im Centre Culturel de Mindelo. Der schöne mit Kerzen geschmückte Raum strahlte Gemütlichkeit aus. Wir tranken Bananen-Guaven-Rum und aßen frittierte Fischbällchen und scharfe Maniokfritten. Und plauderten mit der intellektuellen Oberschicht der Stadt.

Auf dem Nachhauseweg lernten wir David kennen. Er sprach uns am Strand in perfektem Englisch an, um dann zu Deutsch zu wechseln, als er hörte, wir seien aus Österreich. Er habe sich die Sprachen selbst beigebracht, Segler hatten ihm Wörterbücher geschenkt, vor einem Jahr. Jetzt lerne er gerade Französisch. Er wollte nach Europa. Zurück in den Senegal konnte er nicht, er war vor einem Jahr geflüchtet. Wegen der Politik. Er fragte uns nach Visabestimmungen in Österreich, nach Chancen für ihn, ob wir einen Weg für ihn wüssten, eine Adresse, eine Telefonnummer. Er schlief im Park und musste sich vor den Drogendealern verstecken. Sein Blouson war sauber, ebenso seine Jeans. Seine Augen klar und tapfer.

Am letzen Abend vor unserer Weiterreise fand ein großes Konzert am Stadtplatz statt. Kapverdische Musik, eine Mischung aus portugiesischem Fado, südamerikanischen Rhythmen, doch vor allem viel Afrika. Alle tanzten. Die Marktfrauen, die Schulmädchen, die Zollbeamten, die Bettler, die Drogendealer, die Flüchtlinge aus dem Senegal und wir, die Segler aus Österreich. Die Männer und Frauen wiegten sich eng umschlungen im Rhythmus dieser Nacht. Sicher noch lange, denn als wir schon in unseren Koje lagen, hörte ich noch immer die wilden, traurigen, feurigen, sehnsuchtsvollen Lieder der Menschen von Mindelo.

Liebes Tagebuch, Mindelo

Ich sitze in meiner kuscheligen Koje. Ich habe soviel, so viel, das für viele hier immer unerreichbar sein wird. Drüben schläft David im Park, unter der Flutlichtanlage. Schrecklich, kein zuhause zu haben. Ich mag nicht für immer hier bleiben, holt mich hier raus ...
Whuooooooooo, morgen segeln wir in die Karibik. Gidi segelt auch los. Das hilft. Okay, ich bin bereit!

Atlantik-Trilogie 1 – Logbuch des Kapitäns

6. Dezember

Sind unterwegs.Tropical Storm geht Ost und schwenkt dann Südwest. Gehen auf 15 Grad Nord. 2.140 Seemeilen liegen vor uns. Habe ein gutes Gefühl, weit genug von dem Tief weg zu sein. Gute Entscheidung.

7. Dezember

8.00 Uhr in der Nacht hat sich das Gestänge des Autopiloten gelöst. Konnte es wieder neu verschrauben. Gott sei Dank nichts gebrochen. Spinnaker gegen Gennaker gewechselt. Bin nicht sicher. Wellen sehr kabbelig und Wind unbeständig. Nervt.

17.30 Uhr, Fisch an der Angel. Einen Meter Fisch!!!!!!

20.00 Uhr, Herbs „Atlantik-Net“ auf der Funke gehört. Gute Wetterinformationen. Wind hat etwas zugelegt, circa 15 Knoten, zwei bis drei Meter Welle.

8. Dezember

Nähen den Spinnaker seit vier Stunden. Er ist durch den Bergeschlauch beim Aufziehen total gerissen. Hat nie zusammengepasst.

20.20 Uhr, starker Regen und wenig Wind. Sammeln viel Wasser. Dümpeln mit 4 Knoten dahin.

9. Dezember

12.00 Uhr, herrliches Segelwetter. Die ersten Passatwolken sind zu sehen. Haben alle geduscht.

10. Dezember

In der Nacht brach der Schäkel des Spinnakerfalls und der Spinnaker kam unters Boot. Alles geborgen. Nähen wieder.

11. Dezember

In der Nacht fünf Stunden motort! Null Wind! Nervt!

12. Dezember

12.00 Uhr, ganzer Tag wechselnde Winde. Jetzt endlich mit 4,5 Knoten unterwegs. Gennaker gesetzt.

18.00 Uhr, Squall. In 30 Minuten 25 Liter Wasser in den Wasserbottichen.

21.00 Uhr, Gewitter ist vorbei, Nordost-Wind. Es läuft endlich! Machen 7 Knoten Fahrt

13. Dezember

Position: Nord 14 Grad 11, West 041 Grad 51

Bergfest!!!!!!! Der halbe Weg ist geschafft. Wir feiern mit warmem Schampus und Schokotarte mit Vanillemousse!

Endlich, der Passat ist stabil!!!!

Es läuft! Läuft, läuft! 234 Seemeilen Tagesetmal! Rekord! Sind mit 10 bis 11 Knoten unterwegs! Jippiiiiii!

17. Dezember

Kurs 276 Grad. An den letzten Tagen herrschten Idealbedingungen. Noch zwei Thunfische. Blauer Himmel, Wind jetzt auf 20 Knoten eingependelt. Herrliches Passatsegeln.

Fühle mich etwas krank, habe Ohrenschmerzen, wahrscheinlich vom Wind.

18. Dezember

In der Nacht Squalls, Böen mit 30 Knoten, haben die Segel reduziert. Maximaler Speed 12 bis 13 Knoten! Surf! Au-Wau-Wahnsinn!!!!!!!!

14.30 Uhr, eine Goldmakrele am Haken. Konstant 7 bis 8 Knoten Speed, Alex ist entspannt und macht Fischfinger!

20. Dezember

13.30 Uhr, Risho läuft in ihren Stall! Herrliches Segeln!

21.00 Uhr, es ist noch immer hell. Karibik-Zeit!

Segeln unter Gennaker bis 6 Knoten, das Schiff hebt sich, hebt sich und dann zschschschsch rein in die Arme des Ozeans ... Ich liebe den Ozean!!!!!!

21. Dezember

10.00 Uhr, Land in Sicht!!!!! Position: N 11 27 789, W 060 10 264

12.00 Uhr, starke Strömung, circa 3 Knoten um die Insel, versetzt uns ordentlich nach Nordwest.

14.30 Uhr, noch sechs Seemeilen zum Wegepunkt.

16. 30, wir laufen in die Man of War Bay ein, bin sehr, sehr glücklich. Alles grün hier, so herrlich grün, Pelikane!!!

17.00 Uhr, Local Time 14.00 Uhr. Der Anker fällt, in den Sandgrund auf acht Metern Tiefe.

Wir haben es geschafft!!!!!

Atlantik-Trilogie 2 – Ich, Frau Lehman und der Spinnaker

Auf See passieren Dinge mit einem, die man nie erwartet hätte. Ich begann eifrig zu nähen, dabei hasse ich das Nähen. Wie kam das?

Lloyd hatte auf Teneriffa, an einem der vielen illustren Abende am Kindersteg, eine interessante Theorie aufgestellt. Das, was einem am Schiff die größten Probleme macht, spiegelt verschlüsselt wider, was einem am Leben – abseits der See am meisten zu schaffen macht. Er nahm sich, nachdem wir ihn etwas verständnislos angeblickt hatten, selbst als Beispiel.

Lloyds Schiffstoilette war immer verstopft. Was bedeutet das nun für ihn laut Therorie?

Er meinte, zwar leide er selbst noch nicht an Verstopfung, aber irgendetwas konnte er offensichtlich nicht loslassen. Vielleicht sein altes Leben als Marineoffizier?

Dass er lieber mit Atomkraft-Gegnern Tee trank als Atom-U-Boote zu beschützen? Er meinte, die Toilette zeige ihm, woran es noch fehlte. An Mut vielleicht oder Konsequenz?

Bei mir war es immer der Spinnaker. Der Spinnaker, das Leicht- und Vorwindsegel. Meist heiter bunt gestreift. Prachtvoll anzuschauen, aber sehr sensibel zu steuern, wenn man damit segelt. Bei den Vorbereitungen zu unserer Reise traf ich auf einen alten Seebären, der meinte: „Schatzerl, tua da nix an, am Atlantik gibts den Spinnaker drauf und zwei Wochen später gibts ihn wieder runter." Das klang schon damals gut in meinen unschuldigen Seefrauenohren.

Am zweiten Tag Richtung Karibik, circa 2.100 Seemeilen vor Tobago, blieb der Spinnaker im Bergesack hängen und zerriss mit einem unglaublichen „Raaaaaaaatsch!" Sicher keine Katastrophe, wenn man bedenkt, dass zahllose Fahrtensegler nicht mal einen Spinnaker an Bord haben – das wusste ich jedoch zu diesem Zeitpunkt noch nicht. Aber so wie das eben ist in einem anderen Kosmos, fern ab des Gewohnten, allein auf See, war genau das für mich die Katastrophe schlechthin.

Laut schluchzend kniete ich auf dem Vordeck, den zerfransten Spinnaker in meinen zitternden Händen, abgrundtief verzweifelt: „Der Spi, der Spi, wir haben keinen Spi mehr, heul, heul, heul ...!"

Peter nahm dieses Häufchen Elend in seine Arme, tröstete mich, zählte mir geduldig unsere zahllosen anderen Segel auf. Ich war nicht zu beruhigen. Weltengram. Ich verzog mich wimmernd in meine Koje und vor meinem verdienten Seglerschlaf schwor ich mir, diesen Spinnaker würde ich wieder instand setzen.

Und hier kommt Frau Lehmann ins Spiel. Meine nicht sehr verehrte Handarbeitslehrerin, die meine Riesenfersenstricksocken und zermurdelten Faltenrockversuche nie besonders geschätzt hat.

Ich musste intensiv an sie denken, als ich die darauffolgenden zwei Tage durchgehend wie besessen an dem Spinnaker nähte. Frau Lehmann wäre stolz auf mich gewesen.

Fünf Tage segelten wir mit meinem Kunstwerk. Schön war die Naht nicht, aber unter den gegebenen Umständen und für mein Anti-Nähtalent wirklich beachtlich, wie mir später auch eine Segelmacherin auf Curaçao bestätigte.

Bergesack hatten wir keinen mehr. Es kam, wie es kommen musste, die Bergung des 80-Quadratmetersegels in einer heftigen Bö misslang, der Spinnaker wurde unter das Schiff gezogen und zerriss diesmal in Längsrichtung. Vier lange Meter. Frau Lehmann musste in diesen Tagen gespürt haben , dass eine geheime Macht sie auf den Atlantik zog. Stumm, mit versteinerter Miene nähte ich los.

Irgendwann gelang es Peter doch, zu mir vorzudringen und mir klarzumachen, dass bei 30 Knoten Passat von hinten ein Spinnaker nicht nötig wäre. Und außerdem würden wir in vier Tagen ankommen. Dann könnten wir jemanden finden, einen Segelmacher vielleicht.

Ich arbeitete besessen weiter. Finn und Peter warfen sich heimliche Blicke zu und wechselten das Thema. Was bedeutet nun „der Spi for me"? Lloyds Theorie, meine ich. Dass mir die Leichtigkeit fehlte, die Vielfarbigkeit, dass ich vielleicht ein bisserl „Spi"...nne? Me and the Spi?

Ich nähte ihn zu Ende, klebte ihn sogar, um sicherzugehen. In Tobago trafen wir wieder Segelfreund Gidi, der uns seinen Zweit-Spinnaker mit Freuden verkaufte. Den Alten behielten wir. Ich konnte mich nicht trennen. Dann doch, drei Jahre später im Indischen Ozean. Er ging an Segelfreund Ian, der spi-los unterwegs war. Er übernahm ihn auf See und bezwang damit auf seiner Afriki ohne Diesel den Indischen Ozean. Was sagen sie nun, Frau Lehmann?

Zurück am Atlantik schimmerte dann tatsächlich einige Tage später die Märcheninsel Tobago am Horizont, und der Ozean grinste mich mit seinen gekräuselten Riesenwellen an und schnaufte freundlich „Just take it easy, baby! Relax! Forget the Spi! You crossed the Atlantic sea!“

Atlantik-Trilogie 3 – Finnische Betrachtungen

Das mit dem Atlantik war so: viel Wasser rundherum und sonst nix. Die Oldies waren ein bisserl schräg auf dem Trip. Der Papa hat eine Verkühlung gekriegt, wie zu Hause beim Weihnachtsstress.

Stress?! Was ist das? Ob ich Lego oder Playmobil spielen soll und wer mir diesmal Asterix vorliest? Jetzt kann ich das schon selber, bin froh, denn manchmal ist Mama mitten im Lesen eingeschlafen. Nicht sehr super.

Die Mama! Das mit dem Spinnaker war lustig. Irgendwann hat sie mich gefragt, was ich denn so über die Atlantiküberquerung erzählen kann. Spielen und nähen. Das hat sie nicht witzig gefunden. Eierspeise haben wir viel gegessen. Und Fisch. Der Papa war dann einmal beleidigt, weil die Mama gesagt hat, als er einen Fisch an der Angel hatte: „Nicht schon wieder...“ Sonst war eigentlich nix los. Super, dass ich mich nicht hab duschen müssen. Zu wackelig, hat die müde Mama gesagt. Nach ein paar Tagen hat die Mama besorgt meine Ohren angeschaut: „Der Bua hat die ärgsten Dreckrammel hinter den Ohren, peinlich!“ Wieso peinlich, sieht mich eh keiner!

Dann hat Papa gesagt, noch einmal schlafen, und wir sehen Land! Das war dann so. Die beiden waren so aufgeregt, nur weil man ganz weit weg das Tobago gesehen hat, von dem sie schon so lange reden. Ich wollte Lego weiterspielen, aber die Mama hat gesagt: „Du musst jetzt Land schauen.“ Muss ich? War doch gemütlich auf der Risho. Aber dann in der Bucht, das war schon schön. Alles so grün und ein Sandstrand. Ich war cool. Hab gesagt, mag am Schiff bleiben, spielen.

Boa! Die Mama hat geschimpft, war eh nur ein Schmäh!

Dann sind wir ins Dorf gegangen, da rennen die Hendl frei herum und man trinkt Erdnussmilch und isst Kokoskuchen. Die Karibiker sind nett. Sie sagen „Yoo man“ statt „Hallo“. Und komische Vögel waren da, Pelikane. Und die Bucht heißt doch glatt Pirate‘s Bay, da sollen Piraten ihre Schätze vergraben haben. Wahnsinn, hab ich gebuddelt! Am Abend haben die Eltern dann einen Schwips gehabt und die Mama hat sogar über den Spi lachen können.

Lustig die beiden, und das alles wegen dem Atlantik.

Tobago – die Märcheninsel

In Tobago trafen wir alle wieder. Es war paradiesisch. Charlotteville, das Dörfchen mit den bunten Holzhäusern, freute sich über die landhungrigen Segler. Ich fühlte mich so verdammt stolz, mutig und einfach gut. RISHO MARU wurde zum morgendlichen Kaffeehausschiff. Man schwamm oder kam mit dem Dingi. Iren, Engländer, Schweizer, Wiesbadener. Alle unsere Teneriffa-Freunde waren da! Ich zückte meinen batteriebetriebenen Milchschäumer und zauberte Cappuccini im Akkord.

Mittags schlenderten wir durch den tropischen Wald hinüber zum Dorf. Jane‘s Quality Kitchen, eine winzige Bretterbude am Strand, wurde zur Mittagskantine. Die schöne Jane, mit weißer Kochhaube, stand schon früh am Morgen in ihrer blitzsauberen Miniküche und kochte in einem riesigen Topf Hühnercurry. Gegen Mittag wurde die Schlange vor ihrer Hütte immer länger. Das brachte sie nicht aus der Ruhe. Wir setzen uns auf die drei Bänke im Schatten und warteten, bis das Curry fertig war. Als Aperitif gab es Gingerbeer und Erdnussmilch. Schließlich, nachdem die Kolonne mit den Pickups abgefertigt war, kam das Essen für uns. Rotis. Curry in Teigfladen. Es war köstlich. Wenn nötig, würden wir auch Tage drauf warten.

Nachmittags wurde natürlich am Strand gespielt. Einmal traf ich im Wald hinter dem Strand auf Jungle Man. Einen Rasta mit Haaren bis zu den Kniekehlen, im Lendenschurz. Mit seinen Gras-glitzernden Pupillen fixierte er mich und nuschelte:

„You smoke?“

„No.“

„You drink?“

„No. No.“

„... What do you do?!“

Aus Mitleid schenkte er mir eine Halskette und eine Staude Bananen.

Weihnachten war da. Ein Dattelzweig wurde zum Tannenbaum mit Strohsternen, Honigkerzen und Karibik-Kitsch-Weihnachtsglitzer. An Land, im dunklen, feucht dampfenden Tropenwald blinkten die Riesenleuchtkäfer wie das Christkind. Das Sternenzelt, wie man es sich in einem romantischen Gedicht vorstellt, spannte sich über unsere Häupter. Gidi, der Wiesbadener, hatte zu Tisch gebeten. Auf dem Deck seines Schiffes saßen wir wie auf der Bühne in einem irrealen Weihnachtsstück. Es gab Ente mit Rotkraut und Knödeln. Und Weihnachtskekse. Eine ganze Dose, mitgebracht von zu Hause, von Gidis Freundin.

Gidi hat ein Haus auf Tobago und kutschierte uns mit einem alten Jeep über die Insel. Manchmal konnte ich nicht glauben, dass ich hier war, bunte Dörfer an rumpeligen Straßen, die durch Palmenhaine führen, vorbei an Bananenplantagen. Ich pflückte Mangos, sah Frauen Wäsche aufhängen und Kinder in Schuluniformen.

Scarbourog, die Hauptstadt, wie ein Straßendorf, wild, anders, dreckig, quirlig. Tatsächlich ein italienischer Eissalon in einer Straße, Geschäfte voller Plastikramsch, bunter T-Shirts, Muschelketten. Finn bewunderte die Pick-ups mit Ziegen oder Plastikrohren, Sand oder einfach vielen Menschen drauf. Wir saugten die Atmosphäre auf, nie zuvor hatten wir eine so intensive Reiseerfahrung gemacht. Man hat es sich erkämpft. Es ist ein großer Unterschied, ob man per Segelyacht oder mit dem Flugzeug anreist. Dieses Gefühl war so neu, so grandios und würde immer wieder aufkeimen. Dieses Gefühl, so absurd es klingen mag, ein Entdecker zu sein.

Denke ich an Silvester in Tobago, sehe ich diese Nacht wie eine Kitschpostkarte vor meinen Augen.

Peter und ich tanzend am Strand, die Palmen warfen ihre Schatten im Mondlicht in den Sand, warmes Wasser umspülte unsere bloßen Füße.

Hinter uns in Jane's Kitchen lief die Party, Jane's Mann hatte die geblümte Wohnzimmergarnitur seiner Großmutter per Pick-up angekarrt, damit alle genug Platz hätten. Für die Kinder schlug er sogar vor, ein Bett zu holen! Die arme Großmutter!

Und wie ausgemacht waren alle da. Lloyd mit Familie, die Franzosen, die Iren Marian und James und Gidi. Wir umarmten uns zu Mitternacht, begrüßten das neue Jahr und wussten, diesen Augenblick, diese Nacht würde keiner von uns je vergessen.

Wir schlenderten schließlich spät zum Dingi, bunte Glühbirnen blinkten an den Hütten, der Dschungel dampfte und tönte, die Steine glitzerten im glasklaren Wasser. Stille.

Am Ankerfeld ein paar Lichter. Wir erkannten unser Schiff, unser Zuhause.

Liebes Tagebuch, Pirate's Bay

Ich bin so froh, dass ich mich das getraut habe. Tobago ist ein unvergesslicher Traum. Macht Kokosmilch eigentlich dick?

Die Karibik in zwei Wochen – und: Was es manchmal braucht, um am Schiff zu entspannen!

Eines lernte ich in der Karibik für diese ganze Reise. Zeit. Zeit musste man sich nehmen. Nicht nur fürs Leben, sondern auch fürs Segeln. Sprechen wir mal vom Segeln. In zwei Wochen segelten wir von Tobago in den Norden nach St. Lucia. Den berühmten Inselbogen, die kleinen Antillen genannt – in vierzehn Tagen – das war geplanter Stress. Wussten wir natürlich nicht, aber wir waren trotz Atlantiküberquerung immer noch Fahrtenseglergreenhorns. Der Plan war, am soundsovielten in St. Lucia zu sein, weil da meine Mama auf Besuch kam. Ewig Zeit! Bis Grenada ging es gut. Grenada war Muskatnuss, Zimt, Kakao und Schokolade. Blühender Dschungel, Holperstraßen, ein Bergsee, Bananenfelder. Die alte Muskatnussfabrik war früher eine Baumwollplantage. Mit Sklaven. Alle Kariben sind Nachfahren der Sklaven. In der Fabrik sah es aus, als wäre die Zeit stehengeblieben. Die Frauen zwischen den riesigen Jutesäcken mit Muskatnüssen beim Sortieren. Im Obergeschoss zeigte uns ein freundlicher, alter Herr die hölzernen Trockengestelle. Alles war dunkel hier und staubig, blickte man jedoch aus den winzigen Fenstern – ein blauer Lagunentraum. Die Frauen mit Kopftüchern und in Sackkleidern lachten vor allem Finn an. Auf Schemeln saßen sie, neben sich die Teller aus Blech mit Blümchen bemalt. Ich fühlte mich sehr weiß. Wie das Kolonialfräulein auf Fabrikbesuch. Nur das weiße Rüschenkleid fehlte. Irgendwie aus schlechtem Gewissen kaufte ich viel zu viele Muskatnüsse. Wir fühlten uns schrecklich touristisch mit unserem gemieteten Kleinbus. Auf Entdeckungfahrt.

St. George, die Perle der Insel, schien mir doch recht abgefucked. Aber der Trubel am Markt war extrem, die Tomaten erzielten Höchstpreise, sobald wir einen Stand beehrten. Wir kauften sie dann doch in einem chinesischen Gemischtwarenhandel. Davon gab es erstaunlich viele hier.

Wären wir nicht solche Anfänger gewesen, wären wir geblieben, hätten die Mama per Flieger umgeleitet und die Stimmung vor Ort genossen. Wir hätten noch die Schokoladenfabrik besichtigt und vielleicht bis Panama von der besten Schokolade der Welt gezehrt. Wir hätten in den wilden Cafés der Stadt gesessen und hätten die Muskatnussstreusel in unserem Rumgetränk verteilt. Aber nein, wir waren absolute beginners! Wir segelten weiter. Es wurde mühsam. Der Wind kam nämlich plötzlich fast von vorne. Nicht gut. Scheußliches Gewackel, nass, mühsam und unendlich langsam. Lloyd war in der Nähe, und das baute auf. Vor allem als wir in einer Bucht über Nacht ankerten, um nicht durch die Nacht stampfen zu müssen.

Blöde Idee, die Bucht war nämlich nach Norden offen und der Unterschied zu dem Gewackel auf offener See marginal. Nur dass hinter uns die drei Sisters grimmig wachten. Drei elende Felsenzacken, die mir die schlimmsten Albträume bescherten. Lloyds Monoyacht tanzte Boogie um den eigenen Anker. Als er einen zweiten Anker ausbringen wollte hüpfte ein riesiger Fisch in sein Dingi. Wir lachten Tränen vor Anspannung.

Ich träumte in einer sehr kurzen Schlafphase, dass kleine seltsame Zauberzwerge in bunten Kleidern am Strand Holz suchten und uns zuwinkten. Im Traum wünschte ich mir sehr, bei ihnen an Land zu sein und Kakao mit Muskatnuss zu trinken.

Irgendwie schafften wir es am nächsten Tag zur nächsten Insel in die Tyrell Bay. Völlig erledigt beschlossen wir, uns einen Ruhetag zu gönnen. Mein Zauberzwergentraum wurde Wirklichkeit, geruhsam wanderten wir grüne Hügel hinauf, die Kinder tobten vor uns, alles war eher Good Old England als Tropical Karibik. Auf der Hügelspitze thronte ein verlassenes Gut, zwei klapprige Holzliegestühle blickten auf die See vor Carriacou. Träumten wohl Kolonialträume.

Die Hütten der Einheimischen waren vernachlässigt, die Stimmung ruhig, desinteressiert. Im Café am Hafen holten wir uns die Cola selbst aus dem Kühlschrank. Der Wirt spielte mit Pokerface Domino am Nebentisch. Als wir einige Monate später wieder hierherkamen, lernten wir Stick-Man mit seinem Feuertanz kennen, erlebten einen Stromausfall und ein ausgelassenes Dorffest. Da hatten wir aber Zeit.

Die Windrichtung blieb. Die Inselatmosphäre änderte sich.

Bequia sollte ich auch erst lieben lernen, als wir auf der Rückfahrt schon wieder Richtung Süden unterwegs waren. Bequia, sweet, sweet, sweet, zwitscherten dort die Amseln, eine blitzblaue Kirche mit Palmen vor den großen Fenstern, ein wohlbestückter Buchladen. Ich lernte die Geschichten Derek Walcotts kennen, dem karibischen Literaturnobelpreisträger. Einkaufen gingen wir wieder beim Chinesen und in der berühmten Frangipani Bar saßen wir mit den Füßen im Sand.

Schließlich die berühmten Tobago Keys. Hätten wir gewusst, was lagunenmäßig auf uns in Venezuela und in der Südsee wartete, wären wir einfach nur im gemütlichen Café Nemo in Union Town sitzen geblieben. So gingen wir bei 30 Knoten Wind vor Anker schnorcheln. Peter übrigens genoss den Wind und surfte stundenlang!

St. Vincent, natürlich Captain Sparrows Steg, aber vor allem die Nebenbucht war interessant. Eine Bar mit allen Requisiten des Films „Pirates of the Caribbean". Finn kramte in Schatzkisten, zückte Dolche, ich hielt mir Kolonialrüschenkleider vor und blickte in vergilbte Spiegel mit Kerzenhaltern. Plantagenbesitzerin, schließlich doch! Peter spendierte einem Rastaman ein Bier. Der zückte einen Joint. Lieber nicht. Ein karibisches Gefängnis schien uns nach den Zwangsbesuchen bei Custom und Immigration eher nicht erstrebenswert.

Die Steeldrum Band, die am selben Abend am Strand probte, war die schlechteste der Karibik, der Welt, des Universums.

Wir schafften es dann nach St. Lucia. Glücklich, den Trip hinter uns zu haben. Das klingt nun wirklich nicht nach Inselträumen. Ich hatte die Nase voll vom Segeln und bekam Schnupfen. Wir lagen im stickigen, aber sicheren Hafen der Rodney Bay und jeder Karibik-Sehnsüchtler hätte sich gewundert, warum wir gerade diesen hässlichen Platz so ansprechend fanden. Ganz einfach: Der Ankergrund war gut, der Supermarkt über die Straße, die Nächte ruhig. Genau das braucht es eben manchmal, um entspannt zu sein.

Liebes Tagebuch,

Boah ... bin ich froh, hier zu sein ... wie soll ich das je bis Neuseeland schaffen ...

Martinique und der e-day

Ich denke, meine Mutter wunderte sich doch etwas über uns, als wir in der stinkigen Rodney Bay saßen und sicher eine Woche brauchten, um endlich nach Martinique zu segeln. St. Lucia war hässlich, lebte von Charterbasen und Traumtourismus, der nicht im Geringsten zum Träumen war. Die Hauptstadt Castries, war erschreckend laut und hässlich. Mama war irritiert. Wir mochten den Platz, denn diese Karibik hier war echt. Wir hatten aber eben den Vorteil, Monate für die Karibik zu haben, sie hatte drei Wochen.

Natürlich war es raues Segeln nach Martinique, Mama opferte dem Seegott und ich war erstaunlich ruhig. Lag es am Publikum oder war ich abgehärtet worden? Kurz genoss ich diese Wildheit, das Wasser und musste sogar lachen. Vielleicht war ich aber auch einfach ausgeschlafen.

Unsere irischen Freunde fanden den gesamten Antillentrip übrigens „gorgeous"!

Sailing in a bikini! Never possible in Ireland! Und das wilde Wetter? Lovely! Ich beschloss, Irland nur per Land zu besuchen.

In Martinique gab es eine dieser Sammelbuchten. Alle Fahrtensegler dieser und der vergangenen Saisons trafen sich in St. Anne. Idyllisch lagen wir vor einem Palmenstrand. Viele Schiffe um uns, viele Freunde. Lloyd war noch immer auf unseren Spuren und ich bewunderte seine Frau Sam, die mit Galgenhumor und einigen Tränen ihre beiden Kleinkinder durch zwei vergangene Segelwochen geschaukelt hatte.

Sie gründete den e-day, den „emotional day", einen Tag, an dem einem zum Heulen zumute ist, man am liebsten heimfahren möchte und alle anderen böse und schuld sind. Vor allem natürlich der eigene Mann. Wen hätte man denn sonst an Bord beschuldigen können? Etwa die armen Kinder, die ziemlich zufrieden wirkten und dem jeweiligen Wetter mehr als gleichgültig gegenüber waren, solange es genug knallorange ungesunde cheese rolls gab. Vorwiegend herrschte an e-days natürlich Gegenwind.

„He, Alex, e-day today?“

„Mhm.“

„You know what to tack means?“

„No.“

„That's what we do since two weeks, hihi!“

Aufkreuzen! Englischer Humor!

Mein Englisch erlebte Höhenflüge im gleichen Maße wie mein Französisch Tiefflüge.

Martinique, mhmmm.

Natürlich, wir zählten uns nach den vergangen Wochen zu Abenteurern, dennoch wurden wir vor dem ersten französischen Supermarkt schwach. Nicht nur wir! Der Dingisteg vor dem Markt war voll.

Drinnen trafen wir erstmals seit Teneriffa auch die französische Familie vom knallroten Katamaran. Anabel führte mich durch das unglaubliche Käseangebot. Mit sicherer Hand pflückte sie die besten Stücke. Wir lebten die nächsten Wochen von Camenbert und Co.

Zwischendurch spazierten wir durch satte Regenwälder mit sprudelnden Quellen, besuchten hochprozentige Rumplantagen, ich saß in Catherine Deneuves Filmsessel und nippte an einem Gläschen hauseigenen Cocosrum. Ja, man konnte es gut aushalten hier.

Das dachten wohl auch die Kolonialherren früher. Aber Hochmut kommt vor dem Fall.

Als vor 100 Jahren der Hausberg Mont Pele ausbrach, begrub er die Stadt St. Pierre, auch genannt Paris der Karibik, unter seiner Asche. Im Museum in St. Pierre zeugen Fotos und Ausstellungsstücke, wie eine geschmolzene Glocke, von dieser Katastrophe. Frauen in Reifröcken, Männer mit Zylindern, Pferdekutschen, elegante Straßenzüge, eine Oper, Vergnügungsviertel verbrannten durch heiße Gase, verschüttet unter einem enormen Ascheregen. In der Bucht vor der Stadt versanken riesige Fregatten, noch heute bleibt so mancher Anker in den Bruchstücken hängen. Schließlich besichtigte ich die

Museumstoilette, ein containerähnliches Ding vor dem Museum. Putz und Spülgeräusche drangen aus der Toilette. Als nach fünf Minuten Stille niemand die Toilette verliess klopfte ich. Nichts. Ich drückte die Tür auf. Der kleine Raum sah frisch geputzt aus und ein tropfendes Schild über dem Waschbecken mahnte: 15 minutes limit.

Was würde danach passieren? Vielleicht würde ich mit der Toilette mitgereinigt? Leider war die Tür hinter mir zugefallen, sonst hätte ich schon ein Plätzchen am Straßenrand gefunden. Bang machte ich schnell mein Geschäft und hechtete nach zwei Minuten aus dem Klo. Die Tür fiel ins Schloss. Putz und Spülgeräusche drangen heraus. Die Duftmarke „Desinfektionsmittel No. 5“ hing noch Stunden an mir. Natürlich war das Ganze mit einem Vulkanausbruch nicht zu vergleichen, aber auch nicht ungefährlich! Abenteuer einer Seglerin. Ich beschloss, die Geschichte für mich zu behalten. Es würden sicher heldenhaftere folgen.

Da wir beschlossen hatten, länger auf Martinique zu bleiben, nämlich bis zum umgeleiteten Abflug meiner Mutter (man lernt ...), hatten wir Zeit. Genossen unsere Fahrtenseglerfreunde. Meine Mutter fügte sich seidenglatt ein, genoss ihren Enkel, Rumpunch mit Muskat, Strandläufe, Sundowner, lernte viele verschiede Schiffe kennen und war beruhigt, dass die Freunde ihrer Lieben zwar nicht normal, aber durchaus liebenswert und interessant waren. Abenteurer mit Hang zu guten Familienfesten. Und dass ihr Enkelkind nicht vereinsamt vorm Computer saß, sondern mehrsprachig am Strand tobte.

Ich übte Französisch, mit dem Ergebnis, dass nach meiner souverän vorgebrachten Bestellung in der Patisserie ein französischer Wortschwall auf mich niederging, den ich neutral mit „Oui“ beantwortete. Ich verließ das Geschäft stolz mit ungewollten fünf Baguettes und zwei Quiche Lorraines. Grund genug, einen Sundowner zu organisiern.

Wir entspannten uns. Zum ersten Mal seit Tobago fanden wir Ruhe, Muße und Vergnügen.

Zeit. Das Zauberwort, um gut zu segeln und gut zu leben.

Jetzt an meinem Schreibtisch, wieder in Wien, gestresst zwischen Schul-, Arbeits- und Alltagsorganisation, fehlt sie mir wieder, diese Zeit. Und sie rast dahin. Und ich hinterher.

Was waren das bloß für tolle Zeiten ... und der starke Gegenwind?

Fast vergessen.

Liebes Tagebuch, Martinique

Heul, heul, Heimweh, Heimweh. Die Mama ist heute heimgeflogen. Diese Abschiede sind grausig. Sehen uns in zwei Jahren. Der arme Finn weint.

Liebes Tagebuch, Iles de Saint

Dieses Ile de Saint ist superlässig. So schön, die Häuschen und Blumengärten und der Café au lait. Ich könnte für immer bleiben. Haben die Verenas getroffen, nette Bayern, die segeln morgen durch zu den San Blas Inseln vor Panama. Wahnsinn, und ich dachte, wir wären schnell unterwegs.

Liebes Tagebuch, Iles de Saint

Heut hab ich mir gedacht, ich hab schon ewig keine Socken getragen, seit einem Jahr Flipflops. Das ist Freiheit! Und der Finn ist erstmals allein ohne Schwimmflügel um die RISHO geschwommen. Er ist so süß. Und der Peter blüht auf! Mein sexy Wassermann. Er hat gesagt, ich bin seine Windbraut ... na ja, solange es nicht über 20 Knoten bläst ...

Liebes Tagebuch, Antiqua – altehrwürdiger English Harbour!

Sind in Antiqua! Wahnsinn, riesige alte Schiffe hier, fühl mich wie eine Piratin. Und so viele Freunde da. Und Kinder für den Finn. Das Leben ist schön!

Antiqua – Zeit für Klassiker oder: Wo ist Eric Clapton?

Im Englischen ist das Boot weiblich. „She" wispern die Seebären im English Harbour auf Antiqua oder im ehrwürdigen Antiqua Yachtclub, wenn sie von ihrem Schiff reden. „She" ist Schönheit und Würde in einem, hat Linie und viele Quadratmeter Tuch, „she" ist manchmal zickig, empfindlich, will umhegt, gepflegt werden, aber man kann sich auf sie verlassen.

He, das könnte eine Beschreibung von mir sein, entschlüpfte es meinen Lippen, aber mein Ehemann ging gerade fremd. Meint, er ging auf fremden Schiffen herum. Koka, österreichische Segelkumpanin, die wir schon seit Gomera kennen, und ich waren uns einig. Unsere Männer waren, in den Fängen englischer, australischer, amerikanischer Schönheiten verloren deren Winschkörbchengröße unsere bei Weitem übertraf.

Wir verzogen uns zu einem Espresso an die Bar des Yachtclubs. Hier war es echt nobel.

Der Yachtclub war Treffpunkt sämtlicher Crews und Kapitäne, die am diesjährigen Antiqua Classic Race teilnahmen. Natürlich waren die Schiffe, die hier in den letzen Tagen eingetroffen waren, an den Stegen lagen oder in der großen Bucht ankerten, atemberaubend. Ich hatte so etwas noch nie live gesehen, nur in den Classic-Boat-Magazinen auf unserer Toilette. Risho Maru war übrigens mit ihren etwas über zwanzig Jahren noch kein Klassiker.

Eleonore zog Blicke auf sich: Decksgröße fast ein Tennisplatz, Winschen wie Ambosse, Segel gleich einem Zirkuszelt. Oder das hundertjährige ehemalige Fischerboot Vilona May. Finn spielte mit Noeh und Rose, die an Bord der Vilona May mit ihren Eltern über den Atlantik gesegelt waren. 30 Tage übrigens, weil sie keinen Motor haben und der Wind ausblieb. Dafür gab es ein hölzernes Waschbecken, geschnitzte Schlafkojen und keine Toilette.

„Did you see him?", raunte uns der Barmann zu, als er die Espressi über die Theke schob. Wen?

„Eric. Eric Clapton just left." Eric Clapton?! Der Held des

Blues Rock, das Gitarrenidol, DER Eric Clapton!!!

Da segelt man so über den Atlantik, die Karibik rauf, und siehe da, wer ist genau hier? Eric!

Peter fiel aus allen Wolken und auch Christoph, Kokas Mann, begann zu zittern.

Die beiden waren gerade in ein Gespräch über Plankenbauweise vertieft zu uns gestoßen.

Sie schafften es, aus dem überrumpelten Barmann noch einige Infos rauszuquetschen.

Va Bene – Erics Schiff – lag im Hafen und eventuell könne man ihn heute beim Jump-up auf den Shirley Hights sehen, dort lauscht er gerne den Steeldrumklängen.

Wir packten Finn und quetschten uns in einen Kleinbus zu den Shirley Hights, einem alten Fort der Engländer. Organisiert durchstreiften wir in Einzelgruppen die Massen an Bier trinkenden Resorttouristen und versuchten, nicht an ihre rot verbrutzelten Schwitzleiber anzustoßen.

Die Steeldrumband tönte. Kein Eric weit und breit.

Enttäuscht stolperten wir den Berg hinab, Taxis waren keine zu sehen, unsere lahmen Seemansbeine litten. Schließlich, nach Stunden, erreichten wir den English Harbour und setzten uns auf einen Hamburger in die Galley Bar. Unsere irischen Freunde testeten dort gerade das Bierangebot und riefen uns fröhlich zu „Guess what? Eric Clapton was here!"

ER war gerade gegangen, ganz Künstler, in wallenden Gewändern mit Strohhut und Zigarillo.

Es sollte nicht sein. Selbst als wir einen halben Tag vor Erics Motoryacht Va Bene ausgeharrt hatten, sahen wir nur seine Diener. „Angeblich hat er ein voll ausgestattetes Musikstudio auf seinem Schiff", träumte Peter. „Und sein Haus hier in den Bergen liegt so, dass er einen Rundumblick auf Antiqua hat. Ganz Antiqua zu Füßen, Rockstar musst du werden, Finn." Christoph sprang plötzlich wie von der Tarantel gestochen auf. „Das ist es! Wir umsegeln Antiqua und suchen das Haus!"

Gesagt, getan. Es waren noch einige Tage bis zum Eröffnungsrace. Hektik war in Antiqua ausgebrochen, und wir fanden, dass so ein kleiner Ausflug allen guttäte.

Wir starteten in Jolly Harbour, verproviantierten uns und starteten zur Umrundung und auch zu einem Abstecher nach Barbuda, nördlich von Antigua gelegen.

Ja, es sah auf Barbuda aus wie in der Südsee, das weiß ich jetzt, dennoch, wir hatten „ants in the pants".

Ostern am Puderzuckerstrand war nett, aber als Südwestwind aufkam und der Ankerplatz elend schwellig wurde, gab es keinen Grund zu verweilen. Insgeheim waren alle froh, denn Erics Haus lockte uns. Wir stoppten an der Ostseite Antiquas in der Green Bay und gingen auf Wandertour. Kein Mensch wusste, wo Eric wohnte. Wir entdeckten ein nettes Lokal, aßen uns satt und gaben uns geschlagen.

Tags darauf trudelten wir wieder im English Harbour ein. Gidi und Lloyd waren angekommen und einer Strandparty mit Barbecue stand nichts im Wege.

Mit Einkaufstaschen behängt schleppten wir uns vom Supermarkt zum Dingisteg des Yachtclubs. Ein älterer netter Herr gab uns den Weg frei und meinte: „Party going on, hm?" Irgendwie kam er mir bekannt vor. Hatten wir ihn nicht auf den Kanaren getroffen oder doch in St. Lucia?

„Das war er!" Peter war bleich wie ein Gespenst.

„Was, wer?"

„Eric, das war Eric", stammelte er.

„Was, der? Der war doch uralt?"

„Alt? Ein Klassiker, meine Liebe! Ein Klassiker!"

Ich trau mich

Ich kann mich nicht erinnern, je darüber gesprochen zu haben, ob wir weitersegeln oder es bei einer kleinen Atlantikrunde belassen würden. An sich hätte ich irgendwann sagen können: Stopp, ich will nicht in den Pazifik, bleiben wir da. Alle sprachen darüber. Lloyd hatte sich entschieden, die Reise zu beenden – das Geld war einfach zu knapp geworden. Die Iren Jim und Marian hatten nur dieses eine Jahr und mussten nach Hause. Gidi wollte nach Kuba, wir würden uns in Kolumbien wiedertreffen. Koka und Christoph waren auf unserer Strecke, sie wollten in die Südsee.

Und sonst auch noch einige.

Wir hatten uns in unser Seglerleben gut eingelebt. Finn war zufrieden und glücklich. Die Freundschaften mit den anderen Seglern, die gemeinsamen Abenteuer, Abende, Träumereien, das war eine Seite dieser Reise, die ich nicht erwartet hätte. Für mich wohl der stärkste Grund, weiterzumachen. Ich traf Menschen, die so außergewöhnlich, so voller Kraft und Leidenschaft waren, ich wusste, das war einzigartig, etwas Besonderes, wir waren absolut privilegiert. Und dann all diese Inseln, Menschen, Eindrücke.

Wovor hatte ich Angst?

Die Einsamkeit auf See, dieses Ausgesetztsein, diese Panik, in einen Unglücksfall verwickelt zu werden, die Sorge, dass Finn was passieren könnte oder Peter.

Der Ozean war wild, unendlich weit, aber auch sanft.

Und jetzt Kehrtwende und zurück? Nein. In der Karibik bleiben? Nein. Und so vertraute ich Peter. Natürlich war es sein Traum. Der Pazifik. Ich ließ mich darauf ein. Ohne längeres Gegrübel. Ich tat es einfach. Ich würde das schaffen. Wir würden das schaffen. Peter war in seinem Element. Glücklich, er blühte auf, schon damals sagte er: „Das ist das Beste, das ich je in meinem Leben gemacht habe."

Und er sagt es heute noch. Und ich auch. Manchmal, da muss man sich einfach trauen, sich lösen, sich fallen lassen.

Ohne Peter hätte ich das nie gemacht. Wieder einmal spürte ich, dass ohne ihn eine Saite in mir nie zum Klingen gekommen wäre. Das passiert, wenn man liebt, denke ich. Man wächst. Man wagt. Man gewinnt. Und außerdem konnten wir immer noch in Neuseeland die Reise beenden und nach Hause fliegen. Tja – das dachte ich.

Liebes Tagebuch, Martinique

ich hasse Abschiede. Ich kann das nicht lernen. Ich will nicht weg von der Insel, weg von unseren Freunden Lloyd und Sam und vielen anderen, weg ins Unbekannte. Der Finn hat mich gefragt, ob wir Lloyd und seine Familie nie wiedersehen werden. Was soll ich sagen? Soll ich lügen? Ja, vielleicht. Irgendwann besuchen wir sie in England, wenn wir unsere Reise beendet haben und sie dort schon wieder Landmenschen geworden sind. Vor einem Jahr existierten sie gar nicht für uns und jetzt liegen wir uns in den Armen und weinen. Ich dachte, als wir losfuhren, so mit Mitte dreißig hat man seinen festen Freundeskreis, seine Herzensfreunde. Da lag ich echt falsch. Ich glaube, auf dieser Reise wird es noch viele Abschiedstränen geben. Diese Abschiede kann man nicht üben, das ist immer wieder schwer. So schwer. Und wenn ich Finns große traurige Augen sehe, bricht es mir das Herz. Morgen segeln wir weiter. Morgen geht's zu den Los Testigos.

Bordmail von der Risho Maru

Liebste Katsch,

ja Wahnsinn, du hast recht. Fast ein Jahr! Wo geht die Zeit hin? Bitte schreib nicht, dass das, was du mir zu erzählen hast, langweilig ist im Vergleich zu unseren Abenteuern. Natürlich will ich hören, wie es Nelly im Kindergarten geht und dass dein Babybauch noch nicht zu sehen ist! Der Finn kann jetzt endlich gut schwimmen, beruhigt mich – nur: Was ist der Unterschied zu vorher, wenn er beim Segeln über Bord geht? Darf nicht so denken ... und die Blinddarmpanik - stell dir vor, alle Seefrauen, die ich getroffen habe, haben auch diese Horrorfantasie: Mitten auf See und das Kind hat eine Blinddarmentzündung oder Mann geht über Bord oder Kind über Bord und Mann mit oder ohne Blinddarmentzündung, rahhhhhh, darf da gar nicht weiterdenken ...

Wollte mir meine Wimpern färben lassen in Martinique. Das macht keiner! Die haben mich angeschaut, als hätte ich eine Brustvergrößerung verlangt. Natürlich haben wir von dem Segler gehört, den sie in Venezuela fast abgemurkst hätten. Meine Mama hat gleich panisch angerufen. Wo der war, da wollen wir nicht hin. Wir segeln mit Christoph und Koka von der Iona im Konvoi - also macht euch keine Sorgen.

Nach Antigua waren wir kurz in Dominica, echt wild, Tanker am Strand vor dem Dorfplatz, vor Jahren von einem Hurricane hingeweht ... uahhh ... sind jetzt in Grenada, morgen geht es weiter südlich, raus aus der Hurricane-Gegend, wir sind früh dran.

So, ich muss los, wir machen Großeinkauf für Venezuela!

Zwei Tage Segeln vor uns ... seit langer Zeit mal wieder eine Nachtfahrt - bin neugierig, ob ich ein Auge zukrieg! Das ist mein Fladenbrotrezept - ist super für Partys!

Bussi an deine Süßen!

Alex und die starken Männer

Karibisches Roti

ca 500g Mehl

4 teaspoons baking powder

Little salt, water, schönen Teig machen, kurz ruhen lassen, dann in der trockenen, heißen Pfanne Fladen ausbacken, Thunfisch-Mayodip. Hit bei jedem Sundowner.

Kurzes, aber notwendiges Intermezzo: Nachtfahrten

Es gab Leute, die mich fragten, ob wir die Nächte wohl immer in einem sicheren Hafen verbracht hätten.

Im Mittelmeer, in Spanien oder in Griechenland vertäuten wir uns manchmal an einem Steg, besuchten Marinas auf den Kanaren, in Neuseeland und Malaysien.

Meist ankerten wir jedoch in Buchten, aber während der Atlantiküberquerung wurde auch das schwierig. Oder besser gesagt unmöglich. Man konnte beidrehen, das heißt, das Schiff unter Segeln „ruhig stellen", was einen aber nicht vom Rundumguck befreite. So mancher segelte einfach auf gut Glück und rechnete sich aus, dass die Wahrscheinlichkeit, von einem Tanker überrollt zu werden, gering war. Was sie auch ist. Aber dennoch. Auf Überfahrten hielten Peter und ich immer Wache. Alle drei Stunden wechselten wir uns ab und der Wachgänger kämpfte mit der Eieruhr um die zehn Minuten Schlaf.

Natürlich war der Schlafmangel dennoch sehr spürbar. Aber man kam durch. Mit seltsamen Erlebnissen bisweilen, wie Peter, der eines Nachts plötzlich glaubte, jemand stünde hinter ihm am Heck des Schiffes. Erst nach einigen Gänsehautminuten wagte er es, sich umzudrehen. Nichts. Oder als wir eine Nacht handsteuern mussten und ich den Blick fest auf den beleuchteten Kompass gerichtet plötzlich einen grinsenden Totenkopf zu sehen begann. Aber letzendlich wurden diese Nächte, die ich so gefürchtet hatte, Teil der schönsten Augenblicke an Bord. Natürlich gab es die schlimmen Nächte mit schlechtem Wetter, zerissenen Segeln, Gewittern und ausgefallenem Autopiloten, aber das waren wenige. Die meisten waren einfach zauberhaft.

Ich saß unter Millionen von Sternen, ein Blick wie in eine riesige Planetariumkuppel. Sternschnuppen, die über den halben Himmel leuchteten, strahlende Planeten, Venus, die den Morgen ankündigte. Die dunkle See, der Wind, dieses Gefühl, nicht nur dem Wasser, sondern dem Himmel ganz nah zu sein. Ich plauderte mit meinem verstorbenen Vater, erzählte ihm, wie es mir jetzt so ging, dass er mir immer noch so fehlte, und heulte und lachte. Dachte an so viel, an die letzen Jahre zu Hause, an meinen Beruf, an Freunde, Familie. Und alles schien angesichts dieses großartigen Himmels rund um mich plötzlich ganz klar, verständlich und logisch. Wie sich was wohin entwickelt hatte, warum ich da gelandet war oder dies gemacht hatte, warum das nicht geklappt hatte und was anderes doch. Peter ging's genauso. Er lebte seine schwierige Beziehung zur Mutter noch mal durch, resumierte sein Leben, erdachte Musik und Geschichten.

Wir erkannten in diesen schwarzen oder mondhellen einsamen Nächten da draußen am Ozean all das, was wichtig war.

Und all das, was unwichtig war. Und wer wir waren.

Manchmal schnaufte es plötzlich neben mir und ich sah die Silhouette von Delfinen durch grün schimmernden Plankton im Wasser abgezeichnet. Und ich stand auf, machte einen Rundblick, nichts, nur Himmel und die See.

Dann steckte ich meinen Kopf in die Schlafkojen und sah Peter schlummern und Finn eingekuschelt in seinem Nest. Und ich zählte mich zu den glücklichsten Menschen auf Erden, schaute hinauf zu den Sternen und flüsterte: „Danke."

Einkaufsliste Venezuela

20 Tomatendosen
10 Maisdosen
10 Dosen Bohnen
10 Kilo Mehl / Hefe / Backpulver
Nudeln 10 Kilo
Reis 5 Kilo
20 l Haltbarmilch
Cornflakes
Olivenöl
Zucker
Kaffee
10 Gläser Mayonnaise
Ananasdosen / Pfirsich- / Spinat-
Nutella 5 Mal
Schokolade
Kekse
Fertigpudding
Kartoffelpüreepulver
Batterien
Klopapier, Küchenrolle
20 Eier
Tomaten, Gurken
Paprika
Knobi, Zwiebeln, Lauch
3 Krautköpfe
Kartoffeln 4 Kilo
Orangen
Limetten

Die Zeugen

Nach der Nachtfahrt von Grenada blinzelte ich aus meinen müden Augen in die Morgendämmerung. In der Ferne ein Fischerboot, das plötzlich abrupt seinen Kurs änderte und direkt auf uns zusteuerte. Ich rieb mir die Augen, bildete ich mir das ein? Wir waren auf dem Weg zu den Los Testigos, einer Inselgruppe vor der Küste Venezuelas. In der Karibik waren Warnungen laut geworden, dass in Venezuela geraubt und gemordet wurde. Vielleicht gab es sogar Piraten?

„Was wuin de von euch?" klang es salzburgerisch über Funk, Christoph und Koka waren mit ihrer IONA die ganze Nacht an unserer Seite gesegelt.

„Neugierig." Anwortete mein cooler Kapitän, der gerade aus dem Tiefschlaf erwacht war und die Situation gleich voll im Griff hatte. Das Fischerboot kam näher.

Ungefähr 20 Männer waren zu sehen. Sie wurden parallel von uns langsamer und winkten. Wir winkten zurück.

„Was ist denn los, Mama?" Finn meldete sich schlaftrunken. Kinder haben wirklich ihre Fühler selbst im Tiefschlaf ausgestreckt für diverse Spannungen in ihrer Umgebung.

„Nix, Schatzi, ein paar Fischer.", antwortete die angespannte Mutter.

Die Fischer drehten hinter uns bei, stoppten und winkten. Sie blickten uns nach, dann nahmen sie wieder Kurs auf und verschwanden in der Ferne. Mein Herz klopfte bis in den Hals.

„Ich geh Frühstück machen", sagte ich locker gähnend. Herrlich, so eine Schauspielausbildung zu haben ...

„Wüde Typen." Christophs Funkstimme klang erleichtert.

„Seht's ihr die Zeugen?"

Ja, genau, Land in Sicht! Los Testigos, der Name heißt übersetzt „die Zeugen", was sie bezeugen, konnte uns keiner sagen.

Eine riesige Sanddüne kündigte die Testigos an. Gleich dahinter eine Hügellandschaft übersät von Stangenkakteen. Und eine Militärstation. „Einsam" war das Erste, was mir dazu einfiel. Ein paar einfache Häuser, staubige Bäume, in deren Schatten Hängematten baumelten. Kein Mensch zu sehen. Die Kapitäne übernahmen das Einklarieren, ich das Kaffeemachen – für mich. Ich liebe gerechte Arbeitsaufteilung auf dem Schiff. Nach einiger Zeit kam Peter zurück und grinste breit. "Einsam, ja, du hattest recht, ich glaube der Immigrationsbeamte hat mit mir geflirtet!"

Schließlich fanden wir unsere Ankerbucht mit Minisandstrand. Tausende Fregattvögel über uns, Hügel voller Bäume und Stangenkakteen,wir blickten über die Reling und Hunderte Fische blickten neugierig zurück. Am Strand wuselten Krabbenkolonien, untermalt von einem Singvogelkonzert.

Tierparadies, fiel mir dazu nur ein. Aber wo waren die Menschen? Am Strand führte ein Trampelpfad durch die glühende Landschaft zu einer größeren Bucht. Fischerboote an Moorings. Einige grasgedeckte Hütten standen dort.

Trockenfische an einer Leine, ein Hund jaulte und lief auf uns zu.

"Coca Cola!", pfiff ihn ein goldbezahnter Amigo zurück. Der piratisch aussehende Typ deutete uns, ihm zu folgen und ging zu seiner zusammengenagelten Holzhütte. Eine Hängematte war zum Schlafen quer durch das kleine Zimmer gespannt, an der Wand Lady Diana und die Mutter Gottes. Ein maroder Stuhl, ein Gaskocher und vor dem Haus ein schmutziger Grill mit alten Fettklößen zwischen dem Bratgitter. Amigo machte uns klar, dass er hier ein Restaurant führte und für uns Fisch braten würde. Noch wäre kein Fisch da, aber mañana vielleicht. Wir waren doch recht erleichtert ob dieser Aufschiebung und verabschiedeten uns höflich.

„Adios", damit war mein klägliches Spanisch erschöpft. Amigo grinste breit und macht ein Handzeichen, das ich als „Kehle durschneiden" übersetzen würde, Schluck. „No adios!!! Hasta mañana, hasta luego, señora!" Alles llar, nicht auf Nimmerwiedersehn, bis morgen hieß es richtig. Alles eine Frage der richtigen Wortwahl. Spanisch müsste man können.

Die Nacht senkte sich stockdunkel über die Zeugen und ich

war froh, IONAS Licht in der Nähe flimmern zu sehen. In den Hütten am Strand flackerten Feuer auf.

Am nächsten Tag weckte uns der wanderlustige Christoph früh und wir beschlossen, einen Spaziergang durch die Dünen zu machen. Rein ins Dingi, fünfzehn nasse Minuten später erreichten wir eine andere Bucht und kletterten den Hügel hinauf. Christoph, der Spanisch sprach, plauderte mit einigen Leuten. Es waren Fischerfamilien mit Kindern, die hier geboren und nie auf dem Festland gewesen waren.

Wir erreichten ausgedörrt und staubtrocken die Spitze des Hügels, vor uns streckte sich die Sanddüne weit hinunter in den schäumenden Ozean. Auf unseren Popos rutschen wir den Sand hinunter, der Passatwind blies uns die Körner überallhin. An Tausenden leeren Schneckengehäusen vorbei bis ans Wasser, wo wir neben seltsamen Spuren von Raupenfahrzeugen landeten.

Nach angeregten naturwissenschaftlichen Diskussionen beschlossen wir diese zu Spuren von Wasserschildkröten zu erklären, was sich bald bestätigte. Riesige, kraterähnliche Mulden übersäten den kilometerlangen Strand. Einige aufgebrochene Eier machten klar, dass das Leben eines Schildkrötenbabys wirklich am seidenen Faden hing. Leguane und Seevögel stillten hier gerne ihren Hunger.

Nach einem Blick zwischen die Felsen am Strand verging mir die Lust auf ein Bad, trotz glühender Hitze. Muränen wanden sich in den Steinspalten wie in einer Schlangengrube, glitschig, giftig, unfreundlich.

Wie durch eine mystische Mondlandschaft kämpften wir uns wieder die Sanddüne hinauf und erreichten am späten Nachmittag unsere Schiffe. Das verdächtige Fischerboot, das uns bei unser Ankunft begegnet war, ankerte nicht weit von uns.

„Die wüin was", meinte Christoph und wir tuckerten mutig zum Fischerboot, nachdem die Fischer uns zugewunken hatten. Ein Haufen goldbezahnter beziehungsweise zahnloser "Pirates of the Caribbean"-Statisten empfing uns. Lachen, lachen, kein Wort Englisch, Christoph versuchte sein Spanisch.

Sie wollten Zigaretten. „Cigar, cigar." Peter brachte ihnen die Zigaretten und einige Packungen Kekse. Für ihn stand schon ein Kübel voller frisch gefangener Red Snapper bereit.

Am selben Abend grillten wir Fisch auf der RISHO MARU, nährten zwei Schiffscrews, genossen die Ruhe und das Piratengeplapper vom verdächtigen Fischerboot. Irgendwann, als es dunkel wurde, wanden sich seltsame Lichtgestalten im Wasser. Finn war begeistert, wir leuchteten mit dem Scheinwerfer in das unheimliche Wasser und sahen wurmartige Seetierchen sich im Wasser um die Fischreste unseres köstlichen Mahles winden.

Wie auf Befehl begannen auch unsere heiß geliebten karibischen Fireflys im Gebüsch am Strand zu leuchten. Wo waren wir hier gelandet? Warum hießen diese Inseln Zeugen? Es war mystisch hier, betörend , bezaubernd.

Die Freunde und Familien der verzehrten Red Snapper schienen uns nicht böse zu sein. Wir schnorchelten täglich begleitet von einem Konvoi neugieriger Fische. Fröhliche Franzosengrunzer holten uns bei der Badeleiter ab und zeigten uns den Weg zu ihrem Riff. Dort lächelte uns eine nette Kofferfischfamilie, Mama, Papa, Kind an und einen stupste ich an die Nase, weil er einfach nicht wegschwamm, neugierig und sehr naiv. Ab und an ein Barracuda mit starrem, ernstem Blick.

Finn entdeckte seine Leidenschaft für das Schnorcheln und würde sie bis heute nicht ablegen.

Wir waren die Zeugen, wurde mir klar, als ich spät abends in der Koje lag und dem Davontuckern des „verdächtigen" Fischerbootes lauschte, das seinen Arbeitstag begann.

Wir, die Zeugen eines einfachen, harten, doch unbeeindruckten Lebens, unbeeindruckt von unserer Zeit der Schnelligkeit, des Lärms, des Geldes. „Adios", Los Testigos oder vielleicht „hasta luego"?

Liebes Tagebuch, Isla Margarita

boahhhh, bin randvoll gefressen. Diese Südamerikaner sind wie in den Bud Spencer-Filmen, immer am Essen. Oder in Schlägereien. Und laut. Aber nett.
Wir waren in einer rustikalen Grillerei, Christoph, der alte Gourmet, wusste, wo man zum Abendessen hingeht - hier auf Margarita. Im Restaurant wird Fleisch per Kilo bestellt! Haben Blutwürste mit Zimt gegessen, und Schweinehaxen, und Salsiccia Wurst - so scharf, dass ich nicht mehr reden konnte. Zum Reden braucht man viel Kraft hier, die Live Band spielte ohrenbetäubend und die Leute schrieen sich über die Tische an. Koka bekam gleich Durchfall. Peter sitzt jetzt auf dem Klo.
Finn findet Isla Margarita „schiach". Stimmt, lauter abgefuckte Wolkenkratzer oder leere, abgebrannte Bauruinen. Aber die Straßen der Stadt sind faszinierend, unglaublich viele Menschen, temperamentvoll, charmant, verrucht. Und frische Obstsäfte zum Niederknien lecker an kleinen Holzständen für zehn Cent. Und Konditoreien mit Erdbeertörtchen, wie in Wien. Ich habe von Seglern gehört, die hier auf Vorrat Bier kauften. Palettenweise, weil es in der Südsee so teuer sein soll. Etwas befremdend alkoholisch diese Einstellung. Na ja.
Die Taxis sind genial, lauter alte Ami-Schlitten, und die Taxifahrer schauen alle aus wie Benicio del Torro, ehrlich! Und die Schaufensterpuppen haben einen dicken Popo wie Jennifer Lopez! Hihi!
Oh ... ich glaub, ich muss aufs Klo.

Traumstrand gefällig?

Wo war es am schönsten? Die meistgestellte Frage an uns, jetzt da wir wieder unter den Landmenschen leben. Südsee? Neuseeland? Aber die schönsten Strände? Venezuela.

Oder waren es einfach die ersten dieser Art oder die einsamsten? Ich weiß es nicht. Aber eines weiß ich, ich war niemals jemand, der den Traum von palmengesäumten Stränden träumte. Von türkisen Lagunen und dergleichen.

Aber dann kam La Tortuga. Und ich wurde bekehrt.

Die Schildkröten-Insel war einst Versteck der echten pirates of the Carribean. Diese hielten sich hier hübsch versteckt und lauerten auf die großen Fregatten. Perfekter, sicherer Ankerplatz, unsichtbar für die Feinde mit Blick auf alles rundumher.

Ich sah, wie unser Anker in zwei Metern Tiefe vom weißen Sand verschluckt wurde und die Ankerkette sich sanft über den Meeresboden wand. Über uns Möwen, deren Bäuche vom Blau der Lagune türkis schimmerten. Am Strand saß ich im weißrosa Puderzuckersand, geblendet vom Türkis der Bucht, gestreichelt vom kühlenden Passatwind. Der perfekte Strand. Conchmuschelberge, pinkfarben. Finn hüpfte begeistert im Sand herum, brachte Muscheln in allen zitronen- und orangefarbenen Schattierungen dieser Welt. Peter führte uns über die schmale Sandbank in das knietiefe lauwarme Wasser zu einem kleinen Riff.

Wir tauchten buchstäblich in Nemos Welt ein. Mitternachtspapageienfische, tiefblau mit türkisen Zeichnungen am Kopf, kluge Doktorenfische à la Dory, wieder unsere schick gestreiften Franzosengrunzer – auch gepunktet – à la vogue! Uargg! Plötzlich stoppte Peter. Ein Steinfisch!

Finn hat ihn entdeckt. Warzig, felsig, gefährlich, unheimlich, fast unsichtbar.

Und da, Finn verschluckte sich fast: Nemo!!! Live! Die ganze Familie!

Wieder am Strand – schon seit Stunden – wanderten wir vorbei an alten Fischerhütten zu einem Leuchtturm. Überall wucherten Flechten, dort ein verwittertes Grab von Conchmuscheln umrahmt.

Die Fischer freundlich, verwittert wie die windgeplagte Strandflora.

Ich blickte zu Risho Maru. Unwirklich lag sie auf hellblautürkis schimmerndem Wasser.

Der schönste Strand der Welt. Und ich durfte da sein.

Ja, und ich bin bekehrt!

Dosenwürstel à la carte

Zu Beginn war alles bestens. Wir erreichten den Hauptort der Los Roques nach einer schnellen Überfahrt, ankerten vor dem kleinen Hauptort und gingen fröhlich an Land. Herrlich, was uns erwartete. Kleine bunte Holzhäuschen, hübsche Gärten, weiche Sandstraßen, aber alles schon lange kein Fischerdorf mehr, sondern ein Ferienort. Aber ein wirklich reizvoll schöner Ort. Natürlich gab es hier einen kleinen Supermarkt und alles Nötige. Am Abend saßen wir neben den Reichen und Schönen, die mit ihren Privatflugzeugen aus Caracas geflogen kamen, um in den Beanbagas, den zahlreichen Strandbars, Caipiriñas „den" Drink Südamerikas mit dem Geschmack von Limette und der Süße des Rohrzuckers – zu trinken. Ja, ich, wir, alle ließen uns fallen. Natürlich nicht völlig, ohne Babysitter nicht möglich, aber Finn und noch einige Segelkinder waren begeistert am Strand unterwegs und wurden nicht müde, Abenteuer zu entdecken. Wir hatten an diesem Tag für acht Tage eingekauft, genug, um gemütlich einige Zeit die zahllosen Inselchen der Roques zu genießen und über die Los Aves nach Bonaire zu gelangen.

Acht Tage – was isst man da schon viel – Fisch gab es hier ja auch genug.

Neun Tage später wussten wir, dass wir einen logistischen Fehler gemacht hatten. Das frische Zeug war weg und wir hin und weg von den Roques. Traumstrände, die mir ja, wie berichtet, inzwischen gefielen, Surfbedingungen, denen Peter geradezu verfallen war, Schnorcheltouren, die unseren Sohn zum Fischspezialisten machten und zum begeisterten Leser der Lektüre „Die Fische der Karibik".

Selbst beim Essen blätterte er darin herum. Essen!

Ach ja. Wir waren bei Tomatendosen, Thunfischdosen, Spaghetti, Reis und drei Kilo Mehl angekommen. Die Milch war ausgegangen. Die Alternative wäre gewesen gegen den Passat zum Hauptort zurückzusegeln. Bevor ich freiwillig aufkreuze, verhungere ich lieber.

Natürlich würden wir nicht verhungern. Ich war ja eine fantasievolle Schiffsköchin. Zauberte frisches Brot, redete allen ein, dass Marmelade ohne Butter den Geschmack der Marmelade erst richtig hervorbrächte. Kaffee gab es noch und Pulvermilch, die ich noch nie probiert hatte. Das Mittagessen wurde auf Thunfisch, Mayonnaise und Maisbasis aufgebaut. Frisches Brot dazu. Zur Abwechslung gab es Sardinen in Tomatensoße. Aus der Dose.

Denn Fisch ging uns keiner an die Angel. Die waren zwar neugierig, aber nicht doof. Außer den Kofferfischen. Finn fing einen vom Schiff aus. Trotz extremem Gusto nach etwas Frischem ließen wir ihn leben.

Etwas fürchteten wir uns vor Ciquatera – viele Rifffische tragen dieses für Menschen gefährliche Nervengift in sich. Abgesehen davon war dieser Kofferfisch einfach zu süß. Es half dann auch nicht gerade, als seine ganze Familie kam, um sich zu bedanken und gefährlich nahe um den Angelhaken plus Köder schwamm. In einem abgelegen Fischerdorf bot man uns Schildkröteneier an. Sicher nicht, fauchte Finn. Wir hatten noch Schokolade und Kekse und Fertigkuchen. Letzteren noch von der Atlantiküberquerung, weil ich es selten auf meine Bäckerinnenehre kommen ließ, eine Fertigpackung zu öffnen. Schmeckte gar nicht schlecht. Bloß mit Wasser anzurühren. Jetzt ärgerte ich mich, dass ich nicht mehr von dem Zeug in Gibraltar gekauft hatte. Stattdessen fand ich scharfe indische Marinaden in der Bilge, ideal um frischen Fisch zu marinieren. Sehr witzig.

Nach zwölf Tagen ließen wir die Roques dann doch hinter uns und steuerten die Vogelinseln an, Los Aves. Viele Vögel,viel Gestank. Aber ein unglaublich tolles Riff. Wieder blieben wir hängen und die Tomatendosen wurden knapp. Mit anderen Seglern tauschten wir Reis gegen Tomatendosen.

Und dann, ganz tief unten in der Bilge rollten mir die Dosen mit Würstchen entgegen. Oh Grauen.

Aber was sollte es. Ich war hier im nowhere. Meine Familie fürchtete sich vor dem Abendessen und ich verschmähte eine

Würstchendose? Ich machte sie auf und roch daran. Könnte schlimmer sein.

War das noch ich? Habe ich schon mal erwähnt, dass ich einst einen Ayurveda-Kochkurs absolviert habe, in Wien Vollwertküche bevorzugte und wenn Fleisch, dann vom Biobauern. Diese Würstchen waren sicher nicht vom Biobauern. Sie waren aus, ich weiß nicht woher, die Feuchtigkeit der Bilge hatte die Aufschriftetiketten verschrumpeln lassen. Besser so, dachte ich und glitschte die Würstchen aus der Dose.

Ich briet sie kleingeschnitten scharf in Chili, Salz und Olivenöl und drapierte sie gekonnt über der Pasta des Abends. Ein Erfolg. Die Mannschaft aß so begeistert wie schon lange nicht mehr.

Ich fand dann auch noch Sojawürfel aus Teneriffa, einst von meinen Männern verschmäht, die verkochte ich so raffiniert in Tomatensoße und scharfer indischer Fischmarinade, dass die Herren glaubten, eine plötzlich aufgetauchte Dose Spagetti mit Bolognese-Soße zu geniessen. Unergründlich lächelte ich die beiden an. Hehe.

Wie tief war ich gesunken?

Als das Mehl ausgegangen war, war der Spaß vorbei, wir segelten im Eiltempo die letzen Meilen ins holländische Bonaire. Hängten uns in Kralendieck an eine Boje, machten das Dingi klar und gingen ins Steakhaus. Ein Festmahl. Argentinische Steaks, frischer Salat, Eiscreme. Wir waren wieder in der Zivilisation. Nach unerwarteten sechzehn Tagen. Das Darben hatte ein Ende. Und das Schnorcheln war immer noch schön, selbst mitten vor dem Hauptort der Insel. Seitdem hab ich immer mehr als das Nötige eingekauft.

Und deswegen essen wir jetzt, in Wien, noch immer die Bohnendosenvorräte aus Sri Lanka. Mais aus Ägypten gibt es auch noch und Trockenfrüchte aus dem Jemen. Hab beim Schiffausräumen eine Spinatdose aus Martinique entdeckt. Warum hab ich die damals auf den Roques nicht gefunden? Bilgen sind eben unergründlich.

Schiffsköchinnen übrigens auch.

Liebes Tagebuch, Bonaire, Kralendijk

Waren auf einem gemütlichen Fest am Dorfplatz von Kralendijk oder Korallenteich und ich habe Leguansuppe probiert. Schmeckt wie Hühnersuppe, aber dann schwamm da so ein Leguanfuß noch mit Haut dran rum, urgs.
Die Bollen haben dem Finn geschmeckt, panierte Käsebällchen, und Peter hat das holländische Aruba Bier verkostet. Wir zahlen in Gulden und haben bei den netten Damen in holländischer Tracht einen südamerikanischen Tanz gelernt. Gestern waren wir mit einem Pick-up im Nationalpark. Hier sind ganz viele Taucher unterwegs, ist so eine Art Traumrevier. Wir waren nur an Land, echt schön. In einem kleinen Ort, Rincon, gab es gegrillte Satés an der Straße - indonesisch!!! Bitte, wo waren die Holländer noch überall? Wieso waren die Österreicher nirgends? Wie wäre so eine österreichische Kolonie?
Voller Beamten sicher, ist ja hier nicht anders, die Immigrationsbeamten haben hier ihre Stifte versteckt, damit sie nicht selber Formulare ausfüllen müssen.

Liebes Tagebuch, Bonaire

Ich sitze hier gerade in einem netten Cafe, die Chefin ist Holländerin und macht köstliche gefüllte Croissants. Den Job könnte ich mir auch für mich vorstellen. Sie sucht auch gerade eine Aushilfe.
Blöderweise gehts morgen weiter. Nach Curaçao. Vielleicht bleib ich beim nächsten Mal hier.

Capuccino im Sklavenviertel

Kolonialinseln sind schon sehr eigentümlich. Sie liegen irgendwo im Atlantik und erhalten Geld aus Europa. Man denkt, man ist in der Karibik, weil lauter schwarze Kariben zu sehen sind, aber kaum geht man in eine Behörde, sind alle weiß. Und wenn man im ehemaligen Sklavenviertel einen Cappuccino trinkt, ist vom Kellner bis zum Nobelgast alles hellhäutig.

Vielleicht hat man mehr Kontakt zu den Einheimischen, wenn man dort lebt, aber ehrlich gesagt bezweifle ich das. Die einzigen Kariben, die wir kennenlernten, waren die netten Damen der Impfstation, die Finns Pflichtimpfungen auffrischten. Gratis, weil für alle Kinder gratis, wir zur EU gehören und Curaçao holländisch ist. Die Krankenschwestern strahlten den tapferen Finn an und peng! schon war die Spritze drin und wir wieder draußen.

Ja und die netten Rotiverkäufer, gleich bei der Spanish Water Bucht, in der alle Fahrtensegler sich wieder einmal versammelten. Curaçao war Capuccino, Erdbeeren mit Schlagobers, Kino und Fußballmeisterschaft.

Das Endspiel sahen wir im airconditionierten McDonalds, in dem man auf einem Flyer die Nährwerte eines Hambugers nachlesen konnte und ich einen Non-Fat-Free-Soja-Lactose-free-Capuccino probierte. Wir hielten zu den Brasilianern und dann zu den Franzosen. Kann mich nicht mehr erinnern, wer gewann.

Ich kann mich aber gut erinnern, als wir die RISHO MARU in ihr hurricane-sicheres Lager der Curaçao Marina brachten. Sie wurde mit einem Traktor an Land gehievt. Ausblick nicht blaue Lagune, sondern Erdölraffinerie.

Einmal mieteten wir uns ein Auto und umfuhren die Insel. Überall unglaublich viel Müll. Wer war da jetzt schuld daran? Wahrscheinlich irgendwas Politisches, das ich nicht verstehe und sonst auch niemand. Und die Erdölraffinerie hatte man für einen Gulden an Hugo Chaves verkauft, damit man sich die Umweltauflagen sparen konnte und nichts damit zu tun hatte, dass in den billigen Wohnsiedlungen im Dunstkreis der Fabrik die Menschen auffällig oft an Leukämie starben.

Wahrscheinlich ist es besser, dass Österreich keine Kolonie hat. Dann würde ich mich nämlich jetzt noch schlechter fühlen.

Wir verpackten unsere RISHO MARU hurricane-sicher und buchten Flüge nach Amerika: Landurlaub war in Sicht, die hurricane season betrachten wir besser im Fernsehen. Zwei Monate lang wollten wir durch die Vereinigten Staaten reisen. Für Finn und Peter das erste Mal, für mich ein Wiedersehen nach zehn Jahren. Wir drückten unserem Heim noch einen Kuss auf den Rumpf, und auf ging es ins nächste Abenteuer.

Bordmail von der Risho Maru

Liebe Katsch,

jetzt ist es also wirklich so weit. Wir fahren nach Amerika!

Curaçao ist so lala. Wir bringen Risho auf Vordermann. Stell dir vor, sie wird mit Erdankern angeschnallt. Ich dachte, hier gibt's keine hurricanes - und dann sagte uns gestern der Marinachef - nur alle Hundert Jahre verirrt sich einer hierher. Ist es schon Hundert Jahre seit dem letzten?

Es ist sooooo heiß. Leben auf Asphalt im Industrieviertel, der Finn spielt im Dreck und ihm taugt's, weil auch der Yannik und zwei französische Buben da sind. Die Süßwasserdusche und der airconditionierte Supermarkt sind meine Zufluchtsorte. Der Peter ist jeden Abend völlig erledigt.

Bin echt froh wenn wir da wegkommen.

Montag fliegen wir nach New York, the good old green apple - ich freu mich wie narrisch.

Deine Landratte Alex

Break, Break, Break – Landratten-Alarm

Da standen wir nun am Times Square in New York. Peter und Finn zum ersten Mal. Mit offenen Mündern nach oben blickend, Touristen par ecellence!

Das nenne ich einen Break zum Schiffsleben! Menschen, Häuser, Verkehr, und wo ist der Himmel?!

Wenn jetzt irgendjemand glaubt, dass wir uns verzweifelt nach dem Schiff sehnten, der irrt.

Nein, es war perfekt! Sozusagen das andere Ende der Wurst unserer Reise. Stadtindianer zu Fuß in diesem Augenblick. Finn erstarrte im FOA-Schwarz-Luxus-Spielzeugkaufhaus vor einem Zwei-Meter-Legogorilla mit Leuchtaugen. Vor dem in Lego nachgebauten Minimundus Manhatten verharrte er eine knappe Stunde. Peter war inzwischen in einem der Musikgeschäfte einer Seitenstraße verschollen und spielte Probe auf Eric Claptons Fender Strato Kasta aus den frühen Siebzigern. Ich versuchte auf einem seltsamen Gerät – einer Mischung aus Rollschuhen und Skateboard – mein Gleichgewicht zu halten.

Gemeinsam saßen wir dann bei non-fat-soja-Cappuccino, dietcoke und sugarfree-blueberry-cream-cake und blickten fasziniert in die blinkenen Neonreklamen des Times Square.

Unser Zuhause im Big Apple hatten wir bei Sandra und Hans-Peter. Die beiden, Banker in dieser Stadt, hatten uns auf Empfehlung einer Freundin aus Wien bei sich aufgenommen, ohne uns zu kennen. Sie wohnten im wunderschönen Brooklyn in einem Brickstonehouse und wir fühlten uns beim Nachhauseweg in diesem Viertel wie in einem Woody Allen-Film.

Sandra und Hans-Peter hatten uns in der Nacht unserer Ankunft um zwei Uhr morgens die Tür geöffnet, schenkten uns einen kühlen Rosé ein, drückten uns die Wohnungsschlüssel in die Hand und verabschiedeten sich für einige Tage um geschäftlich zu verreisen.

Wir verblieben, verwirrt ob solch innigen Vertrauens, in der Wohnung ziemlich verloren zurück.

Am ersten Tag suchte ich eine halbe Stunde lang den Wäscheraum. Peter schaffte es, Computer und Fernseher lahmzulegen, und ich löste beim Kochen den Feueralarm aus.

Der Kühlschrank hatte ungefähr die Ausmaße von Finns Koje. Und Sandra hatte ihn extra für uns gefüllt. Als Auslandsösterreicherin wusste sie, was einem in der Ferne fehlte. Milka-Schokolade! Marillenmarmelade! Efko-Gurkerl!

Wir wandelten durch die Straßen, grüßten die Freiheitsstatue, staunten in grandiosen Musicalshows, radelten durch den Central Park.

Als unsere Freunde wieder da waren, besuchten wir die beiden in ihrem Büro im berühmten Rockefeller Center. Trotz schärfster Terroristenkontrollen ließ man uns schließlich in den 42. Stock fahren und ein Herr im eleganten Anzug erblickte drei schräge Figuren, als er die samtene Tür zu Sandras Office öffnete. Ein braun gebrannter Surfertyp mit Zopf, eine sommersprossige Blondine in Flipflops und ein fröhlich grinsender Junge mit einer Johnny Depp vulgo Captain Sparrow-Miniaturfigur in der Hand. Er starrte derart entgeistert, dass es uns langsam peinlich wurde. Sandra erlöste uns und meinte nur: „Die Segler!"

In Queens fiel der Strom für eine Woche aus, ich hoffe, es lag nicht an uns.

Natürlich gingen wir ins Kino und das „medium" Jausen- Packerl waren ein Drei-Liter-Cola-Kübel und ein Wäschekorb voller Popcorn. Peter musste während des Films so dringend pinkeln, dass er auf Toilettensuche ging und deshalb die berühmte Riesenkrakenszene in „Pirates of the Carribean 2" versäumte und den Strand auf La Tortuga, an dem wir erst vor wenigen Wochen getobt hatten! Dann gab's die alljährliche Hitzewelle in New York und Sandra und Hans-Peter hegten und pflegten uns ein Wochenende lang in der von der Aircondition unterkühlten Wohnung. Es war so kalt, das wir sogar Gusto auf den deftigen Schweinsbraten mit Knödeln verspürten, den Sandra in die Pfanne warf.

Wir luden die beiden in einen Jazzclub ein, Finn blieb zu Hause und aß mit der schweizerisch-amerikanischen Nanny und Hans-Peters Kindern Sushi. Peter schlug indes Drogenangebote in der Toilette des Jazzclubs aus und wir freuten uns, als die grandiose Jazzsängerin für alle Torte servierte – sie hatte Geburtstag. Niemand rauchte übrigens, weder im Club noch sonst wo.

In der ausgeflippten 6th Avenue entdeckte ich dann den letzten Modeschrei des Sommers in New York: Dirndlkleid mit Rüschenbluse. Wo Österreich lag, wusste die Verkäufer mit den violetten Haaren nicht, aber ihre tigergestreiften Strümpfe sahen lustig zur Tracht aus.

In Chinatown verschlangen wir klassisch zubereitete Pekingente und verabschiedeten uns schließlich von unseren Bankern für einen Monat nach Kalifornien. Dort wartete, im Garten meiner Freundin Cherie in Los Angeles hinter ihrem Minihexenhaus ein Trailer auf uns.

Trotz Bombenalarm in London (nicht unsere Schuld!!!) startete unser Flieger im Massenchaos nach Kalifornien, nachdem man uns unsere Trinkwasserflaschen und Schuhe weggenommen hatte.

Natürlich waren wir neugierig auf unseren ersten Blick auf den Pazifik, den wir in unserer nächsten Segelsaison überqueren wollten. Aber Hollywood und Disneyland waren zuerst auf dem Programm!

Breakfast in America!

Finn kicherte sieben Stunden durch. Exakt die Flugzeit von New York nach Los Angeles. In den Vordersitz eingebaut war ein kleiner Bildschirm, im Bildschirm der Cartoon Channel: Bugs Bunny, Tom und Jerry, Pink Panther durchgehend geöffnet. Die anderen Passagiere wirkten angespannt. Immerhin war auf den übrigen Channels permanent von Bombenanschlägen, Flugzeugentführungen und Terroristen die Rede. In London waren Anschläge knapp verhindert worden. Die Panik stand den Amerikanern im Gesicht. Und ehrlich gesagt, angenehm ist es nicht, in einem Flieger in Amerika zu sitzen und dauerberieselt zu werden von Terrorangst. Finn lachte sich schief. Die Dame vor uns drehte sich mehrmals entnervt um und als wir landeten, meinte sie giftig: „Very humourous child."

Wir überlebten den Trip, aber in Los Angeles auf dem Flughafen funktionierte dann unsere Kreditkarte nicht. Ziemliches Desaster in Amerika, denn ohne die geht nix. Kein Leihauto, kein gar nix. Irgendjemand organsierte uns dann eine Autoleihfirma, die auch nicht funktionierende Visakarten annahm. Komisch, dachte ich. Als diese Leihfirma noch ein halbes Jahr später monatlich zehn Dollar per Kreditkarte in Rechnung stellte, wurde mir klar, wie sie zu Geld kam.

Schließlich landeten wir in Burbank, einem ruhigen Reihenhausviertel hinter den Hügeln Hollywoods. Ich umarmte Cherie, meine ehemalige Schauspiellehrerin und Freundin. Ich hatte sie vor Jahren kennengelernt und sie war sogar in Wien gewesen! Ihr Hexenhäuschen aus den Dreissigerahren stand in einem Garten voller Orangenbäume und neben der Garage stand ein Mobilhome aus den Siebzigern. Riesig groß!

Mit Doppelbett, Ausziehcouch, Kühlschrank, TV, Badezimmer mit Toilette glich das Gefährt einer sehr gut ausgestatteten Monoyacht. Auch hier erwartete uns wieder ein prall gefüllter Kühlschrank.

Wir Seglerpack wurden wirklich sehr verwöhnt. Und so pflückten wir uns zum Frühstück Orangen, Finn spielte mit Cheries Hunden, Baba und Lulu, Peter zog sich die BBC News rein und ich tratschte mit Cherie in ihrem Office, an dessen Wänden Dankesbriefe von Mel Brooks, Johnny Depp und Konsorten hingen. Cherie ist nämlich Schauspielcoach in Hollywood und hatte so manches heute berühmte Talent bereits unbekannt in ihren Fingern.

Zu meinem Geburtstag schenkte ich Finn einen Tag in Disneyland. Peter und ich fürchteten uns davor, denn beide hassten wir das Rummelplatzgetümmel. Was soll ich sagen? Es war fantastisch und ich würde es sofort noch einmal machen. Peter schwelgte beim Peter Pan-Ride, ich wurde Prinzessin in Cindarellas Schloss und Finn durfte mit Mickey Mouse ein Foto machen und Tom Sawyer und Namensvetter Huck Finn mit dem Mississippidampfer besuchen. Abends um 11 Uhr, nach einem zweistündigen Feuerwerk, verließen wir den Vergnügungspark, Finn schlief mitten im Satz ein und wir schwärmten uns gegenseitig vom Pirates of the Carribbean-Ride vor. Wir hatten vierzehn Stunden in Disneyland verbracht!

Dann begann unser Kalifornien-Rundtrip mit Auto und Zelt. Es ging los auf Highway 1, die Küste hinauf Richtung San Francisco. Die erste Nacht unter einer Eisenbahnbrücke (zehn Züge), aber Blick auf den Pazifik, die zweite unter einer Autobahnbrücke (100 Trucks), aber Blick auf den Pazifik. Die Vorteile des Reisens mit dem Schiff wurden uns schmerzlich bewusst. Kein Autofahren, kein Campingplatzsuchen, kein Zeltaufbauen. Und nachdem wir uns endlich vom Pazifik losgelöst hatten und in die Berge gefahren waren genossen wir das Campen so richtig. Einmal wurde es sehr kalt, kurz vor San Francisco, bei ungewohnten 15 Grad fror mir fast der Hintern ab. Schön, dass wir unsere tolle Campingausrüstung in Wien hatten (bis zu Minus 20 Grad) und unsere warmen Fleecepullover im heißen Schiff. Nach einem deftigen American Frühstück, bei dem Finn fragte, ob es das Mittagessen sei, wegen der Würstchen und Kartoffeln auf dem Teller, fuhren wir nach San Francisco. Peter konnte es nicht glauben, dass die Straßen so steil waren wie in der Krimiserie „Die Straßen von San Francisco". Nach einem misslungenem Trip mit der Cable Car-Bahn – 200 Japaner vor uns waren einfach zu viele – noch ein Blick auf die vernebelte berühmte Golden Gate Bridge, und ab ging es ins Landesinnere.

Dort aufgewärmt auf einem Campingplatz voller Mexikaner besichtigten wir eine alte chinesische Siedlung. Locke war tatsächlich keine Disneyland-Erfindung, nein, hier lebten heute noch die Nachfahren der Chinesen, die sich im Wilden Westen eine Existenz aufgebaut hatten.

Wieder in Yosemiti genossen wir österreichisches Klima und

Berge. Herrlich. Ich kaufte mir ein gefaketes Indianerarmband bei einem gefaketen Indianer, dem einzigen, den ich in Amerika gesehen habe. Grand Canyon stand auf dem Plan, aber wir hatten die Nase voll vom Autofahren, wir wollten ans Meer. In San Diego empfing uns der Sohn von Seglerfreunden mit Surfbrettern am Strand und ich ritt meine erste Welle mit holder Begeisterung ab. Peter stürzte sich glücklich zwischen all den Surfer-Dudes in die Wellen und Finn fand so einen Strand schon wirklich toll. Wir waren eben doch Segler, das ließ sich nicht verbergen, auch wenn wir am Campingplatz residierten und am Morgen non-fat-Cappuccino mit wholewheat-bagles aßen.

Wieder bei Cherie ließen wir das berüchtigte Labour Day Weekend aus und machten es uns im Garten gemütlich, pflanzten Cherie ein paar Bambussträucher und sie kochte uns ein American Dinner mit Hamburgern vom Grill, Kartoffelsalat und viel Eiscreme!

Schon lagen wir uns wieder in den Armen. Wieder ein Abschied und ab ging es noch mal nach New York. Dort hatten die Banker nach unserer Abreise die Kündigung ihres Mietvertrags erhalten.

Sie beharrten darauf, dass dies nichts mit uns zu tun hätte, dennoch bestanden wir darauf, ihnen beim Umzug zu helfen. Harlem war interessanterweise ihr neuer Standort. Inmitten von Jazzclubs, abenteuerlich und wild. Hatten wir etwa auf sie abgefärbt?

Am letzen Tag spazierten wir durch den Golden Gate Park, der sich bereits herbstlich zu färben begann und wussten, es wurde nach fast zwei Monaten wirklich Zeit, nach Hause zu fliegen.

Zu Risho Maru.

Liebes Tagebuch, Curaçao

Wieder daheim! Die Risho riecht so wohlig nach Zuhause, aber es ist sauheiß. Haben von einem abreisenden Segler eine Aircondition geschenkt bekommen. Herrlich! Bald haben wir es geschafft, nur mehr das Antifouling, Peter meint, noch ein paar Kleinigkeiten, und in einer Woche sind wir draußen.

Liebes Tagebuch, Curaçao

Scheiße! Wir müssen den ganzen Rumpf abziehen, die Farbe blättert uns entgegen, es sind 40 Grad. Wie sollen wir das schaffen? Peter ist ein Wahnsinn, wo nimmt der die Kraft her?

Liebes Tagebuch, Curaçao, leider

Hab die Nase voll. Möchte heimfliegen, wozu der Scheiß hier, damit ich von den Riesenwellen im Pazifik verschluckt werde?! Will in meine Wohnung, normalo Leben, mit fließendem Wasser und eigenem Klo, ist das zu viel verlangt? Heul, heul.

Liebes Tagebuch, noch immer Curaçao

Habe mich wieder beruhigt. Der arme Peter, so viel Arbeit und dann auch noch eine entnervte Frau. Ich gehe jetzt täglich eine Stunde in den Supermarkt zum Abkühlen und ins Internetcafe. Jetzt geht's mir besser. Peter arbeitet durch. Finn geht's bestens, spielt den ganzen Tag mit den Seglerkindern. Dauerparty.

Liebes Tagebuch, Curaçao ... wo sonst

Regine und Gerald sind da! Yieppie, hatten einen heiteren Rotwein-Abend und sind allesamt versumpft. In der Frühe hatten alle Kopfweh, aber seelisch ging's besser. Die jungen

Schweizer Wolfi und Silvia sind nett. Wolfi hat eine Geige, haben schon gejamt.

Liebes Tagebuch, C.

noch eine Schicht Primer, dann das Antifouling. Ich bin fertig, kann heute nix mehr schreiben.

Marinatage – Hundetage

Um eines klarzustellen, das waren nur die abgeschwächtesten Tagebucheintragungen aus der Marina in Curaçao. Man könnte sonst meinen, ich hätte mich in einem Arbeitslager in Sibirien befunden statt in der holländischen Karibik.

Es herrscht die gängige Meinung, am Schiff lernte man sich erst richtig kennen, das kann ich nur teilweise bestätigen. Die Marina ist der wahre Garantietest für Beziehungen.

Es gibt ja Leute, die sagen, die Enge am Schiff, das ständige Zusammensein würde kaum einer aushalten. Fehler. Eine nüchterne Marina auf Asphalt gebaut hinter einer Erdölraffinerie mit Blick auf dreckiges Wasser, 35 Grad im Schatten und zwei Marinaklos plus zwei Duschen für 30 Schiffe sind die wahre Härte. Einen Schiffsrumpf bis auf die Holzplanken abzuziehen, wegen Renovierungsarbeiten ohne Küche an Bord zu leben, Moskitos, Epoxidstaub, Schleifgeräusche. Da findet man heraus ob der Partner wirklich der fürs Leben ist! So sollten die Partnervermittlungsagenturen arbeiten und dann ihre volle Garantie abgeben.

Im kühlen Norditalien hatten wir noch Pullis bei den Vorbereitungen in der Marina getragen und uns auf eine abendliche heiße Dusche gefreut. Allein der Gedanke daran brachte mich in der Curaçao-Marina zum Schwitzen. Die gesamte Belegschaft in der Marina, in den Tagen vor dem großen Aufbruch Richtung Panama, sah aus wie eine Demo der Clouchard-Vereinigung in Paris.

Ausgebeulte Shorts, T-Shirts, die vor Dreck standen und schlimme Gerüche absonderten, Kopfbedeckungen, da würde wahrscheinlich so manch verrückter Modeschöpfer inspiriert werden, und Schuhwerk, das die Bezeichnung als solches nicht verdiente. Es war uns wurscht. Es war mir wurscht, als ich in den Minispiegel der Marinadusche blickte und die Frau darin nicht erkannte. Erst in Cartagena, Wochen später, in einer gut ausgeleuchteten Restauranttoilette, entdeckte ich, dass ich noch Farbe in den Haaren hatte und nicht schon graue Haare bekam, wie mein Sohn mir klarmachen wollte.

Besonders hart wurde es, als wir unser Unterwasserschiff bis auf die letzte Schicht abschleifen mussten, so hart, dass sogar der Marinachef Mitleid bekam und mitschliff.

Die einzige Ablenkung war eine Art Live-Hörspiel vom Nebenschiff eines Hamburger Pärchens.

Er: „Nach unten drücken hab ich gesagt! Nach unten!"

Sie: „Mensch, dann mach den Scheiß doch alleine."

Er: „Ich kann es nicht alleine machen!"

Sie (schreiend): „Schrei mich nicht an!"

Er (schreiend): „Ich schrei dich nicht an!"

So ging es tagtäglich und ich fand mich und Peter ganz schön dezent verglichen mit den beiden.

Natürlich verstand ich die beiden auch. Aber als sie sich in den airconditionierten Wagen setzte und schmollte, fand ich das dann doch etwas dick aufgetragen.

Was ich aber wirklich bei den Marinaarbeiten gehasst habe, waren meine Tätigkeiten als Handlanger.

Ich gebe zu, ich bin kein Schiffsbauer und kann auch alleine keinen Motorservice machen, und so bin ich eben verdammt, Handlanger zu sein. Was ich dann immer verfluche.

Ständig huscht man zwischen Koje, Deck, Werkstatt, unter dem Schiff und auf dem Schiff umher und hat das Gefühl, nirgends rechtzeitig zu sein und nichts Wichtiges beizutragen.

„Ich brauch den Hammer!" – „Kommt schon!" – „Schleifpapier bitte!" – „Wo?" – „Unterm Schiff!"

„Bitte den Exzenterschleifer nach oben." – „O.K.!" – „Ach,

ich hab das Maßband irgendwo da unten."

„Klaro." – „Schnell, die Nutfräse!" – „Die was?!" – „In der Werkstatt links."

Natürlich, Peter leistete Unglaubliches, immerhin war er dafür verantwortlich, dass RISHO für Pazifik und Neuseeland topfit war. Doch in diesem Augenblick dachte ich nicht an seine Belastungen, sondern nur daran, wie ich da durchkommen würde, und dass ich sicher nie, nie, nie, niemals in meinem Leben ein Schiff bauen oder renovieren würde, außer unserem eigenen, wenn unbedingt nötig.

Nach drei Wochen in der Marina war ich sicher nicht die Einzige, die an Schiffsverkauf und Scheidung dachte.

Nur der Finn war glücklich. Am Morgen verschwand er, um mit den anderen Kindern der Marinagefangenen zu toben, zu drecken, auszuhecken.

Sollte er mal ein Buch über unsere Reise schreiben wird wohl hauptsächlich von den aufregenden Tagen in den Marinas dieser Welt von Teneriffa über Curaçao bis Tahiti, Samoa, von Neuseeland bis nach Singapur handeln.

Er lernte dabei, Freundschaften zu genießen, zu schließen, zu streiten, auf Englisch zu kommunizieren, zu tischlern, Rad zu fahren, Fußball zu spielen, alte Schiffe auszuräumen und einfach selbstverantwortlich fern der Eltern zu agieren. Wenn der nicht fürs Leben gerüstet ist, wer dann?

Die Ersten, die fertig waren, waren die Schweizer. Silvie und Wolfi standen vor ihrem prachtvoll renovierten Gaffelschoner. Kleiner Motortest und? Stille. Dichtungsring verschlissen.

Lieferzeit eine Woche aus Europa, mit viel Glück.

Ich kühlte mich beim Wasserhahn der Marina ab, eiskalt rannte es meinen Rücken hinunter. Eines wusste ich damals schon ganz genau, dies hier würde eines Tages eine gute Geschichte werden – und ich hatte recht, oder?

Liebes Tagebuch, Spanish Water, Curaçao

Finns Siebter Geburtstag. Was für ein großer Bub er schon ist. Ach ja, hab ich schon geschrieben, dass wir Schule machen?! Hab mit den Buchstaben begonnen. Desaster. Finn hält den Bleistift wie einen Baumstamm. Und schreibt dementsprechend. Vielleicht ist er doch Linkshänder. Oder hätte ich ihn zum Bilderausmalen zwingen sollen? Aber ich hasse doch Ausmalen selber so. Rechnen tut er gut.
Vielleicht wird er Arzt, die schmieren doch auch so. Hallo, ist da jemand, der mich bestärkt?! Peter sieht kein Problem. Er ist froh, wenn Finn nicht Legastheniker ist wie er selbst. Das wird ja immer besser ... irgendwann werde ich erzählen: Unterricht an Bord, kein Problem! Der Junge hat schon mit fünf Jahren Segelbücher verschlungen und geschrieben wie ein Schriftsteller ... haha ...

Liebes Tagebuch, Spanish Water

Hab gerade gehört, dass wir bald ums Kap Hoorn der Karibik segeln werden. Warum hat mir das keiner früher gesagt? ... Hilfe ... Bauchweh ... ich bin so feige ... alle anderen sind so mutig ... buhhhh ...

Jedem Kap sein Hoorn

In Spanish Water, der Fahrtensegler-Bucht auf Curaçao herrschte Schrebergartenstimmung.

Die Yachties vor uns ließen sich scheiden, der Amerikaner auf dem Schoner hinter uns hatte eine 20 Jahre jüngere russische Freundin, der Belgier schräg vor uns kontrollierte täglich im Stringtanga seine Ankerkette und die Holländer neben uns gingen nach dem Frühstück nackt im dreckigen Lagunenwasser schwimmen.

Es wurde wirklich Zeit, abzuhauen, sonst würde ich mich noch in den Yogakurs der Sarifundimarina einschreiben oder Peter zu den Bingo-Nachmittagen schleppen.

„Cartagena, that´s not a babyrace", raunte der holländische Barkeeper im Sailors Club mit blutunterlaufenen Augen. Auch Jochen, ein alter Seebär, seit fünf Jahren in Curaçao, riet ab: „Da kriegste garantiert eins auf die Hucke, nee nee, nix für mich. Biste sicher, mit 'nem Kind?"

Sechs Meter hohe Wellen, Sturmböen, Baumstammfelder, Gewitterstürme, ein, besser vier Treibanker, Ablaufen, Absaufen. Irgendwie kamen mir diese Katastrophengeschichten bekannt vor. Gibraltar, keine Monster waren uns begegnet, der Atlantik – keine Probleme außer meinen Spinnakerängsten und Venezuela – piratenlos.

Loslösen. Mhmm. Ich schien nicht die Einzige in der perfekten Fahrtenseglerwelt zu sein, die Probleme mit dem Loslösen hatte. Peter ging es einfach an. Er besorgte sich die Wetterkarten.

„Morgen segeln wir los", sprach er und es geschah. Ich danke meinem Mann für seine Entschlossenheit und Bestimmtheit. Uns folgten vier Segelboote. Der berühmte Herdeneffekt setzte wieder ein. Gut für Finn, denn die nächsten Wochen waren all seine Freunde in der Nähe und jeder Ankerstopp wurde zur Kinderparty.

Im gespenstischen Schein der Ölraffinerie ankerten wir hinter einem Riff in Aruba. Der Passat fegte durch unsere Riggs, aber die Richtung stimmte. Der nächste Ankerstopp wurde zum Hauptdarsteller meiner Nachtankerplatzalbträume. An einer alten Schiffstrosse hingen wir. Zehn Segelyachten hinter einem sturmzerzausten Steinhaufen genannt Los Monjes – die Mönche. Die gab's nicht, aber eine verlorene Truppe einsamer Grenzsoldaten, die dort Venezuela verteidigten.

In der Nacht fielen mir unzählige Horrorszenarien zu diesem Platz ein, gerissene Trosse, aufeinandergequetschte Schiffe, Leinen im Propeller, Schiffbruch mitten auf einer Insel, zerschellt an den karibischen Felsen. Keine Nacht länger würde ich es aushalten, selbst als die neben uns liegenden Franzosen vor 40 Knoten Wind am nahen Kap Hoorn warnten. Als wir losfuhren und RISHO davondüste, war mein Mund trocken vor Angst. Was würde uns da draußen erwarten? Nichts Aufregendes. Peter hatte das richtige Gespür gehabt. Düseneffekt um den Steinehaufen, wir segelten nach wenigen Seemeilen mit angenehmen fünfzehn Knoten Wind unter Spinnaker ums Kap Hoorn der Karibik.

Aber die nächste Gefahr nahte, die kolumbianische Küste. Alle mieden sie wegen der mordenden und raubenden Fischer auf den Ankerplätzen. Im Internet hatte ich gesehen, dass in dieser Gegend erst ein Mal vor sieben Jahren ein Segelboot seines Computers beraubt wurde. Auch war unter den Seglern ein Bericht im Umlauf von Amerikanern, die vor Begeisterung für dieses Küstengebiet schon das dritte Jahr hier verbrachten. Wir trauten uns im Konvoi mit zwei weiteren Schiffen an die Küste und wurden belohnt.

Was waren das immer für schreckliche Gerüchte und Storys? Ich kippte da leicht hinein, zu leicht.

Unsicherheit war wohl meine Begleiterin und Angst die vieler Segler, die sich durch solche Geschichten bestätigt fühlten und weitere Bestätigung suchten.

Oder hatten wir einfach immer Glück und andere immer Pech? Ich weiß es nicht. Kolumbien war fantastisch. Irgendwann fahren wir wieder hin. Vielleicht mit dem Motorrad. Aber das ist eine andere Geschichte, und noch trau ich mich nicht, Motorrad zu fahren. Aber das soll ja nichts heißen, hab ich gelernt!

Die grünen Berge der Five Finger Bay dufteten zu uns herunter, der Strand weit und einsam. Ronaldo Gonzales, der Fischer, kam mit seinem Ruderboot und hieß uns willkommen, lud uns ein, sein Zuhause zu besuchen. Wir folgten ihm gerne. Er sprach Spanisch, ich Französisch, Englisch, Latein. Wir unterhielten uns prachtvoll. In seiner Hütte hingen Bilder von David Beckham und Marilyn Monroe an der Bretterwand. Auf der Fischwaage lag sein Abendessen. In der Nacht herrscht absolute Dunkelheit am Strand, nur in der kleinen Siedlung flackerten Gaslichter. Ein einiges Haus leuchtete hell, das des Dottore aus Bogota, der hier sein Domizil aufgebaut, den halben Strand gekauft hatte und einen Schuppen plus Generator besaß. Nur für sich, für seine weekends. Da fragt man sich, wo sind hier die Bösen?

Von den 6.000-Meter-Bergen hinter der Bucht fegte der Wind und trieb uns weiter. Der gefürchtete Rio Madalena. Viele Fischer hatten dort schon ihr Leben gelassen, an der Grenze zwischen Flusslauf und Ozean. Kreuzseen und Baumstämme musste man erwarten. Wie eine braune Wand sahen wir den Flusslauf vor uns in das Meer ragen. Kurzzeitig glaubte Peter, eine Hafenmauer anzulaufen, schon glitten wir in braunes Flusswasser, da und dort eine Kokosnuss, wenig Wind, kabbelige See. Mein Herz klopfte wieder mal bis zum Hals, mein Mund war trocken, ich war nur darauf konzentriert, gut zu steuern, bloß keinen Baumstamm zu rammen, der eh nicht in Sicht war. Ich war ganz bei mir. Diese Erkenntis in diesen oft bangen Minuten war unglaublich intensiv. Ich war bei einer Alexandra angekommen, die mir noch nie begegnet war. Und sah einen Peter in einem Licht, das zuvor nie geschienen hatte. Es gibt einen Satz von Bernard Moitessier, der diese Erkenntnis erklärt: „Der beste Weg zu sich selbst, ist einmal um die Welt.“ Dabei hatten wir noch nicht mal die Hälfte. Wo würde uns diese Reise noch hinführen? Plötzlich war Cartagena in Sicht. Eine Skyline, leuchtend in der Nacht. Ein Gewitterregen mit Gegenwind hatte uns aufgehalten. Langsam tasteten wir uns mithilfe des Radars unserer Freunde in die Bocca Grande, in der trotz gegensätzlicher Behauptung, die Einfahrt doch hell beleuchtet war. Aus der märchenhaften Altstadt tönten Trommeln – Karneval! Eine kitschige Madonna mit Jesulein im Arm ragte aus dem Wasser. Geruch nach Mensch und faulem Gemüse. Die ersten ankernden Boote. Wir waren angekommen!

Liebes Tagebuch,

ich hab das sogenannte Kap Hoorn der Karibik umsegelt! Darf ich jetzt einen Ohrring tragen? Die haben so schöne grüne Smaragde hier, mhm? Was meinst du? Darf ich?

Shakiras Mutter

Mitten in der Supermarktschlange im „Carulla" in Cartagena wurde es mir klar: Die Kolumbianerinnen waren unglaublich hübsch. Vor mir Jennifer Lopez' Nichte, hinter mir Shakiras Schwester, an der Kasse Salma Hayeks Cousine. Wo waren eigentlich meine Männer? Der eine löffelte ein tropensicheres Überraschungsei, der andere trank frischen Guaven-Mandarinensaft. Herrlich, dieser Supermarkt, die Aircondition, die Früchte, einfach alles perfekt.

Fahrtensegler brauchen darüber hinaus nur noch einen sicheren Ankerplatz, behaupte ich. Wie erklärt es sich sonst, dass im Club Nautico praktisch nie ein Liegeplätzchen frei war?

Alle relaxten.

Cartagena, eine alte spanische Kolonialstadt. Häuser getüncht in Farben von Indigoblau bis Rostorange, Goldgelb bis Lindgrün, Blumenschmuck über die Mauern quellend, hölzerne Hauseingänge, geschwungene Torbögen. Alles floss ineinander wie auf einem impressionistischen Gemälde, aber in Gauguins Farben. Wir wandelten durch die engen Gassen, staunten, rochen, spürten eine fremde Stadt, ein uns unbekanntes Land. Eine Zigeunerin mit Schubkarren, darauf Babymangos drapiert in Grün, Gelb, Orange. Die Portales des los Dulces: unter Arkaden auf klapprigen Kommoden Gläser mit Süßigkeiten. Bissweiche Nougatblumen, Kokostaler mit Schokoladenstücken, zuckrige Tamarindenbällchen, kandierte Orangenhäufchen mit Nussraspeln. Die rissigen Hände der Verkäuferin, als sie uns die Ware, auf der uralten Waage gewogen, in Papiertüten reichte. Ein Lächeln.

Ein Nicken. Und weiter nach San Diego, ins Künstlerviertel, die blitzblaue und ockergelbe Kunstschule der Bellas Artes. Junge Künstlerinnen davor in wallenden Kleidern, wie Marketenderinnen verkauften sie ihre bunten Schmuckkreationen. Wir verirrten uns in einen wunderschönen Innenhof, Korbsessel unter Palmen, Vogelkäfige, das Santa Klara Hotel, ein ehemaliges Kloster, erklärte ein Herr in Livree, unter einem riesigen goldgerahmten Spiegel wachend. Und dann plötzlich ein mittelalterlicher Markt, wow, war das authentisch hier, Frauen trugen gackernde Hühner in Körben, Maultiere, Männer in eleganten Gewändern. „Cut!!!“ hallte es aus den engen Gassen. Wir waren mitten in einem Film gelandet, dem Dreh zu „Liebe in Zeiten der Cholera“, Garcia Marquez' leidenschaftlicher Roman über die ewige Liebe. Wir verdrückten uns in ein kleines Straßenlokal und schlemmten in Suppe mit Yukka, gebratenem Fisch mit Kokosreis und Patagonias, den fritierten Kochbananen. Geschmäcker, sie machen ein Land aus, charakterisieren es, bringen die Essenz hervor. Ich öffnete wieder meine Augen und ein Korb baumelte vor mir. Neben mir ein zahnloser Orangenhändler, er einige Pesos aus dem Korb nahm und seine begehrte Ware hineinlegte. Schon entschwanden die duftenden Orangen gen Himmel.

Nach einigen Ecken merkten wir, dass die Häuser höher wurden, herrschaftlicher, die Balkone ausladender wirkten. Große, wunderschön verzierte Haustore mit frischen grünen Innenhöfen. Modegeschäfte, die sämtliche Nobelmarken beherbergten. Nobel das Nobelviertel – damals wie heute. Julio Iglesias hat hier sein Penthouse, der König von Spanien sein Haus mit Dachterrassenblick über die Stadt. Gar nicht nobel stand an der Ecke ein alter Mann hinter einem hölzernen Verkaufsstand.

Grüne Mangos! In Stifte geschnitten, dann in ein Plastiksäckchen gefüllt, Salz und Peffer beigemengt, dreimal herumgeschleudert und fertig ist der frischeste Salat-Snack der Welt!

Einige Stadtviertel weiter, abseits der romantischen Altstadt, drängten sich zahllose Menschen in den Straßen, es wurde gehandelt, gebettelt, gefeilscht. Musik dröhnte aus krachenden Lautsprechern, Radfahrer mit mobilen Verkaufsläden boten gefüllte Fleischbällchen an, ein junger Bursche mit einer Art Thermoskannenrucksack schenkte herrlich duftenden Espresso in Miniplastikbecher ein, dann wieder Wasserverkäufer mit lauwarme Wasser in Plastiktüten.

Der Abfall in den Straßen, besonders in der Nähe des Gemüse- und Fischmarkts stank in den glühend heißen Mittagshimmel.

Die Luft stand. Cartagena war als absolut uneinnehmbare Festung berühmt geworden: massiv gebaut auf einer Erhebung, die Hafeneinfahrt schmal, die Bucht von einem flachen Riff und Mangrovendickicht umgeben – ein natürlicher Schutz gegen Eindringlinge. Geheimgänge verbanden die Festung mit der Altstadt. Allzeit bereit sozusagen kämpften Helden wie der Contadore Blas, der nacheinander ein Bein, einen Arm und ein Auge im Gefecht verlor. Seine abenteuerliche Statue kann man am Plaza San Blas bewundern.

Wir schlenderten weiter durch die Straßen, jeder versuchte hier, irgendwie einen Peso zu machen. Handybesitzer vermieteten ihre Telefone, Motorradfahrer wurden zu Taxis auf den vierspurig befahrenen – zweispurigen – Fahrbahnen. Frauen mit Massageölen stolzierten durch die Menge auf der Suche nach verkrampften Touristen. Hier eine Friseurin eine Kuttelsuppe löffelnd, dort eine alte Frau mit einem brüllenden Baby am Arm vor einem stummen Fernsehapparat.

Wir schlüpften in ein Geschäft mit Gasöfen in der Auslage, um nach einem Ersatzteil zu fragen. Leider hatte der Mann dort nur alte Videorekorder, die aber waren echt günstig und teilweise aus den Achtzigern. Man verstand unser Problem, schickte uns freundlich weiter, ein anderer Weg wurde uns beschrieben ein besseres Geschäft empfohlen. Es schien, als würde sich plötzlich die ganze Straße für uns verantwortlich fühlen, um uns aus der Ersatzteilpatsche zu helfen.

Einsam wird man hier niemals sein. Wer allein sein will, muss woanders leben.

Schließlich landeten wir vor den Toren des Theatro Heredia, einem alten Kolonialbau, der für seine geschnitzten Logen brühmt war. Für wenig Geld hörten wir uns gemeinsam mit vielen einheimischen Schülern, Studenten, alten Damen, eleganten Herren Familien die berühmte Kantorei Köln an. Man spielte Buxtehude und die Menschen von Cartagena lauschten andächtig.

Völlig erledigt von den vielen Eindrücken ließen wir uns nach dem Konzert auf die indischen gepolsterten Holzbänke einer winzigen italienischen Trattoria fallen, tranken chilenischen Wein, aßen Peccorino und plauderten mit Shakiras Mutter. Gidi, unser Wiesbadener Segelfreund hatte sich hier schon richtig eingelebt und übte sein bröckeliges Spanisch mit der schönen Wirtin. Finn zählte die Kutschen, die vor der Tür vorbeirauschten, Pferdehufgeklapper hallte durch die engen Gassen.

Ums Eck am Plaza San Domingo saßen zwei schwarze Pantomimen und spielten Sklaven, drei herzhaft jaulende Sänger zupften ihre Gitarren, die Straßenlaternen warfen einen unwirklichen Schimmer auf die romantischen Gassen. „Hundert Jahre Einsamkeit", flüsterte ich in den Armen meines Mannes. Dieser leidenschaftliche Marquez färbte schon auf mich ab! Spät stolperten wir in den Club Nautico, noch ein paar Nachtsegler hingen an der Bar, Kellnerin Penelope Cruz nickte uns lächelnd zu. Buenas noches, amigos! Buenas noches, chica!

Liebes Tagebuch, Cartagena

Hab einen Guyanabana gegessen, Götterspeise, an diesen saftigen Kernen gelutscht, mhhhmmm ... dazu dieses Cartagena, leidenschaftlich, heiß. Morgen geht's auf in Richtung San Blas Inseln, Gidi war schon dort und sprach von „grauseligen Gewittern". Es ist amerikanisches Pärchen von einem Tanker gerammt worden während der Überfahrt. Na, das klingt ja vielversprechend, bekomme richtig große Lust, wegzufahren ...

Liebes Tagebuch, San Blas Inseln, Holland Cays

Das war ein Ritt. Bin todmüde. Nix geschlafen und dann vor der Riffeinfahrt Squall mit null Sicht im Morgengrauen. Haben beigedreht gewartet, und danach kam die Morgensonne und alles war Gold, Gold, Gold. Die kleinen kitschigen Palmeninseln mit Sandstränden. Fototapete Siebzigerjahre! Viele Schiffe, viele Freunde da. Großes Hallo am Ankerplatz. Ich muss jetzt schlafen. Draußen ist es ganz ruhig, wenig Wind, Riffrauschen. Peter schläft schon, der Finnemann auch. So schön.

Liebes Tagebuch, San Blas Inseln

Hab mir drei Molas gekauft. Bei Lisa, die ein Mann ist, aber wie eine Sexbombe aussieht. Ist hier normal, dass ein Junge in der Familie ein Mädel wird. Zu wenige Hilfen im Haus. Da kommt grad einer mit Kokoskrabben. Die sind so gut, schlägt fast die Guayanabana, leider fischeln sie zu sehr ... hihi ...

Liebes Tagebuch, San Blas Inseln

Morgen ist Weihnachten und meine Schwägerin Andrea kommt, wir sind so wahnsinnig aufgeregt, sicher viel Post von zu Hause ... habe ich Heimweh? Nein, hab ich nicht, seltsam, Heimat ist gerade hier, wo Peter und Finn sind. Dachte, Weihnachten würde schlimm sein. Ach ja ... Hab Vanillekipferl mit Öl gebacken ... trief, urgs.

Das Christkind kommt ...

Weihnachten in der Ferne hatte ich immer gefürchtet. Zu Hause in der Steiermark war Weihnachten immer voller Sternenglanz und Tannenduft, ländlich, traditionell, kindlich, verträumt.

Weihnachten in den Tropen, nein danke!

Und dann kam Tobago und die Riesenfireflys im Dschungel und die lauen Tropennächte und der blinkende Sternenhimmel. Vielleicht war Jesus doch ein Karibe?!

Oder ein Indianer.

Auf den San Blas Inseln leben die Kuna-Indianer. Ein interessantes Volk. Klug, intensiv, kontaktfreudig und geschäftig. Sie tragen auch in den Shopping-Malls in Panama ihre Tracht, bunte Blusen und Tücher, schön gestickte Molas aufgenäht, an Armen und Beinen breite Perlenbänder. Die Kolonialherren waren auf diese Inselbewohner getroffen und starrten den Frauen auf die nackten tätowierten Brüste. Die Missionare verboten das Nacktsein und so stickten sich die Frauen ihre Tätowierungsmuster auf hochgeschlossene Blusen. Heute sehen sie das Glitzern der Segler in den Augen, sobald diese gestickten Molas auftauchen und machen gute Geschäfte!

Die San Blas Inseln sind eine Flugstunde von Panama City entfernt, wie uns Peters Schwester Andrea mitteilte. Sie würde um sechs Uhr früh am Weihnachtstag ankommen. Wir warteten in aller Frühe voller Ungeduld neben der Sandpiste des Flughafens auf Povenier. Eine Mini-Palmeninsel, ein Immigrationsgebäude, ein Holzhütten-Restaurant/Hotel, viele Hängematten, viel Sandstrand.

Ein Flugzeug landete im Morgengrauen. Kunafrauen mit Hühnern stiegen aus, zwei amerikanische Tramperpärchen, ein Franzose, keine Andrea. Entsetzt malten wir uns schon aus, wie sie in einem abgewohnten Hotelzimmer in Panama Weihnachten feiern würde. Einsam, allein, in die Ferne gelockt, ohne anzukommen.

Andrea ihrerseits stand in diesem Augenblick auf einer anderen Palmeninsel. Nur eine windschiefe Holzhütte drauf, keine Palmen, keine RISHO MARU weit und breit, aber viele Kuna-Indianer, die ihre Körbe in Einbäume packten und davonruderten. Das Flugzeug machte sich zum Start bereit und der Pilot bat Andreas, wieder einzusteigen. Schock im Morgengrauen.

Schließlich schlossen wir die tränenüberströmte Verwandtschaft in unsere salzigen Arme. In Winterstiefeln, Winterjacke und einen riesigen Koffer hinter sich herziehend war sie doch noch dem Flugzeug entstiegen. Jaja, wenn eine eine Reise tut, dann kann sie was erleben!

Stolz segelten wir mit unserem Besuch zu den Lemon Cays, um Andrea dort der ganzen Segelfamilie vorzustellen. Sie staunte nicht schlecht über die vielen Kinder, die fröhlich gemischte Nationenrunde. Als Weihnachtsessen gab es Fisch,

Kokosreis und gebratene Bananen. Unsere kleine Lichterkette blinkte fröhlich weihnachtlich auf der Risho. Beglückt packten wir unsere Geschenke von zu Hause aus, darunter eine Dose mit der Aufschrift „Steirische Weihnachten". Darin Kekse, Lebkuchen und frisches Tannengrün! Die Schweizer kamen kurz an Bord und zerstachen sich ihre Nasen an den Tannennadeln. Der Duft von Tannengrün, nach zwei Jahren – unbeschreiblich. Schließlich trafen wir uns alle am Strand, und von Geige und Gitarre begleitet sangen wir Weihnachtslieder und lasen Weihnachtsgedichte vor einem großen Lagerfeuer unter Palmen. Dem Christkind hätte es gefallen. Der Andrea gefiel es auch. Sie tanzte mit den Kuna-Indianern barfuß im Sand zu den Klängen der Bambusflöte, lachte, freute sich und uns ging es ebenso!

Nicht zur Huldigung der indianischen Naturgötter sprangen wir frühmorgens aus den Kojen, nein, die Nonos hatten uns entdeckt. Kleine, bissige Moskito-Biester, die ihre österreichischen Kollegen in den Schatten stellten. Wir flüchteten, was nicht weiter schlimm war, zu den Coco Banderas Islands.

Uns stockte der Atem. Postkartenkitschidylle. Wer es nicht glaubt, kann Andrea fragen. Sie war sprachlos und wir jubelten, denn Koka und Christoph hatten es endlich auch hierher geschafft! Gemeinsam organisierten wir ein Festmahl mit den roten Riesenkrabben, die uns einige Kunas gefangen hatten. Da wir weder Krabbenzangen noch anderes professionelles Besteck dabeihatten, plünderten wir Peters Werkzeugkiste. Seine Zangen und Meißel rochen noch Monate später nach Krabbe! Es dauerte Stunden, die Krabben auszuzuzeln und abzukratzen, aber es war es wert. Vielleicht war es der Eiweißschock, aber Koka und ich fühlten uns wie Süchtige, denen man lang Vorenthaltenes gönnte. Wir konnten nicht genug von den Krabben kriegen. Es schmeckte einfach himmlisch! Finn bekam als Nachspeise einen Kaiserschmarrn, denn Christoph reiste nie ohne seine Schmarrnpfanne! Oder seinen persischen Reistopf und natürlich den Milchschäumer. Sicher, ein GPS ist wichtig, aber auch eine Kaiserschmarrnpfanne hat durchaus ihre Berechtigung auf einer Reise wie dieser!

Andrea fügte sich nahtlos ein in das Seglerpack, ihr angespanntes Wintergesicht glättete sich und ein friedliches Dauerlächeln breitete sich auf ihrem Gesicht aus. Zwischendurch übte sie ihren Brotberuf Volksschullehrerin an Finn aus, um dann schnell wieder an den Strand zu kommen zum Muschelsuchen, Baden, Palmenklettern.

Am Silvesterabend tanzten wir wieder um Mitternacht unter dem dicken, fetten Vollmond in das neue Jahr hinein. Wir speisten geldbringenden Linsensalat und Berliner, die Glückskrapfen von Berliner Segelfreunden, die sie für alle gebacken hatten. Die Kinder tobten im lauen Wasser, in dem sich klar das Mondlicht spiegelte, ein riesiges Lagerfeuer läutete das Neue Jahr ein.

Was würde es bringen? Der Pazifik war zum Greifen nah. Die Abenteuer der letzen zwei Jahre waren kaum vorbei.

Wann hatten wir je so intensiv gelebt? Echte Vanillekipferl und Linzeraugen unter Palmen, Sterne bis an den Horizont, ein kuscheliges Bett, ein glückliches Kind, uns in den Armen.

Ich wünschte, es bliebe die Zeit stehen – für immer.

Liebes Tagebuch, Lemon Cays, San Blas

Andrea hat mit Finn Schule gemacht. Alles passt. Uff. Blöderweise hab ich die falsche Schreibschrift mit ihm eingelernt. Das ist das dritte Mal, dass er umlernen muss. Zuerst meine uralte, dann die der deutschen Fernschule seiner Freundin Elaisa und jetzt die österreichische.
Das wird er mir mit achtzehn Jahren sicher vorhalten.

Liebes Tagebuch,

Schön war es, Andrea dazuhaben. Geschichten von zu Hause zu hören. Morgen fliegt sie heim. Da werden wieder Tränen fließen. Diese elenden Abschiede.

Kurzes, aber notwendiges Intermezzo

Die Clodmilldos dieser Welt

Den ersten Clodmilldo – unseren Prototypen – trafen wir auf den San Blas Inseln. Egal welcher Nationalität, die Clodmilldos dieser Welt haben vieles gemeinsam. Egal wie, wo, warum aufgewachsen, sie treibt nur eines im Leben voran: das Business. Das Business mit den Menschen auf Segelboten. Ihr größtes Talent: Sie sehen ein Boot, blicken auf die Flagge und analysieren in wenigen Sekunden, was dort zu holen ist. Je nach Nation mehr oder weniger Dollar. Natürlich muss man dazu etwas bieten.

Clodmilldo der Erste bot den begeisterten Seglern auf San Blas Authentizität. Er sah, wie ihre Augen leuchteten, wenn Indianer per Einbaum Früchte und Fische anboten oder in ihren Strohhütten vor dem offenen Feuer saßen und Reis in alten Kesseln kochten. Die Typen mussten ja nicht wissen, dass das Leben auf den Inseln nicht für immer war. Man teilte sich diese Zeit auf in einer großen Familie, wenn sie eine Insel besaß. Jeder hatte mal Insel-Dienst für zwei Monate.

Das war auszuhalten, aber die Geschäfte liefen natürlich am besten in der Seglersaison. Clodmilldo hatte schnell herausgefunden, wann die meisten von ihnen aus Cartagena oder Panama kamen. Sein weiterer Vorteil: Er hatte etwas Englisch gelernt. Er organisierte zum Beispiel ein typisches Kuna-Mahl. Fisch von seinen eifrigen Verwandten gefischt, dazu Kokosfertigbrühe aus kleinen Tüten im Billigsupermarkt in Panama gekauft.

Wenn die Typen nicht hinsahen knallte er die Fertigbrühe in den Topf. Traditioneller Kuna taste! Hehe!

Die Segler waren begeistert. Sie saßen glücklich unter Palmen, unter dem (zu Clodmilldos Leidwesen leider kostenlosen) Sternenhimmel. Clodmilldo hatte den Generator mit der uralten Kühltruhe angeworfen und einiges an Billigbier organisiert. Er glaubte, dass niemand die Bierdosen in der blutigen Auftaubrühe der eigens für ein paar Segler bestellten tiefgefrorenen Hühner schwimmen sah. Die Hühner hatte er schon für den vierfachen Preis verkauft. Aber die Segler waren so glücklich gewesen, da spielte das Geld doch keine Rolle, oder?

Auch sein Gemüsemarkt war ein Erfolg. Es dünkte ihm, dass er die Gurken- und Tomatenpreise doch etwas hoch angesetzt hatte, als einige der Käufer streikten. Alles eine Frage der Verhandlungen. Es war immer noch das Dreifache. Nach einigen Geschäftsjahren hatte er auch gelernt, dass Angehörige der amerikanische Flagge mehr zahlten als Deutsche. Diese schimpften wiederum schneller. Dagegen die mit der rot-weiß-roten Flagge, die sich nicht Deutsche nannten, aber so sprachen, waren etwas gemütlicher. Bei den Franzosen war gar nichts zu holen. Die fischten besser als seine Indianer. Die mit den holländischen Flaggen dagegen waren sehr locker und nahmen es nicht so genau, zahlten schon mal am Freitag das Doppelte vom Dienstag davor, wenn ihm, Clodmilldo, eine gute Begründung einfiel und er die Kids seiner Schwester im Kanu dabeihatte.

Den netten Ron, einen rot-weiß-roten-Einhandsegler, konnte Clodmilldo dann überzeugen, ihn nach seinen Geschäften mit dem Segelboot in das größte Dorf der Inselgruppe mitzunehmen. Meine Güte, ihm war so schlecht wie noch nie und er kotzte das Schiff voll. Aber die Sache war es wert. Am Ziel warteten die hübschen Damen der Ruby Bar auf ihn und er investierte seine verdienten Dollar auf die ihm allerliebste Art. Ron, der Segler, war etwas verärgert, als Clodmilldo tagsdrauf den Abfahrtstermin nicht einhielt, als Wiedergutmachung organisierte er ihm ein paar alte Molas, die seine Kusine unter dem Bett hervorholte. Sie waren noch von der Großmutter, alter Kram. Der Segler freute sich, keine Ahnung diese Typen!

Wir trafen „Clodmilldos“ immer wieder. Auf Galapagos. Dort verkaufte er gefälschte Permits und wurde ein Jahr später dafür eingebuchtet. Na ja, ein gewisses Risiko ist immer dabei. Oder auf den Marchesas, als er die allerheiligsten Tikis im Urwald doch nicht fand, aber das teure und einzige Restaurant weit und breit. Zufällig war der Besitzer sein Bruder. Auf Samoa vermietete er uns ein Leihauto ohne Bremse, dafür mit Millionen von Kakerlaken. In Neuseeland gab es kaum Clodmilldos, die waren wohl alle nach Indonesien ausgewandert. In Thailand fuhr einer mit uns zum Flughafen und berechnete für die Rückfahrt das Doppelte. Ägypten machte dann Indonesien Konkurrenz.

Clodmilldo der Erste würde uns jedoch unvergesslich bleiben. So wie die Palmennächte, die Meeresdelfine, die Sternenzelte und natürlich die Kokosnüsse. Diese, so meinte Clodmilldo, hätten Augen, denn wenn sie jemandem auf den Kopf fielen, dann niemals den Kunas, sondern immer den Touristen!

Liebes Tagebuch, Portobello, Panama

Da war gerade eine Schießerei auf dem Ankerfeld. Dieses Portobello ist aber auch echt abgefuckt. Verfallene Kolonialhäuser, dreckige Straßen, dazwischen riesige geierähnliche Vögel. Die Einwohner sind ziemlich distanziert, die Frauen tragen heute alle Lockenwickler, weil am Abend ein Fest stattfindet. Und einheimische Buben mit kohlegeschwärzten Gesichtern tanzen auf der Straße. Spielen entflohene Sklaven. Irgendwann früher haben sich Sklaven zu einer Guerillagruppe in dem Dickicht der Wälder vor Panama zusammengetan und Angst und Schrecken verbreitet. Kann ich mir gut vorstellen.
Aber die Schießerei kam von einem schizophrenen Franzosen, ihm waren die Medikamente ausgegangen. Er war sauer auf die Besatzung eines dänischen Schiffs, die vor ihm ankern wollte. Nix passiert, aber auch die Polizei macht nix. Keiner fühlt sich zuständig. Das ist auch Südamerika!

Liebes Tagebuch, Colon

Sind in Colon. Das ist was hier. Uhhhhh, ich war ja schon in einigen wilden Gegenden, aber das schlägt alles. Haben uns für den Panamatransit Tito als Agenten genommen. Peter war mit ihm Gasflaschen holen und sie querten unerlaubt eine

Straßensperre. Hatten gleich eine Polzeikontrolle am Hals. Keine Ausweise mit, urgs. Schließlich flüsterte Tito ihm zu: „Pass auf, jetzt siehst du, wie das hier läuft!" und reichte dem Polizisten irgendeine leere Ausweistasche mit 20 Dollar. Danach war die Sache erledigt. Corruption grande!

Liebes Tagebuch,

morgen geht's durch den Panamakanal. Werden wir an der Kanalmauer zerquetscht, von den Strudeln aufgesaugt oder von einem Mega-Cargoschiff überfahren? Alles schon passiert, habe ich im Yachtclub gehört. Es könnte auch, wie bei den Engländern letzte Woche, der Motor ausfallen. Sie mussten 20.000 Dollar Strafe zahlen. Ich halt mir bis morgen die Ohren zu.

Aus dem Logbuch des Kapitäns

9. Februar 2007

16:00 Uhr: Heute ist es so weit; wir fahren durch den Panamakanal. Die vier Linehander sind schon an Bord. Bin doch etwas nervös. Ich bin vor zwei Tagen als Linehander auf dem Schiff von Freunden durch den Kanal gefahren, um mir das mal anzuschauen. Na ja. Nicht ohne.

Schon in Cartagena begann die Aufteilung der Segler in die, die in den Pazifik gehen und die, die im Atlantik bleiben. Das ist ein großer Schritt.

Ich erinnere mich in diesen Momenten immer an Gibraltar, das Warten auf Wind, die Unruhe, die Ungewissheit nagten an der Seele.

Aber an diese Unruhe habe ich mich gewöhnt, so schnell kann mich nichts mehr aus der Fassung bringen. Meine Süße hat da noch ihre kleinen Probleme.

Sind aber beide gereift, haben auch gelernt, dass es Teil unseres Abenteuers ist, diese Unruhe zu spüren. Und da gibt es diesen Wind, der uns magisch weiterzieht. Übermorgen werden wir im Pazifik ankern.

18:00 Uhr: Der Lotse ist da. Los geht's! Cool bleiben, Kapitän!

Finnische Betrachtungen

Oh, wie schön ist Panama!

In Colon war es wieder so weit. Die Oldies wurden etwas anstrengend. Der Papa hat Autoreifen an die Reling gehängt und die Mama in der Segelzeitung sicher hundertmal die selbe Geschichte gelesen: „Der Panamakanal – seine Tücken und Schleusen". Beide waren ziemlich unansprechbar und ich war echt froh, als der Kanaltag kam. Kein schlechter Tag für mich. Sprite und Coke an Bord – für die Linehander, hat mir die Mama eingeschärft. Als der Jesus, der Sam und der Mike an Bord kamen, hat es gleich Schokoladenkuchen gegeben. Einfach so. Das sollte mir mal passieren. Dann haben wir ganz lange auf den Lotsen gewartet, als er gekommen war, haben die Linehander auch die Thunfischsandwiches aufgegessen und die Mama ihre Fingernägel. Der Papa hat nix mehr geredet. Nervös, hat die Mama gesagt. Dann sind wir los, überall riesige Tanker: vorne, hinter, neben uns. Wenn die das schaffen, warum nicht auch die Risho, habe ich Papa beruhigt.

Als wir dann die Riesengarage, beleuchtet wie der Times Square in New York, gesehen haben, hat der Lotse endlich einmal aufgehört zu telefonieren. Da sind wir dann ein Fünfmaran geworden.

In der Mitte ein riesiger Katamaran, rechts wir, links die Bess, der Stahldampfer. In der Garage hat die Mama dann gesagt: „Das ist wie in einer irren Oper hier!" Sie hat auch gefunden, dass der Lotse wie ein Opernsänger in Freizeitlook gekleidet war. Rosa Hemd, schicke Jeans. Die Mama!

Also überall viel Licht und dann hat die Garage die Tore hinter uns zugemacht. Von der ganz hohen Mauer oben haben Männer Taue zu uns runtergeschmissen. Der Jesus, der Sam und der Mike haben sie an der Risho festgemacht. Dann war es kurz still. Und plötzlich haben die Schiffe angefangen, hin und her zu ziehen. Wir waren ganz nah bei der Mauer. Die Mama hat gesagt: „Schau die Strudel im Wasser an, das Wasser kommt jetzt rein, brauchst keine Angst zu haben."

Der Papa hat nix mehr gesagt. Nur der Jesus hat Kommandos gegeben. Und die Mauern neben uns waren plötzlich ganz niedrig und dann ist das Allertollste passiert.

Der Tanker vor uns hat keine Männer gehabt, die die Leinen gehalten haben, sondern Lokomotiven!!! Aus Silber!

Da war meine Angst ganz weg. Wenn ich groß bin, werde ich Panamalokomotivführer!!!

Dann sind die Schleusen aufgegangen und wir sind in die nächste Garage und der Lotse hat telefoniert und mir erzählt, seine Tochter hat heute Geburtstag. Die Mama hat dann gesagt: „Winken!" Wie bitte? Wegen der Webcamera, da sehen uns dann alle in Österreich. Ich glaub, die Mama war ein bisserl verwirrt. Ich hab gehofft, das legt sich wieder, weil sie ja heute noch Spaghetti für alle kochen muss. Nach der dritten Schleuse war ich dann schon voll müde – vom Winken.

Der Papa hat auch wieder geredet. Mit dem Jesus.

Und dann waren wir plötzlich in einem großen See. Gatun Lake. Da gibt's Brüllaffen! Die klingen wie Monsterdinos, aber sind ganz klein, hat der Jesus gesagt. Der weiß echt viel. Er hat erzählt, die Männeraffen leben auf einer Insel und die Frauenaffen auf einer anderen. Wenn die Männer die Frauen besuchen wollen, müssen sie zu ihnen rüberschwimmen. Wenn sie Pech haben, werden sie dann von einem Süßwasserkrokodil gefressen.

Bitte, was kann so toll an den Frauen sein, dass man sich von einem Süßwasserkrokodil auffressen lässt? Die Oldies haben gekichert, als ich sie das gefragt habe. Die sind manchmal so komisch. Am nächsten Tag sind wir dann durch den See motort. Voll schön.

Eiaufstrich-Sandwich mit viel Mayonnaise. Von mir aus können die Linehander öfters bei uns wohnen. Bei der nächsten Schleuse hab ich mir dann meine zweite Sprite genehmigt. Natürlich hab ich die Mama gefragt, sie war ein bisserl aufgeregt, glaub ich, hat nur „jaja" gesagt. Der Papa hat wieder nix geredet. Nervös, alles klar.

Jetzt war es ja hell und das Ganze nicht mehr so aufregend. Nur kurz hab ich Angst gekriegt, als jemand gesagt hat, jetzt fahren wir den Berg hinunter mit der RISHO. Das geht doch nicht. Da kippt sie doch um! Mama!

Da hat sie mir erklärt, das ist wie mit einer Plastikente in der Badewanne: Man lässt den Stöpsel aus und sie kippt nicht um.

Jetzt hat kein Schiff gewackelt, bisserl fad nach der dritten Schleuse, aber die Lokomotiven waren immer noch dabei. Super! Jetzt hat man die Schienen gesehen. Dann war da das letzte Schleusentor und wir sind ohne die anderen Schiffe rausgetuckert.

Da war der Pazifik und eine große Brücke – The bridge of the Americas – die verbindet die beiden Amerikas. Der Papa war ganz still. Ergriffen, hat die Mama gesagt. Weil er der RISHO immer versprochen hat, er bringt sie einmal in den Pazifik. Sie ist nämlich ein polynesisches Schiff.

Und jetzt das Allerbeste: Der Pazifik schaut aus wie der Atlantik! Also hätten wir ja gleich im Atlantik bleiben können.

Aber dann hätten wir die Brüllaffen nicht gehört, den Jesus nicht kennengelernt und keinen telefonierenden Opernsänger-Lotsen. Und natürlich keine Lokomotiven, die waren es absolut wert!

Logbuch des Kapitäns

10. Februar

Risho Maru im PAZIFIK!!!

Ein großer Augenblick dieser Reise! Als sich die letzte Schleuse geöffnet hatte und der Pazifik vor uns lag, waren wir völlig überwältigt von den Gefühlen in uns. Still liegt er nun vor uns und wir sind neugierig, was wir hinter diesem Horizont erleben werden. Viele Geschichten und Abenteuer warten auf uns und wir werden viel Neues erleben.

Liebes Tagebuch, Panama

Sind im Pazifik!!!

Hab mir den halben Vorderzahn ausgebissen. Entsetzlich. Heul, heul.

Liebes Tagebuch, Panama

Habe wieder einen Zahn. Ein supernetter Zahnarzt in der Allbrook-Mall hat mir die Füllung gemacht. Schaut toll aus.

Liebes Tagebuch, noch immer Panama

War beim Friseur. Das Grauen. Habe einen Helm auf dem Kopf, ich bin froh, wenn wir bald auf See sind, da sieht mich wenigstens keiner. Und Peter ... hoffe, er liebt mich trotzdem. Wenigstens habe ich wieder einen ganzen Zahn . Man wird bescheiden als Seglerin ...

Liebes Tagebuch, Panama

Panama ist sehr trashig. Waren in der völlig vergammelten Altstadt, die zu einem Schmuckkästchen hergerichtet werden soll. A la Cartagena. Ob das was wird? Renauld oder Remi, der Franzose, scheint sich ganz sicher zu sein, zu unserem Glück. Er hat in einem Kolonialhaus einen superschönen Eissalon eröffnet. Basilikum-Pesto-Eis! Man muss hier aber aufpassen, sonst wird man überfallen, außer im portugiesischen Restaurant gleich nebenan, da gibt's Polizeischutz.

Liebes Tagebuch, Panama

Hatte eine Horrornacht. Habe mir schreckliche Sorgen gemacht, weil Peter und Ron so lange bei der Polizei waren wegen Rons gestohlenem Rucksack. Peter wollte Ron ohne Ausweise nicht allein gehen lassen, mein Robin Hood. Das war eine Odyssee: Touristenpolizei, die kein Englisch konnte, Türsteher, die die Diebe gesehen haben, aber keine Namen nennen wollten, absolut sinnloses Unterfangen. Ron hat einen Finderlohn ausgesetzt, nur das er seinen Pass zurückbekommt. Und erst um zwei Uhr nachts sind die beiden zurückgekommen. Habe gedacht, dass sie entführt, ausgeraubt, ermordet, ich weiß nicht was alles sind, was halt in südamerikanischen Filmen so passiert.

Liebes Tagebuch, Panama, ich glaube, es wird Zeit ...

Zu eng, zu eng. Schrebergartengeschichten gehen hier im Ankerfeld wieder los. Karten aufmischen, ab die Post. Südsee, wir kommen. Drei Rieseneinkäufe. Bin schon echt gut darin. Haben sicher eine halbe Tonne mehr Gewicht.

Liebes Tagebuch,

Morgen geht's weiter. Galapagosinseln, vorher noch kurz die Las Perlas Inseln. Bauchgrummeln wie immer, werde mich nie an die Überfahrten gewöhnen.
Wovor ich Angst habe: Blinddarmentzündung, Peter über Bord, Finn krank, Mastbruch, Monsterwelle, das Übliche. Ach, ich die große Abenteurerin ...

Immer kommt es anders ...

Auf den Las Perlas Inseln, wenige Seemeilen hinter dem Panamakanal gelegen, hatten wir der Wetterdinge geharrt. Natürlich wieder die üblichen Storys von Gegenwinden, Gewitterfronten und dergleichen. Siehe da, wir glitten den Galapagosinseln gemächlich entgegen. Strahlender Himmel, beste Sicht. Nach einigen Tagen beschlossen wir, in den durch die ruhige See einschläfernden Nachtwachen wieder den Eieruhrrhythmus einzuführen. Zehn, oder gar zwanzig Minuten schlafen? War ja eh nix los.

Die kommende Nacht sollte die letzte mit dem Zehn-Minuten-Rhythmus sein. Der Humboldtstrom hatte die ersten kalten Nächte beschert. Ich kuschelte mich in meinen Schlafsack und las. Und aß. Und las. Gähn. Müde. Delfine. Lesen. Nutella. Gähn. Ups. Lichter am Horizont. Mist.

Ich hüpfte auf und fixierte das Lichtgebilde. Rot? Grün? Mhm. Beides. Nicht gut. Peter schlief tief und fest. Sollte ich ihn wecken? Der Deal war: Ist man unsicher, immer den anderen wecken. War ich unsicher? Ich war immer unsicher. Blödsinn. Ich sehe beide Lichter, also ist das ein Kollisionskurs. Kapitän!!!

Peter starrte in die Dunkelheit. „Was macht der?" Uuuuuuu... das ist nicht der Satz, den ich vom allwissenden Kapitän hören will. „Ich sehe Rot, der passiert uns, aber er kommt immer näher. Mhm."

Ich ging zum Funkgerät und ließ meine liebliche Drei-Uhr-früh-Stimme in die Sphäre hinaus.

Stille. Stille. Stille. Das hörte ich nicht gerne. Wir hatten auch ein Radar, gebraucht gekauft in Panama, und auch dieses ließ kein Rätsel offen: Kollisionskurs.

Eigentlich kann man doch einem Kollisionskurs ausweichen. Dachte ich, sagte es aber nicht, denn im selben Augenblick hatte Peter schon den Autopiloten ausgekoppelt und den Motor gestartet. Wir drehten ab. Und der Tanker kam näher. „Cargo boat, here is sailing vessel. Do you see us?"

Stille. Stille. Stille. Schreck schnürte mir den Brustkorb zusammen. Auch Peters Stimme wirkte gepresst. „Was will der, was macht der?“ Am Radar war noch ein Abstand von einer halben Meile zu verbuchen. Egal was wir taten, wir blieben auf Kollisionskurs. Albtraum. Ich sah wie in Zeitlupe dieses Schiff immer näher kommen. Die Lichter noch am selben Platz. Träumte ich, bitte lass mich träumen. „Gib die SOS-Tasche raus!“ Das ließ meine Knie zittern. Sollte ich Finn aufwecken, ihm eine Schwimmweste anziehen, bin ich im falschen Film?

„Schnell die Surfernotrakete!“ Ich griff in die Tasche, die ich zuletzt bewusst zu Silvester auf den San Blas Inseln wahrgenommen hatte. Um eine Spaßrakete abzuschießen.

„Schnell“, Peter klang noch immer ruhig, gepresst ruhig. Ich wurde panisch. Innerlich.

Peter schoss eine weiße Rakete ab. Die leuchtete hell, taghell. Der Tanker war so nahe, dass wir nun auch Leute auf der plötzlich hell erleuchteten Brücke sehen konnten. Die Farbe des Schiffs Rot mit gelbem Aufbau.

Er drehte ab. War das überhaupt möglich, fragte ich mich jetzt, wie konnte der so plötzlich seinen Kurs ändern? Er drehte ab. In fast greifbarer Nähe Dieselgestank. Motoren. Schiffsschraubenwellen. Schaumwasser. Vor uns.

„Cargo vessel, here is sailing boat, what happened, didn‘t you see us?“

Leises Knistern und dann südamerikanisches Englisch: „Oh sure, just go ahead!“

„Fuck you!“ Peter fauchte seine Wut in das Funkgerät, ich hatte es zuvor ausgeschaltet.

Wir saßen völlig fertig im Cockpit. Finn schlief friedlich, behaglich, behütet.

Ein plötzliches starkes Gewitter öffnete die Schleusen des Himmels.

Was für eine Nacht. Hätten wir die 20 Minuten Eieruhreinheiten gewählt, was wäre dann gewesen?

Wäre, könnte, würde. Diese Worte sollten niemals auf einem Segelboot fallen. Es ist, wie es ist, und damit muss man umgehen. Auf der ganzen Reise hatten wir keine vergleichbare Situation mehr. Ich aber immer erhöhten Pulsschlag, sobald ein Schiff nahte.

Angst zu spüren. Panik. Das waren die wenigen dunklen Seiten dieser Jahre.

Monsterwelle, Blinddarm, ha ... immer kommt es anders, als man denkt.

Liebes Tagebuch, irgendwo da draußen

noch drei Tage bis zu den Galapagosinseln. Gidi, Koka und Christoph bleiben in Panama. Die gehen mir jetzt schon ab. Irgendwann werden wir uns wiedersehen. Irgendwann. Null Wind. Hab Bauchweh wegen des Motors. Ist ganz versalzen wegen der undichten Pumpe. Und was wäre, wenn ... mag es gar nicht aufschreiben ... Hab doch wäre, würde, könnte von Bord verbannt. Cool bleiben. Bisserl schwer.
Denken die Tankergeschichte ist wegen der starken Strömung hier passiert. Horror. Krieg in der Nacht kein Auge zu.

Liebes Tagebuch, auf dem Ozean

Oh Mann, bin echt müde ... was wird mal aus mir, wenn ich alt bin. So richtig alt. Werde ich einsam sein? Verlassen, krank, verarmt? ... Ich gehe Nutella löffeln ...

Liebes Tagebuch, ein Tag noch

Morgen kommen wir an. Wir segeln!!! Yippie! Keine Motorsorgen, wir sind langsam, aber beständig. Hab Fischfinger gemacht. Thunfisch, direkt aus dem Meer – paniert ... Sakrileg! Aber soo gut mit ganz viel Ketchup. Finn war begeistert. Am Abend mach ich serbische Fischsuppe.

Furzende Robben, einsame Singles und neue Freunde

Stockdunkle Nacht. Wir dümpelten in absoluter Flaute vor St. Christobal, unserer ersten Galapagosinsel. Was weiß man schon von diesen Inseln als Normalsterblicher?!

Den Naturfilmen nach sollte es hier viel Getier geben und Herr Darwin hatte hier kräftig seine Spuren hinterlassen.

Seltsame helle Flecken hatten Peter und ich im dunklen Wasser nahe der Küste beobachtet. Dem ersten wichen wir nervös aus, bis wir dann feststellten, dass es wohl Plankton oder irgendein Meereswesen gewesen sein musste.

Ich las gerade das Buch „Postlagernd Floreana", die Geschichte der Familie Wittmer, die in den Zwanzigerjahren ausgezogen war um sich auf den Galapagosinseln ein neues Leben aufzubauen. Das hatte alles sehr karg und naturnah für mich geklungen.

Und nun, als ich von den letzen Seiten aufblickte, roch ich plötzlich Land. Natürlich wussten wir, es waren nur mehr wenige Meilen, aber dieser Landgeruch ließ oft auf sich warten.

Würzig, tierisch, waldig.

Langsam spannte sich die Morgendämmerung über den Horizont in den Himmel – hellgrüne Berge erhoben sich ganz nah vor uns aus dem Morgennebel. Plötzlich schleuderte sich ein Mantarochen aus dem Wasser und landete mit einem Riesenklatschen in den spiegelglatten Fluten.

Nebelschleier ruhten noch zwischen den Hügeln, Graslandschaften, Pferde in der Ferne, kleine Häuser. Wir tuckerten in den Hafen, wo viele Fischerboote und Ausflugsdampfer an den Bojen lagen, quetschten uns zwischen einige Segelboote und aßen müde unsere Eierspeise.

Das Ankommen. Immer schön. Ruhe am Schiff. Entspannung. Finn marschierte an Deck herum und besah sich die neue Umgebung. Plötzlich ein lautes Platschen unter dem Schiff. „Mama, Mama, schau, schau." Lustige Hundegesichter grinsten uns an, als wir über die Reling blickten. Robben!

Das war Liebe auf den ersten Blick! Galapagos` Tierwelt begrüßte uns fröhlich!

Per Taxiboot – wie herrlich, nicht das Dingi klarmachen zu müssen, müde wie wir waren – landeten wir in St. Christobal an. Südamerikanische Westernstadt. Kleiner Ort mit einfachen Häusern, die Bars alle wie Saloons der Cowboys. Sandstraßen und überall Robben. Wie die Katzen in Griechenland wackelten sie durch die Gegend. Vom Immigrationsoffice zum Hafenkapitän, in das Fischlokal, zur Tankstelle, neben dem Souvenirladen. Nach dem üblichen Papierkram und auf der Suche nach einem Agenten, der uns angeblich ein Segelpermit verschaffen könnte, landeten wir in einem kleinen Lokal, aßen frischen Fisch und genossen Ecuador! Wir beobachteten die zahlreichen Touristen und filterten sofort die Segler heraus. Komisch, man erkennt sie einfach. Woran eigentlich? Ich war der Meinung an den Schuhen. Kein Galapagos-Tourist rennt mit ausgelatschten Flipflops durch die Gegend. Das sind Wander- und Abenteuerinseln, da tut man was, da ist man ausgerüstet und rennt nicht mit einem ausgeblichenen Rucksack voller Orangen herum.

Segler sitzen beim Kaffee und haben Dokumentenmappen unter dem Arm, zumal wenn sie gerade angekommen sind, in wasserdichten Säcken natürlich. Segler sind gebräunt und haben etwas verschlissene Frisuren, die man besser sehen kann, wenn sie ihre noch verschlisseneren Sonnenkappen mit der Aufschrift „Carribean, Tobago“ oder „Bequia“ abnehmen.

Segler erkennt man. So wie die Robben. Nur dass die Robben furchtbar stinken. Den Seglern haftet höchstens der Geruch nach Bilge oder Salz an der Haut.

Und so saßen wir also, genossen das Dasein und lernten neue Freunde kennen. Österreicher – die Espis, mit denen wir bis in die Türkei verbunden bleiben würden. Und dann kamen auch noch die Veras vorbei, Michi und Britta. Mit ihnen würden wir die Freuden der Südsee teilen und einige Jahre später in Salzburg Ski fahren. Aber so weit waren wir noch nicht, noch plauderten wir etwas distanziert miteinander, tauschten Pläne

Seemann Finn mit fünf Jahren.

Ozeanwellen auf Teneriffa.

Christkind in Tobago.

Tobago Cays, Karibik.

Windige Windwards.

Martinique, St. Pierre.

Inselglück, Los Aves, Venezuela.

Kitesurfer fliegen hoch.

Die Männer fischen.

Los Roques.

Der Traumstrand, La Tortuga.

Marinatage – Hundetage.

Peters Lieblingstier.

Schönes Cartagena, Kolumbien.

Skipper vor Fototapete, San Blas Inseln.

Ankunft im Paradies, Fatu Hiva, Marchesas.

Finn mit sieben Jahren, in den Tropen.

Abhängen ...

Kuna-Indianerinnen, San Blas.

Panama Kanal.

Jesus & Co.

Linehander, Mira Flores Lock.

Kurs auf die Galapagos-Inseln.

Einheimischer, Santa Cruz, Galapagos-Inseln.

Tuao, Tuamotus.

Moorea, Französisch-Polynesien.

aus und fragten uns, wie wir zu einer Segelerlaubnis kommen würden. Irgendjemand nannte uns eine Bar, wo ein Agent Permits ausstellen würde. Wir gingen hin, kauften in der Bar frische Kamille und Orangen, und es wurde uns versprochen, am nächsten Tag wäre das Permit da, wir sollten nur die 300 Dollar Gebühr bringen. Das Permit kam nie, wir zahlten nie und erlebten die Galapagosinseln undercover.

Einige zahlten, erhielten einen Zettel, der nichts wert war, und ein Jahr später saß der Agent im Gefängnis wegen Korruption. Zu viele Fragen, zu viele Antworten. Dies zu ignorieren erklärten wir zu unserem Leitsatz und hatten fortan keine Probleme mehr.

Die Robben kannten keine bürokratischen Hürden. Sie machten es sich in den Dingis bequem und waren nur mit Stöcken oder listreichen Tricks zu bewegen, abzuhauen. Auch die Schiffe verschonten diese herzigen Racker nicht. Bei uns konnten sie nicht an Bord, da wir die Bordleiter immer hochgezogen hatten. Doch gemütlich robbten sie auf andere Yachten, machten es sich im Cockpit auf den weichen Sitzpolstern gemütlich und verstanken die ganze Bude unrettbar.

Lustig war dann zu beobachten, wie sich die Segler gegen die frechen Eindringlinge wehrten: mit Spezialfender-Abwehrfestungen oder bedrohlichen Schiffshaken-Konstruktionen.

Der Geruch dieser Viecher war wirklich unglaublich. Im sauberen Schönbrunner Tiergarten in Wien fiel so etwas nicht auf. Nichtsdestotrotz, wir liebten ihre witzigen Gesichter und freuten uns immer, wenn sie zwischen unseren Rümpfen herumtobten.

Wir unternahmen eine Inselrundfahrt und tanzten um einen mit Süßwasser gefüllten Vulkankrater. Es war wie auf einer Alm! Nebelschwaden, kühl in 700 Metern Höhe, Kräuter, eine ganz andere Klimazone.

Der Guide wunderte sich über die seltsamen Europäer, aber die angenehme Luft ließ uns richtig aktiv werden. Kühe weideten! Unten am Berg kauften wir Äpfel und frisches Gemüse, Tomaten, Gurken. Die Bars im Örtchen wachten am frühen

Abend auf und es wurde kurz südamerikanisch quirlig, um wenig später in den absoluten Tiefschlaf zu verfallen. Nebel verpackte die RISHO und wir schlummerten im Hauch des kühlen Humboldtstroms und dem schon gewohnten Robbenfurzgeruch ein.

Sozusagen inkognito ankerten wir vor dem Ort der Hauptinsel Santa Cruz. Versteckten uns gut hinter den zahlreichen Schiffen vor dem Hafenkapitän. Wieder ließen wir uns per Taxi abholen und trafen so auf Laura und Mark von der SABBATICAL3. Diese beiden schlossen wir so richtig ins Herz, besegelten intensiv zusammen die Südsee, und sie kutschierten uns an unserem ersten unvergesslichen Tag in Neuseeland mit ihrem Leihauto durch die Zauberlandschaft und in den besten Coffeeshop weit und breit.

Herzensfreunde!

Santa Cruz war interessant: Die erste Reihe des Ortes war gespickt mit schicken Bars und Hotels, in der zweiten Reihe jedoch aßen wir für rund einen Dollar ein deftiges südamerikanisches Mittagsmenü. Wir tingelten dort durch die Internetshops, in denen uns auch Ian, der Kanadier von der AFRIKI, wieder über den Weg, mit dem wir später im Konvoi das Rote Meer bezwingen würden.

Wieder fuhren wir ins Hochland, vorbei an verschiedenen Klimazonen, fruchtbaren Plantagen und einem Vulkankegel. Alles sehr wild, ländlich. Ich bewunderte Frau Wittmer, die unweit von hier in den Zwanzigerjahren auf Floreana unter ähnlichen Bedingungen gelebt und sogar ein Kind zur Welt gebracht hatte. Und da gab es noch kein Touristenspital! Die Galapagosinseln waren für uns vor allem unberührte, wilde Landschaft mitten in dem ruhigen Pazifischen Ozean. Wir besuchten den Single George, eine Riesenschildkröte, fast 100 Jahre alt und seit 50 Jahren Single. Er blickte etwas einsam, aber auch allwissend aus seinen runzeligen Schildkrötenaugen, und Finn legte seine Kinderpatschhand zärtlich auf den harten Panzer. Nein, Schildkröten rannten einem hier nicht andauernd über den Weg, auch nicht die Riesenechsen, die berühmten. Einige Segler waren deswegen enttäuscht. Ich konnte das nicht nachvollziehen. Diese Galapagosinseln waren fantastisch. Hatten die Leute vergessen, dass hier noch vor 80 Jahren Schildkröten von Walfängern abgeschlachtet wurden? Die Schildkröten waren als frisches Lebensmittel an Bord heiß begehrt. Im Darwin-Museum lasen wir über dieses wunderbare Tierreich, die Einzigartigkeit hier, die unvergleichliche Flora, die zahllosen Finkenarten, dass diese Tiere nur hier existierten und einige noch existieren. Der Mensch hat sie ausgerottet, umgebracht und ist nun enttäuscht, weil es nicht aussieht wie in einer Tiersendung. Seltsam, diese Spezies Mensch. Viel seltsamer als der sexunlustige George, finde ich.

Wie zur Bestätigung las ich dann die Geschichte der mannswütigen Baronin, die vor 80 Jahren mit ihrer Luxusyacht hierhergekommen war und Unfrieden stiftete. Morde geschahen. Ihre beiden Liebhaber verschwanden spurlos, einer wurde später tot aufgefunden. Sie reiste auf Nimmerwiedersehen ab.

Schildkröten sind noch immer da. Finken auch, und natürlich Touristen, die viel Geld zahlen, um das Tierparadies zu erleben. Und die Segler, die zwischen den Inseln herumschleichen und dabei gesehen oder nicht gesehen werden.

Auf Isla Isabella weckte uns eine Pinguinfamilie mit ihrem Spiel unter der Risho. Am Strand betrachteten uns die Dinosaurier-Echsen und der Hafenkapitän etwas scheel. Wir zahlten eine obskure Ankergebühr ohne Rechnung und durften dableiben.

Auf Pferden ging es zum größten erloschenen Vulkankrater der Welt. Krater?! Ein Tal! Ein erloschenes Vulkantal! Die Pferde mochten unsere mitgebrachten Karotten nicht, die aßen lieber Kochbananen. Ziemlich einzigartig, die Viecher auf den Galapagosinseln! Wir pflückten in der fruchtbaren Klimazone am Weg zum Vulkan, dort wo der Nebel sich lichtete, Guaven und Zitronen.

Beobachteten die Gauchos, wie sie mit ihren Lederhosen und Cowboyhüten durch die Steppe galoppierten, und aßen in einem kleinen Lokal das übliche Steak-Reis-Menü, dazu frischen Grapefruitsaft.Rasch kauften wir vierzig Eier auf dem vor Gemüse überquellenden Frischmarkt, machten uns bereit, verabschiedeten uns von Mensch und Tier und begaben uns in die Arme des großen Pazifik.

Sagenumwobenes Ziel: Marchesas, Südsee.

Aus dem Logbuch des Kapitäns

17. April, Süd 07 Grad 49, West 113 Grad 44

BERGFEST!!! 1.449 Seemeilen noch bis zu den Marchesas. Sind seit gestern Abend unter Blister unterwegs. Die Sonne scheint, uns geht's gut. Segeln mit sieben bis acht Knoten.

Ankerkette gereinigt und entrostet. Alle Matratzen gelüftet und Schiff geputzt. Stagsegel für Besanmast wieder mal gesetzt, damit es nicht völlig verstaubt. Sieht gut aus!

23:00 Uhr. Haben seit mehr als 24 Stunden den Blister nicht gewechselt. Herrliches Segeln. Leicht raumer Wind.

1:00 Uhr Blister eingeholt, Wind legt zu. Fock ausgebäumt, Gross und Janky dazu. Sechs bis sieben Knoten Fahrt. Wunderschöner Sternenhimmel.

Die Herausforderung oder: Mein Mann, der Held

Der Pazifik ist der größte Ozean der Welt.

3.000 Seemeilen. Tag und Nacht drei Wochen lang segeln. Das war für mich noch eineinhalb Jahre zuvor völlig unvorstellbar gewesen. Jetzt war ich mittendrin.

Und der Autopilot war ausgefallen.

Ich saß am Ruder und dachte mir, wie schön ein Bergfest gewesen wäre, wie schön die anderen Segler jetzt die Bewältigung der ersten Pazifikhälfte mit Champagner und Schokoladen-Muffins feierten.

1.500 Seemeilen steuere ich sicher nicht mit der Hand!, hatte Peter gesagt, sich zur Ruhe begeben, um nachzudenken. Ich hatte ihn dazu gezwungen. Leg dich nieder, ich steuere, mir geht's gut.

Natürlich waren wieder Tränen der Verzweiflung geflossen. Finn hatte sich verdrückt. Die Stimmung war auf dem Nullpunkt. Und ich war wütend auf mich, dass ich mich nicht zusammengerissen hatte.

Wieder kullerten mir die Tränen über die Wangen. Warum mach ich das hier? Bin ich verrückt?

Ich will zu Hause sein. Osterfeuer anzünden. Ostereier essen. Beim Osteressen sitzen und dann mit dem Auto nach Hause, Parkplatz suchen und ab in die Wohnung. Ich will nicht da sein.

Ich war aber da. Es half gar nichts. Ich steuerte RISHO, die sich gefällig ihren Weg durch die Wogen bahnte und heulte vor mich hin.

Ich blickte in den wolkenverhangenen schwarzen Nachthimmel.

Ein Stern wagte sich hervor und blinkte.

Ich sprach mal wieder mit meinem Vater. Der liebte das Segeln. Hatte nicht mehr erleben dürfen, dass ich seinen Traum leben konnte. Nicht einmal Peter hatte er kennengelernt, der Krebs war schneller gewesen.

Wieder heul. Bin mir sicher, von mir hätte er am wenigsten erwartet, dass ich eine Weltumsegelung machen würde. Vielleicht in einem Kinofilm, aber in echt?!

Was sagst du jetzt? Kannst du da oben vielleicht ein bisschen mithelfen?

„Ich hab eine Idee.“ Peter war aus seinem Dämmerschlaf erwacht. „Morgen Nachmittag haben wir wieder einen Autopiloten.“

Der Morgen graute und Peter besah sich noch mal die Misere. Die Verbindungsstange vom Autopiloten zum Ruder war gebrochen. Unrettbar.

Mein Mann, der Held, hatte sich eine Konstruktion aus den Verankerungsteilen des alten Autopiloten erdacht. „In der Adria, bin ich auch damit gefahren, kein Problem, meine Süße“, sagte er fest und machte sich an die Arbeit.

Unglaublich dieser Mann. Wo nahm er diese Kraft her? Ich war so aufgelöst, dass ich nur an die bevorstehenden Strapazen denken konnte. Er knobelte sich Ideen aus. In offensichtlicher Ruhe und Klarheit.

Am Nachmittag hatten wir wieder einen Autopiloten.

Zur Feier des Tages ging ein Riesen-Thunfisch an die Angel. Der größte bisher. Peter war vom Universum belohnt worden und kämpfte wie ein Tiger, um diesen Riesen an Bord zu kriegen. Es gab Fischsuppe, Sushi und Thunfisch-Finger. Schokotarte hatte ich auch gebacken.

Das Konstrukt hielt durch. Dann fiel wieder etwas aus.

Die nächsten drei Tage waren hart für meinen Helden.

Aber irgendwie hatte ich auch das Gefühl, als kitzelte ihn diese Herausforderung, die perfekte Lösung zu finden. Hier draußen, fern von allem, allein, auf sich und sein Können gestellt. Ein Abenteurer eben. Ein Held! Finn stand ihm in nichts nach. Er spielte Lego, las Asterix, war zufrieden.

Nur ich kämpfte mit mir selbst.

Schließlich hielt die Konstruktion, aber nun hielt der Autopilot selber dem Druck nicht stand und versagte.

Peter holte die Fahne für Franzl, unseren Windpiloten. Im Mittelmeer hatte er uns schon mal gesteuert, aber nicht auf dem Ozean. Alle Versuche waren kläglich gescheitert. Heute wissen wir, dass es mehr als einiger Versuche bedarf, um eine Windfahne einzustellen. Franzl segelte uns schließlich von Neuseeland um die halbe Welt. Aber das war später. Auch Helden lernen. Franzl hielt uns mehr schlecht als recht (eingestellt) auf Kurs und Peter schaute sich mehr nebenbei den Autopiloten noch mal an.

Zwei Minuten später war er repariert, es war nur ein Splint gebrochen. Wir steuerten wieder elektrisch.

Es war wieder Nacht und mich drückten die Tränen. Irgendwie war das hier draußen sehr hart, anstrengend, warum geht's uns nicht wie allen anderen, die gemütlich rüberflutschen? Auf einmal rauschte etwas. Ich blickte zum Leichtwindsegel, es war nicht mehr da.

Es schwamm in langen Fetzen unter dem Schiff. Peter wollte es bergen, aber es war zwecklos. Mein Lieblingssegel verschwand in der unendlichen Tiefe des Pazifiks. Ich legte mich nieder und fiel in einen traumlosen Schlaf.

Am nächsten Tag: Der Wind war sehr mäßig und RISHO schwebte dahin. Der Windanzeiger am Masttopp schien etwas seltsam auszusehen.

Verbogen, hmm, blöde Galapagos-Vögel. Kurz darauf baumelte ich zwölf Meter hoch über dem Pazifik. Lieber ich als Peter. Bog ihn wieder zurück, sah einmal rundherum nur Ozean und glitt wieder an Deck. Ich fühlte mich so verdammt einsam und wollte nach Hause. Finn verstand meine Anwandlungen nicht: „Wieso, ist doch schön hier." Mein Held Peter ruhte und lauschte den Wellen. Was war bloß los mit mir?

Etwas zog RISHO da hinüber in die unbekannte Südsee. Sie flog, schien in ihrem Element wie nie zuvor. Südsee – zwischen Nachtwachen, Segelwechsel, Wellenbergen, Autopilotsorgen konnte und wollte ich mir diese Südsee nicht ausmalen.

Noch fünf Tage. Wir kuschelten, aßen, plauderten, waren nur für uns. So nah, dass es hier, zurück im grauen Wien, unvorstellbar scheint. Aber diese Nähe, auch wenn sie körperlich etwas auseinandergerückt ist im Alltag, haben wir uns bewahrt.

Ein Piepsen. Der Autopilot war ausgefallen. Gut, noch drei Tage. Das kriegen wir auch noch hin.

Schraube locker. Abgebrochen. Peter machte Erstversorgung. Alles passte. Weiter.

Nur der Wind war weg. Den ganzen Tag Spinnaker rauf, Spinnaker runter, graue Wolken, Squalls.

Regen, Sturmböen, Segel rauf, Segel runter. Ich war körperlich am Ende. Konnte nicht mehr. Auch Peter war fertig. Die Anspannung der letzen zwei Wochen war einfach zu hoch. Die Ruhezeiten zu kurz.

Wir kapitulierten, schalteten den Motor ein, kuschelten uns zusammen, weinten ein bisschen. Auch Helden dürfen weinen. Finn schlug seinen offensichtlich etwas angeschlagenen Eltern ein Kartenspiel vor. Wir pokerten, bis wir merkten, dass eine sanfte Brise aufkam. Durch die Nacht schwebten wir über glühendem Plankton.

Ein unglaublicher Sternenhimmel spannte sich über uns. Es war unwirklich hier. Ich war ganz bei mir, bei Peter, bei Finn. Und war ganz zerbrechlich und doch stark.

Die letzen zwei Tage vor dem Landfall jagte uns der Wind voran, der Autopilot ächzte, aber hielt, ich dachte, egal was passiert, das schaffen wir auch noch.

Die Wellen waren riesig, erhoben sich hinter uns, ich schaute weg, Finn war fasziniert. RISHO fegte durch die Wellen und endlich, endlich nach 19 Tagen am Horizont ein Schatten, dicke weiße Wolken darüber.

Fatu Hiva. Die Südsee.

Wir hatten es geschafft.

Liebes Tagebuch,

MARCHESAS!!! Fatu Hiva!!!
Muss immer an Deck gehen – starren – so schön ist es hier. Bin todmüde. Wahnsinn.

Von Missionaren und Marienfeiertagen

Auf Fatu Hiva fühlten wir uns wieder wie Entdecker. Seit drei Wochen das erste Mal wieder festen Boden unter unseren Füßen. Die Jungfrauenbucht beherbergte nur einen kleinen Ort, eine Handvoll Häuser, eine kleine Dorfgemeinschaft. Man war neugierig, aber nicht überrascht, es war die Zeit der Segler. Die Leute wussten, wann sie ankommen. Marie, eine füllige polynesische Schönheit, zog mich in ihr Haus. Ich kramte in meinem Hirn nach den Resten meines Schulfranzösisch. Auf einem hölzernen Küchentisch lagen melonengroße Grapefruits. Solche Grapefruits, Marie, nannte sie „Pampelmues", hatte ich noch nie gesehen. Schlaraffenland. Grapefruits, groß wie ein Kinderkopf, süß und kernlos, saftig, aromatisch. „Tu as parfum pour changer?" Das war mir neu. Ich hatte Milchpulver und Kaffee mitgenommen, sie wollte Parfum oder einen Deostick. Klar. Das gab es hier nicht, so weit weg von Tahiti. Ein kleines Magazin war der Supermarkt.Wir wanderten durch das Dorf, blitzsaubere Gärten, gepflegte Häuser auf Stelzen, offene Türen und Fenster. Einheimische lagen in den Häusern, auf den Veranden, auf Liegematten, bunten Blumentüchern. Winkten uns zu. Lächeln. Blumen hinterm Ohr. Große dicke Geländewagen. Was?! Die Subventionen aus Frankreich kommen regelmässig, ein Auto ist ein Statussymbol, auch auf einer Insel, auf der die einzige Straße drei Kilometer lang ist. Von einer Bucht zur nächsten. Gut, dass ich mir die Südsee nicht schon geprägt von Abenteuerbüchern und Entdeckergeschichten ausgemalt hatte. So war dieser Anblick zwar überraschend, aber nicht alles abschwächend. Kaum ließen wir das Dorf hinter uns, standen wir in einem schmalen Tal. Mangobäume säumten die Straße, die mit reifen aufgeplatzten Früchten bestückt war. Bananen, Palmen, Papaya- und die berühmten Brotfruchtbäume. Ein Fluss wand sich zwischen großen dunklen Kugelsteinen durch die bezaubernde Landschaft. Glasklares Wasser, Geruch nach Blüten, nach Regenwald, Kokos. Hühner rannten über den Weg, da und dort wohlgenährte Schweine, Kinder plantschten im Wasser. Chilischoten am Wegesrand. Ich setzte mich auf einen Stein und atmete tief ein. Überall waren Blüten. Große gelbe Glocken, tiefrote Hibiskusschönheiten und die berühmten weißen, sternförmigen Tiaren.

Wirklich überall. Auf den Bäumen, auf der Straße, auf den Hausdächern, neben den Veranden, hinter den Ohren. Wieder bat uns eine Frau in ihr Haus. Zeigte uns die Steinmetzarbeiten ihres Mannes. Tikis. Endlich sah ich Tikis. Die Naturgötter. Mit ihren großen Glupschaugen und ihrem Zauber, von dem man nicht weiß, ob er gut oder schlecht ist. Als Tourist, meine ich. Besser man stellt sich keinen in die Koje. Die nette Dame erzählte uns, dass am nächsten Tag ein wichtiger Marientag in der Kirche gefeiert würde. Marienfeier! Was halten die Tikis wohl davon?

Das ließen wir uns natürlich nicht entgehen: Die kleine, hellgrün ausgemalte Kirche mit den großen Fenstern, die über die Bucht auf unsere Schiffe blickten, war geschmückt mit Tausenden Blumen.

Eine Marienstatue in prachtvollen Kleidern wurde durch den Ort getragen. Finn traute seinen Augen nicht, als er Frauen mit Haarschmuck erblickte, der Tomatensalat ähnelte. Die Stationen in den Häusern waren für die heilige Figur mit Blumenkränzen und Kerzen geschmückt. In der Kirche wurde zu Ukulelen fröhlich gesungen. Hier hatten die Missionare wirklich volle Arbeit geleistet. Was sie aber – könnten sie ihr Schaffen heute sehen – sicher nicht erwartet hätten, war die Tatsache, dass die meisten Weißen hier, die Europäer, schon lange nichts mehr mit der Kirche am Hut hatten!

Am Abend gab es ein polynesisches Festessen für die Segler. Nach Huhn, Fisch, Kokos und Brotfruchtvariationen schlenderten wir langsam durch den stillen Ort zu unseren Dingis. Sterne blinkten an den hohen Zacken über der Jungfrauenbucht, Ukulelenklänge begleiteten uns aus der Ferne. Der Mond tauchte alles in mystisches Licht. Beseelt erreichten wir unser Schiff. Bonne Nuit! Merci, MARU!

Liebes Tagebuch, Fatu Hiva

Die Jungfrauenbucht hieß vor den Missionaren „Penisbucht". Ich lach mich schief. Die Felsenzacken sprechen Bände! Hihi! Unser Computer ist abgestürzt. Krise. Und das im Paradies! Hab mit der Französin von dem großen Stahlschiff geplaudert

und ihr unser Autopilotenleid geklagt. Da sagt die: „Wir steuern immer mit der Hand. Einen Autopiloten können wir uns nicht leisten." 30 Tage mit zwei Kleinkindern über den Pazifik. Komisch. Irgendwie alles eine Ansichtssache, oder? Werde ich da je locker werden? Na ja, habe ja noch den Indischen Ozean. Werde mir Mühe geben.
Laura und Mark sind da. Mark hat den Computer repariert. Hatte ein Ersatzteil für uns bei sich an Bord. Die beiden sind sehr süß. Werden mit ihnen weitersegeln. Ian ist auch da! Und noch einige Freunde!

Bordmail von der Risho Maru

Liebe Katsch,

Du hast ein gutes Gedächtnis!

Acht Jahre sind wir verheiratet und haben das natürlich gefeiert. In der Bar eines Luxusresorts - des einzigen - auf Nuku Hiva. Ein Kaffee 5 Euro! Und jetzt schicke ich dir vom resorteigenen Computer diese Mail- eine Stunde Internet kostet 20 Euro! Irre! Und keine Alternative. Aber ich muss sagen, das Resort ist ein Traum. In den Bergen mit Blick auf den Ozean, kleine Bungalows voller Luxus, die Speisekarte verführerisch. Haben Blütenkränze geschenkt bekommen, weil irgendwelche Resortgäste nicht kamen. Kitschig, passend für den Hochzeitstag!

Waren heute früh auf dem Markt. Vier Stände mit Süßkram und Schaumrollen, wie beim Kirchtag! Haben bei den Einheimischen ein Fischfrühstück gegessen. Fisch um 7 Uhr in der Früh! Dazu Baguette und Kaffee!

Übrigens Hiva Oa war grandios. Hatten Glück und kaum Schwell am Ankerplatz, was, wie wir hörten, höchst selten ist! Sind per Autostopp zu Gauguins Grab. Ein herrlich romantischer Friedhof, Blick über den Pazifik, überall Blüten, die von den Bäumen auf die Gräber fallen. Gauguins Grab ist völlig verwahrlost, aber mit Muschelketten geschmückt. Die machen hier nicht so einen Kult um ihn wie wir mit Mozart in Salzburg.

Das Haus von Jaques Brel steht vergammelt herum. Purer Siebzigerjahre-Stil. Auch sein Grab haben wir gefunden, mit eingemauerten Korallenstücken. Und sein Flugzeug steht da in einem Stadel, der sich Museum nennt. Brel sieht unglaublich glücklich aus auf den Bildern in der Südsee. Hast du gewusst, dass er auch hierher gesegelt ist? Mit einer superschönen Ketsch!

Wie gehts Nellis Blasenentzündung? Hoffe besser! Finn liest schon recht brav.

Tausend Bussis und Blütenzauber aus der Südsee

Alex und ihre Männer

Mythos, Alm und Menschenfresser

Hiva Oa, Nuku Hiva, Ua Pu – diese Inselnamen!

Perfekt passen sie zu den heiligen Kultstätten, die mitten im dichten Regenwald der Marchesas-Inseln liegen. Überwuchert, aus schwarzem Lavastein gebaut, riesige Bühnen, steinerne Altäre. Das hier war Nuku Hiva und wir machten einen Landausflug.

Wie grimmige Wächter ragten die Tiki-Statuen aus dem saftigen Grün. Aus Stein gehauene Figuren, die einen ernst mit ihren großen Glupschaugen betrachteten. Man weiß nur wenig bis gar nichts über den Tikikult, vergessen, verloren, geheimnisvoll. Dampfende Feuchtigkeit, alles wächst, windet sich über runde Steine und seltsame Bauten. Riesige Bäume lassen ihre Zweige tief zum Erdboden hängen, dichtes Laub versperrt die Aussicht nach oben. Die Vögel in ihren Kronen sind Götterboten, heißt es. Heilige Bäume, heilige Plätze. Übersät von unendlich schönen Blüten, die täglich erblühen, in aller Pracht zu Boden sinken, einen vergänglichen Teppich aus Pink, Gelb,

Rosa, Rot und Weiß bilden. Jeden Tag, immer wieder, schon seit den uralten Zeiten, von denen keiner irgendetwas Genaues weiß.

Platsch! Erschrocken drehten wir uns nach allen Seiten. Eine Brotfrucht war auf dem Boden gelandet, kindskopfgroß lag sie da vor dem seltsamen Tiki-Fisch oder -Hund, dessen Augen auf ihr ruhten, als wäre er gerade erwacht. Sie blutete. Weißes, milchiges Blut.

Opfergabe, schoss es mir durch den Kopf, Menschenopfer. Die Marchesians waren Menschenfresser gewesen. An sich ein freundliches Volk, aber ab und an mussten die Götter verwöhnt, gut gestimmt werden. Dann wurde jemand aus dem Nachbarclan auserkoren zur großen Ehre. Noch besser war natürlich ein besiegter Feind, dessen beste Teile (frag mich bloß, welche ...?) speziell mariniert, gekocht, genossen wurden. Apropos! Brotfrucht in Kokosmich gekocht ist eine echte Spezialität – also rein damit in den Rucksack. Die Götter würden uns verzeihen, beschloss ich und kappte auch noch eine überreife Papaya vom Baum.

Ein Tiki aus Holz betrachtete mich misstrauisch, der warme Tropenregen tropfte ihm auf die Nase. Nichts wie weg hier!

Wir stoppten mit unserem Pick-up wieder an einer Lichtung im Dschungel. Steintrassen verliefen sich in das Dickicht. Wie die Stufen eines griechischen Amphitheaters erhoben sich einige grün überwucherte Steinhaufen. Der Geruch nach ranzigem Kokosöl, gärenden Mangos und feuchtem Dschungelboden. Moskitoschwärme schwebten in der dampfenden Luft.

Im Fackelschein zogen die Marchesians in den alten Zeiten über die Hügel ihrer Insel und nur ein kleiner Kreis geweihter Priester durfte die allerheiligsten Stätten besuchen. Tabu, flüsterten die Normalsterblichen. Heute sitzen die Jugendlichen in den Gemeinschaftshäusern der Dörfer und trinken Bier, lauschen den Klängen der Jetztzeit, die aus ihren soundmachines krächzen. Ich versteh's. Wer kennt sich bei uns zu Hause aus mit dem Leben seiner Urahnen? Wir suchten in dem kleinen Ort an der Küste nach einem im nahen Dschungel verborgenen drei Meter hohen Tiki. Man wies uns den Weg mehrfach in falsche Richtungen, keiner wusste ,wo der Tiki sein sollte. Oder wollte es uns keiner sagen? Hatten wir dort einfach nichts zu suchen oder war es auch für die Einheimischen besser, nicht zu wissen, wo er war – der Tiki? Er könnte ja gefährlich sein. Wer wusste schon, ob sein Zauber ein guter war? Tabu, das Wort schien in der Luft zu hängen. „Die Alten wissen, wo er ist, aber schon lange war keiner mehr dort", erklärte Mani. Sie zeigte uns aber gerne die öffentliche Wasserleitung. Wir tranken kristallklares Hochquellwasser aus den Bergen. Finn spielte mit einer zahmen Ziege und wir gaben ihr, bevor wir weiterfuhren, den Namen „Tiki". Mit großen Glupschaugen starrte sie uns nach.

Als wir die nächste Straße bergauf nahmen, hatten wir ein bisschen mehr Französisch gelernt. „Chemin" wussten wir nun, hieß Weg und nicht Straße. Schlaglöcher schüttelten uns durch, das Fahrtempo war so gering, dass wir Chilis am Wegesrand pflückten. Und Carambolen, die Sternfrüchte, die man in europäischen Supermärkten einzeln verpackt als Delikatesse kaufen kann. Hier hingen sie an schweren Ästen und baten geradezu darum, gegessen zu werden.

Säuerlich, süß, stachelbeerartig waren sie hier eine köstliche Zwischenmahlzeit und nicht bloß I-Pünktchen eines Luxusdesserts. Den Pick-up hatten wir mit den Veras und Laura und Mark gemietet, und nun waren wir an der Reihe, auf der Ladefläche zu sitzen, zu Finns größtem Vergnügen. Da stand er nun und jauchzte vor Freude, als wir im Schritttempo in eine Nebelwand einfuhren.

Mir wurde empfindlich kalt, als wir die erste Klimazone passierten. Die Berge der Marchesas sind hoch, hier gab es plötzlich Föhren und Zedern. 1.200 Meter und kalte zwanzig Grad! Als sich die Straße wieder bergabwand, blickten wir auf ein Tal, das uns an steirische Hochalmen erinnerte: Weideflächen, Kühe, Pferde, Farmhäuser, die Luft war frisch und wir atmeten in vollen Zügen ein. Nadelwälder, grüne Wiesen, Bäche, verrückt! Wir stoppten an einer Aussichtsrampe und blickten durch die Wolken auf tief eingeschnittene Täler, die in den schimmernden Pazifik hinabreichten.

Aber es dauerte nicht lange, dass der Schweiß uns den Rücken runterrann und wir unsere Regenjacken wieder ablegten. Wir stoppten an einer kleinen Farm. Luc, der Franzose, trocknete hier Bananen im Stück und wickelte sie dann in Bananenblätter. Das köstliche biologische Päckchen würde in einem Reformhaus in Europa Höchstpreise erzielen. Die wunderbaren Pampelmusen lagen überreif überall verstreut am Boden wie die Zwetschgen im spätsommerlichen Österreich.

Wir passierten einen Avocadobaum. Die Früchte fast schwarz und so groß wie ein kleiner Kürbis. Das Fruchtfleisch cremig, fern von all dem, das wir je als Avocado kennengelernt hatten. Als wir wieder in der Taiohae Bay, einer großen Bay im Süden Nukuhivas, angekommen waren und den Pick-up in der großen Baumallee am Strand abgestellt hatten, schenkte mir Finn eine Tiare. Sein tagtägliches Ritual, denn überall hier trug man Blumen hinter dem Ohr. Im Supermarkt, im Büro, im Auto, am Samstag, Dienstag oder Donnerstag. Der weiße Blütenstern duftete intensiv, Symbol der Südsee.

Müde plumpsten wir mit unseren Säcken voller Früchte und Gemüse in unser Dingi. Morgen hieß es früh aufstehen, wollten wir in den Genuss eines knusprigen Baguettes kommen. Der einzige Bäcker des Ortes öffnete von fünf bis sieben Uhr früh. Da schoben sich die Pick-ups der Insel in einer Kolonne die Strandpromenade entlang, und kurz vor sechs Uhr waren die köstlichen Schokocroissants meist ausverkauft. So lagen wir um 21 Uhr – dem berühmten sailor's midnight – in den Kojen.

Der sanfte Schwell des Pazifiks wiegte uns in den Schlaf.

„Mama?"

„Ja, Finn."

„Gibt es jetzt noch Menschenfresser?"

„Nein! Natürlich nicht!"

„Sicher?"

„Sicher, Schatzi!"

„Mama?"
„Ja."
„Wie schmeckt ein Feind?"
„Schluss jetzt! Schlafen!"
„Gute Nacht, Mama!"
„Gute Nacht, Finn!"
„Gute Nacht, Papa!"
„Gute Nacht, Finn Boy!"

Liebes Tagebuch,

sind auf Ua Pu. Morgen geht es zu den Tuamotus. 20 Knoten sagen die GRIB-files. Mal sehen. Laura und Mark geherzt. Sehen uns in Tahiti wieder.

Liebes Tagebuch, Tuao, Tuamotus

Alles nass. Drei Tage alles nass. Wind fast von vorne. Riesenwellen von der Seite. Waschmaschine. 20 Knoten? Dass ich nicht lache.
Sind erledigt. So gut, jetzt hier zu sein. Finn spielt Lego, wir schlafen eine Runde, am Nachmittag gehen wir an Land, Schule fällt heute aus. Paradiesisch schaut's hier aus, oder liegt es daran, dass wir an einer Mooring liegen und das Schiff endlich ruhig ist – und trocken?
ESPIS gleich neben uns. Hatten Wasser im Schiff. Ihre Bücher liegen an Deck zum Trocknen, Seekarten hängen, gehalten von Wäscheklammern, an der Reling. Ilse raucht eine Zigarette im Cockpit. Die Frau ist cool – sie ist über sechzig ... echt cool ...

Tuao – Valo und Gaston

Als wir Tuao verließen, den immer kleiner werdenden Gestalten am Strand zuwinkten, weinten wir bittere Tränen. Vor allem für Finn war dieser Augenblick die erste Vertreibung aus dem Paradies. Er schwor sich an diesem Tag, irgendwann noch mal zu Valo und Gaston zu segeln. Zu den Hunden, Balu und Nicki, den drei Katzen, den vielen Hühnern, denen er nachjagte, den Schweinen im Garten von Valos Schwester Lisa, dem Schubkarren, den er täglich mit trockenen Palmblättern füllte, seinem Steg, wo er seinen ersten Fisch alleine fing, Gastons 150-PS-Außenborder, Valos Kokoscremekuchen, Napoleon, dem zahmen Fisch, den Haijägern Moana und Sami, dem Baby-Booby-Vogel, den er jeden Tag mit Fischresten fütterte. Er weinte sich in den Schlaf, ein kleiner Mann, den man einer Märchenwelt entrissen hatte. Einem Paradies, das für immer in seinem Gedächtnis einen Platz haben würde bis zum fernen Tag seiner Rückkehr an einen der schönsten Plätze seiner Kindheit. Ich konnte ihn kaum trösten, sagte ihm, würden wir nicht weitersegeln, jedes Mal bleiben, hätten wir Tuao nie erreicht. Valo nie getroffen. Balu nie durch die seichte Lagune den Babyhaien nachjagen sehen. Es würden wieder Abenteuer kommen, neue Freunde, neue Balus. Niemals! schluchzte er. Und irgendwie sollte er recht behalten, die Intensität, die wir mit Einheimischen auf Tuao erlebt hatten, wir nie wieder erleben. Nie wieder würde Finn beim Abschied so bitterlich weinen. Und an keinen Ort dieser Reise würde er sich bis heute so genau erinnern.

Tuao ist ein kleines Atoll in den Tuamotus. Wir landeten dort, weil der Wind es so entschieden hatte. Ein weiser Ratgeber, dieser Wind! Am frühen Morgen sahen wir in der Ferne die ersten Segelmasten, noch bevor wir Palmen sahen. Schließlich tasteten wir uns unbeschadet durch die Riffeinfahrt, hatten wir doch von wilden Strömungen und Kreuzseen in den gefährlichen Pässen hier gelesen. Als wir ins Ankerfeld einfuhren, kam uns schon Gaston mit seinem Schnellboot entgegen. Ein schlanker, fescher Mann, der eher wie ein braun gebrannter Franzose aussah als ein typischer Polynesier. Später erzählte er uns dann, dass irgendeiner seiner Vorfahren wohl ein Franzose gewesen sei, oder Holländer. Gerne ließen wir uns zu einer der bekanntermaßen sicheren Moorings bringen, an die man sich dranhängen durfte.

Kein Ärger mit einer um Korallenköpfe gewundenen Ankerkette oder Nervosität durch die altbekannten heftigen Squalls.

Ein Restaurantbesuch! Was für eine erfreuliche Perspektive! Ich hatte mit den letzen der circa 30 überreifen Bananen unserer in den Marchesas besorgten Staude Bananen-Muffins gebacken. Und nachdem wir ein bisschen geschlafen und einige der anderen Segler uns in höchsten Tönen von diesem Platz vorgeschwärmt hatten, gingen wir an Land. Balu, der Haushund, schleckte Finn zur Begrüßung übers Gesicht und eine bezaubernde Polynesierin, Blume im Haar, drückte uns wie alte Freunde an ihren wogenden Busen und biss gleich in einen der Bananen-Muffins. Das war Valo. In ihrem Restaurant, das einfach eine an ihre Küche angebaute, überdachte Stelzenveranda war, saßen einige Seglerinnen, tranken Kaffee, bastelten Perlenketten, lächelten uns fröhlich zu. Von der Veranda blickte man direkt ins türkise Wasser, auf Korallenblöcke von bunten Fischen umschwärmt, auf den Ankerplatz mit den sich im Wasser spiegelnden Segelbooten. „Coffee?“ flötete Valo, und ich wusste, hier war mein ganz persönliches Paradies. Kaffee trinken und Lagunenblick, what else? Da vergaß ich sogar die anstrengende Überfahrt und würde sie noch mal machen. Vielleicht. Nein, sicher!

Meine Männer gingen inzwischen mit Gaston den Generator der Großmutter begutachten. Er funktionierte schon länger nicht und Gaston hoffte immer noch, einen Segler zu finden, der eine Lösung des Problems hätte. Finn entdeckte dort die Katzen und jagte gemeinsam mit Balu hinter den Hühnern her. Nach ausführlichem Kennenlernen bat mich Valo, die Blumen für die abendliche Tafel zu holen. Sie drückte mir einen flachen Korb in die Hand und führte mich in den Garten. Überall blühten Hibiskussträucher, Tiaren und andere große gelbe Blüten. Zurückhaltend pflückte ich einige, bis mir Valo schließlich klarmachte, nimm alle, morgen gibt es wieder neue!

Später, nach unserem ersten polynesischen Mahl in der Küche von Valo (Poisson Cru, Sashimi, Kokoscurry, Coconut-Torte) bei einem Gläschen Rum mit Kokosmilch und Limette kicherten Seglerinnen aus allen Nationen beim Abtrocknen und Wegräumen des Geschirrs. Valo wackelte vergnügt mit ihren Hüften zu den Liedern eines französischen Chansonsängers aus Neu-Kaledonien. Was für ein grandioser Ort. Ich wollte bleiben. Peter und Finn ging's genauso. Und wir blieben.

Statt drei Tage ließ uns Tuao knappe drei Wochen nicht ziehen. So selten waren wir noch nie auf unserem Schiff anzutreffen gewesen. Die Tage spielten sich an Land ab. Ich half Valo bei ihrer Hausarbeit und dem Restaurantbetrieb, Peter reparierte alles, was zu reparieren war, und schreinerte sogar einen Tisch für Valos Perlenzucht. Als Gegenzug wurden wir Mitglieder der Familie, aßen jeden Abend gemeinsam mit Großmutter, Neffen, Onkeln und Seglern. Ich backte erfolgreich mein erstes Kokosbrot, quetschte aus geriebenen Kokosflocken Kokosmilch, bereitete sämtliche Inselgerichte jeden Tag besser zu. Immer eine Blume im Haar und eine Tuch um die Hüften kreierte ich meine viel kopierte Schmuckkreation von Tuao. Ein Lederband mit einer schwarzen Perle. Die Schönheit dieser Schmuckstücke übertraf für mich Gold und Silber. Vor allem, wenn ihre Unvollkommenheit zum Vorschein kam. Kleine Farbfehler, die ins Grün schimmernd abglitten. Formfehler, die nicht ästhetischer sein könnten. Sie wurden Geishis genannt, – ein bisschen zerkauten Kaugummis ähnelnd –, und von Valo aufbewahrt.

Dass es kein Leckerbissen ist, eine Auster zu sein, war klar. Mit Holzkeilen aufgestemmt, wird ein Nucleus, ein kleine, aus Perlmut geschnitzte Kugel, in die Muschel eingesetzt. Zwei Jahre später, wenn sie nicht an einer Infektion gestorben ist, wird die Auster wieder geöffnet und die Perle geerntet. Verschwiegen wie eine Auster. Ich versteh sie, aber leider, diese schwarzen Perlen verblenden mich.

Finn half beim Aufkehren die zahllosen unter Valos Bett kugelnden Perlen, arbeitete im Garten, schleppte Regenwasser aus der großen Sammeltonne in Plastikflaschen in die Küche, filettierte mit Gaston den täglichen Fang und streunte mit Balu über den kleinen Atoll. Jeden Tag zur selben Stunde erschien Napoleon am Steg. Der schwerfällige, ein Meter lange Fisch mit ausgebeultem Kopf machte seinem Namensvetter alle Ehre! Neugierig, aber gemächlich wartete er auf sein leicht verdientes Futter. Finn war immer zur Stelle.

Am späten Nachmittag versammelten sich die Segler und Familien, spielten Fußball, plauderten über alles und nichts, bereiteten das Abendessen vor. Wenn Gaston bei Laune war, tanzte er über das Riff und fing Lobster. Seine Fußsohlen waren zäh wie Leder. Als ihm vor Jahren eine umstürzende Palme den Fuß zerquetscht hatte, konnte der zufällig auf einem Segelboot anwesende Arzt nur mit Mühe und Not die Zehen amputieren und seine sehnige Haut vernähen. Valo wird heute noch wütend, wenn sie erzählt, dass sie Gaston zwei Tage nach dem Unfall nur schwer davon abhalten konnte, tauchen zu gehen.

Gaston ist nämlich ein Wassermann, ein Fischmensch. Nur mit Taucherbrille und Flossen stieg er vor unseren Augen auf fünfzehn Meter hinab, legte sich auf den Meeresgrund und traf mit seiner Harpune jeden Fisch mit absoluter Präzision.

Mir ging die Luft nur beim Zusehen aus! Valo machte dieses Talent jedoch nicht froh. Sicher, Gaston versorgte fleißig die Familie, war ein guter Mann, aber viele, die so tauchten, starben auch früh. Wie ihr Vater und ihr Großonkel. Ihre Tochter ging in Papete zur Schule, ein typischer Teenager, Ferien machten sie manchmal in Honolulu. Mit ihrer Schwester Lisa, die am anderen Ende des Strandes wohnte, lebte sie im Dauerstreit. Kein Wunder, die Insel ist klein, die Familien jedoch sind groß.

Wir blickten kaum hinter die Kulissen dieser Insel, aber dennoch schien es uns, diese Menschen wussten wie gut sie hier lebten. Ihre Freiheit, ihre Ruhe und die Familie, das war das, was zählte. Papete war schon viel zu laut und dreckig. Valo freute sich, Tauschgeschäfte machen zu können: Kaffeemaschine gegen Muschelschmuck, Handbohrer gegen Perlen, Parfum gegen Blumensarong.

Als es Zeit wurde, Kopra zu machen, setzten wir uns zu Gaston in sein Schnellboot und düsten im Slalom durch die Korallenstöcke zum kleinen Motu Paquai. Dort mühte sich Peter ab, die Nüsse aus der Schale zu kriegen, was Gaston in Windeseile schaffte, Finn legte die aufgebrochenen Nüsse auf Palmblattmatten in die Sonne, die Ilse und ich geduldig geflochten hatten.

Valo wachte über unsere Tätigkeiten dösend im Schatten. Nach einem wunderbaren Picknick unter Palmen legten wir uns in den türkisen Korallenpool am Strand.

Zwei große Säcke Kopra waren die Ausbeute des Tages. Am Tag drauf lag das Arbeitsschiff in der Bucht und übernahm die Fracht. In Papete wurde aus der Kopra Öl und Seife gemacht. „For the resort in Bora Bora, I don't like the smell", gestand Valo und freute sich über einen mitgebrachten Deostick von Nivea.

Sonntags ruhte jede Arbeit auf dem Atoll. Valo, das Allroundtalent, hatte eine kleine Kirche selbst geweiht und war auch die Pfarrerin. Wir wurden zur Messe eingeladen, machten uns hübsch und reihten uns zwischen den anderen Seglern und Familienmitglieder ein.

Ich las die Bibel auf Englisch und fand die richtige Stelle selten. Schließlich lächelte Valo in die illustre Runde und fragte: „Can you find a paradise on earth?" Wir blickten aus dem Fenster der kleinen Kirche, sahen unsere Schiffe auf der türkisfarbenen Lagune schweben, Palmen vor dem weißen Strand, blauer Himmel, flockige Passatwölkchen, Blüten. „Yes", flüsterten wir etwas zu laut. Valos Stiefvater brummte verärgert und deutete zum Himmel. „No, no, au ciel, avec dieu." Schuldbewusst schauten wir uns an, doch Valo lachte ihr schönstes Lächeln und legte einen Blumenkranz um das Jesusbild. Er wäre nicht böse gewesen. Da bin ich mir sicher!

Manchmal wurden wir morgens von einem Dauerpiepen, das über die Bucht schallte, geweckt. Das Inseltelefon läutete! Eine einsame Telefonzelle unter einer Palme. Irgendjemand, der gerade in der Nähe war, hob ab,... „Hallo! Qui, qui? Valo!!!

Vite! Vite! Telefone!“ Aus ihrem Haus eilte Valo zum Telefon und alle Segler konnten ihr Gespräch mithören, sofern sie Französisch verstanden!

Manchmal bin ich, an den kalten Winterabenden hier, versucht, die Nummer in mein Handy zu tippen, diese unendlich lange Nummer, die in meinem Kochbuch gleich unter Valos Kokoskuchen gekritzelt steht. Nur um kurz dort zu sein. In Tuao. Das Rauschen des Riffs zu hören und vielleicht den Passatwind in den Masten der glücklichen Segelboote. Und dem Finn sagen zu können:

„Alles in Ordnung dort, Schatzi. Dein Paradies gibt es noch.“

Nicht wie im Reiseführer

Alle schimpfen über Papete. Keiner mag Tahiti. Die Polynesier finden es dort schmutzig, die Holländer zu laut, die Deutschen zu teuer, die Amerikaner zu hektisch. Die Engländer fahren nur hin, wenn sie unbedingt müssen, ebenso wie die Franzosen, wenn ihnen der Käse ausgegangen ist.

Uns hat es gefallen. Höre ich da irgendjemanden „typisch Österreicher“ sagen?

Nein, wirklich. Ich meine, vielleicht hätte es mir nicht gefallen, wäre ich wie unsere lieben Freunde, die Ehrnhofers, nur für drei Wochen aus Europa hierher geflogen und hätte Südseekalenderbilder im Kopf.

Wir hatten diese Südseebilder schon seit langer Zeit vor unseren Augen. Was nicht heißt, dass wir nicht dahinschmolzen beim Anblick von Mini-Motus im Türkiswasser oder Sonnenuntergängen von Blau-Pink-Orange.

Wir hatten aber auch fast vier Monate lang – seit Panama – keine westliche Zivilisation im Großen erlebt.

Natürlich wunderbar die Landschaften auf den Galapagosinseln und die zauberhaften Marchesas oder die einsamen Tuamotos. Aber bitte, einfach so in einen Supermark zu gehen und alles kriegen zu können oder mal schnell einen Cafè Latte plus Croissant zu bestellen – das tat auch mal gut. Und so spazierten wir gleich hinter der randvollen Marina Tahina auf der Hauptstraße inklusive Kreisverkehr und saugten einen Schwall Abgase gemischt mit Autogedröhne ein. Frag mich ja wirklich oft, warum man so etwas nie in den Segelbüchern liest. Wir trafen viele Segler, denen das Freude machte. Allein im Carrefour in Papete die leuchtenden Segleraugen vor den randvollen, europäisch gefüllten Regalen. Manche Besucher blickten wie hypnotisiert auf die Kühlregale, eine Stange ungarische Salami in der zitternden Hand. Andere riefen sich begeistert zu, dass es die gefüllten griechischen Weinblätter gleich rechts hinter dem Olivenöl gäbe.

Auch das weiche Klopapier war für viele der Höhepunkt des Monats, nach dem Reibeisentuch Panamas. Gauchos sind eben keine Memmen! Die Segelkinder erkannte man, weil sie wie die Verrückten durch die Supermarktschluchten rasten, angeregt durch die angenehme Airconditionkälte, die alle umwehte. Oft konnten sie nur ruhiggestellt werden mit dem Versprechen, draußen in der Shopping-Mall Eiscreme zu kriegen – endlich Eiscreme – die es auf einsamen Atollen nicht oder salmonellengefährdet war.

Auch der Spielplatz bei McDonalds neben der Marina bekam Höchstquoten.

Man kann eben nicht immer nur Abenteurer, Entdecker, einsamer Seewolf sein!

James Cook hätten die Chicken McNuggets auch geschmeckt und Fletcher Christian hätte das Hinano-Bier sicher nicht nur wegen der schönen Vahine darauf genossen.

Wir fuhren mit dem Bus – einem offenen Lastwagen mit Holzdach und Bänken – nach Papete-Stadt und stürzten uns in den Touristentrubel. Das Einzige, was uns vor einem Kaufrausch bewahrte, war die Mount-Everest-Höhe des Preisniveaus.

Unsere Freunde, die Ehrenhofers, Mario, Katsch und die Kinder Nelli und Jannis, waren also angekommen und sofort verschlechterte sich das Wetter radikal. Wir saßen in Tahiti fest. Typisches Besucherschicksal. Maramuu, der seltene Südwind trieb sein Unwesen, und weil wir unsere armen Freunde nicht seekrank an Bord leiden lassen wollten, mieteten wir ein Auto und besichtigten Tahiti. Hatten wir eigentlich nicht vorgehabt, man will ja möglichst schnell weiter zu den wunderbaren Society-Inseln, so wie es im Reiseführer steht. Am höchsten Punkt der Insel fühlten wir uns plötzlich alle wie zu Hause.

Sanfte Hügel, Kühe, Nadelgehölz. Herrlich. Für uns. Nelli, die kleine Ehrenhoferin, vermeldete: „Da schaut's gar nicht aus wie in dem Südseebuch." Womit sie recht hatte. Flugs fuhren wir bergab zur bekanntesten Surfwelle der Südsee. Teahupoo. Zuerst bewunderte ich schon die Nachwuchssurfer – vielleicht sechs Jahre alt – wie sie die Wellen schlitzten. Aber oho, das waren nur die Medium Breaks: Viel weiter draußen erhoben sich die gewaltigen Teahupoo zu einer Woge, die unmissverständlich klarmachte, warum der letzte World Champion aus Tahiti kam.

Dann fanden wir es an der Zeit, das bekannte Schifffahrtsmuseum zu besuchen. Geschlossen. Eine Show mit einheimischen Tänzen. Ruhetag. Ein Freilicht-Museum über das Leben in der Südsee. Geschlossen. Es war Montag und Friseure und Museen hatten wie in good old Europe geschlossen. Besucherschicksal. Es war irgendwie wie beim Fahrtensegeln. Man plant besser nix. Und so stoppte unsere müde Truppe an einem Fruchtstand und probierte, was es an Exotik zu probieren gab. Plötzlich Trommelklänge. Neugierig wanderten wir in Richtung der Musik. Auf einer großen Wiese tanzten an die 40 Polynesier. Vor ihnen eine Band: Trommler, Gitarristen, Kokosnussrassler, Steinklopfer, Ukulelenmeister. Wir setzen uns möglichst unauffällig unter eine Palme, als sogleich eine Dame auf uns zulief. Oje, sicher waren Zuschauer nicht erwünscht, dachten wir. Die Dame lachte fröhlich und deutete nach oben. Natürlich könnten wir zuschauen, aber hier könnte uns eine Kokosnuss auf den Kopf fallen. Als ob wir nicht schon offensichtlich genug Greenhorns waren, dann auch noch dieser Fauxpas! Bevor die Dame sich wieder in die Gruppe der Tanzenden einreihte, erzählte sie uns, dass hier für den größten Tanzwettbewerb der Südsee in Papete trainiert würde. Natürlich fehlten noch Masken und Kostüme, Blütenkränze und Baströcke. Dann wackelte sie wieder mit Küchenschürze und Flipflops zurück in die Reihen und verschmolz mit den Klängen der Musik. Girlies im cosmopolitan look, Mamas in bunten Hauskleidern, junge Frauen in engen Röcken, Sonnenbrillen auf der Stirne erhoben ihre Hände mit den gleichen sanften Bewegungen, wie es einst ihre Ururgroßmütter getan hatten. Einige verschämt, andere selig gen Himmel lächelnd. Auch der Surferdude mit Tattoo und Shorts wie auch der Rockdude mit Wollmütze priesen die Götter auf ihre herrlich heutige Art.

Das war der Zauber von Tahiti. Wir fuhren in den Sonnenuntergang auf der schön asphaltierten Straße, vorbei an prächtigen Villen und Ferienresorts. Dazwischen immer wieder kleine Privathäuser mit wilden Gärten und streunenden Hunden. Immer mit Ausblick auf den Pazifik und immer so schön wie seit vielen, vielen Jahrhunderten. Der Geist der glücklichen Insulaner noch irgendwo da eingebettet, wo der Tourist nicht hinsieht, hinhört, hinfindet.

Wir stoppten an einem Truck-Restaurant. Ein alter Lastwagen ausgebaut zum Essensstand. Die Köchin mit Blume im Haar servierte chinesisches Rindfleisch, Poisson Cru und Steak mit Fritten. Baguette und Hinano-Bier dazu. Die Ehrenhofers waren zufrieden. Natürlich, hier war es nicht wie im Reiseführer, aber es war die Wirklichkeit!

Liebes Tagebuch, Moorea

Sind in Moorea. Hinterm Riff. Es schüttet. Machen mit den Ehrenhofers einen Ausflug zum Luxusresort. Auch dort schüttet es.

Liebes Tagebuch, Huhaine

Meine Güte, das war mal wieder ein Ritt. Null Wind, aber Wellen von vorne. Ganze Nacht motort und zum Drüberstreuen Squall vor dem Riff – auch von vorne. Katsch und Mario kriegen es dicke. Hab zum Trost gleich Palatschinken gebacken ... ach, die Sonne kommt raus. Danke, liebe Südseegötter, unsere Gäste brauchen das!

Liebes Tagebuch,

waren in dem Südsee-Freilichtmuseum in Fare. Genau wie im Reiseführer. Lagune türkis, Strand weiß, Palmen voller Kokosnüsse. Ich erzählte Dorothy, der Museumswärterin, dass wir auf einem Schiff leben! Sie schaute Finn an und meinte begeistert: „Great! He never will be normal!" Haha!

Gesellschaft auf den Gesellschaftsinseln

Huhaine

„Huhaines Form sieht vom Wasser aus wie eine lüsterne Frau", las Mario im Reiseführer.

Wir saßen in beautiful Fare wieder mal vor einem Truck auf den Holzbänken und schlemmten Poisson Cru.

Katsch meinte: „Mehr schwanger als lüstern." „Kann ja beides sein", meinte ich. „Ich glaub, sie ist lüstern", meinte Mario „Mama, was ist lüstern?", fragte Finn.

Wir wechselten das Thema und grinsten einem Ehepaar mit

Kindern Marke Seglerfamilie zu. Das waren Antonio und Stefania mit ihren drei Töchtern. Wir würden in Neuseeland gute Freunde werden. Noch plauderten wir nur höflich miteinander und tauschten Adressen aus. Ihr Schiff lag in Neuseeland, wo sie jedoch an Land lebten. Huhaine war nur ihr Urlaubsziel für zwei Wochen. Segler waren sie aber doch. Neuseeländische Italiener. Wir würden mit ihnen Weihnachten verbringen in ihrem Heim im Kreise ihrer italienischen Familie. Ich würde für Antonio und seine Freunde singen, Peter stundenlang in einem riesigen Schuppen Antonios Schiffssammlung bewundern. Freunde fürs Leben. In Huhaine gefunden. Doch davon ahnten wir noch nichts.

Und sonst? Das schönste Internetcafé der Welt. Eine Terrasse mit Blick auf die blaue Lagune. Rosa Blüten fielen ab und zu auf die Computertastatur. Am Strand angelten zwei alte Damen zufrieden. Manchmal sind Erinnerungsstücke in mir wie vergessene Nachtträume, die einem irgendwann tagsüber wieder einfallen. Träume, die Wirklichkeit waren. Träume, die an einem Tag wie heute, mit grauem Himmel und Autolärm vor dem Fenster, fern und unwirklich erscheinen. Und ich muss sie ganz herholen, ganz nah heranrücken, damit sie lebendig bleiben. Dabei bin ich auch froh, dass ich dort sein und es wirklich erleben durfte. Und dann ist da immer noch die auf den Magen schlagende Erinnerung an das Wetter, das auch das Segelleben für mich nicht immer toll machte. Daran muss ich dann denken und während ich mich zurücklehne in meinen warmen Sessel, in der geschützten Wohnung, fern dem Wind, dem Horizont und dem Blau, versuche ich irgendwelche sinnlosen Ausreden zu finden, um nicht griesgrämig zu werden.

Erinnerungen! Als Peter der Papayabaum auf den Kopf fiel, Mario mit Dorfjugendlichen von einer Brücke sprang, Katsch am Strand lag, trunken von Piñacolada und Südseebildern... Die Kinder am Strand tobten, Muscheln brachten und am Abend die Sonne ins Wasser plumpste und die Lichter der kleinen Stadt Fare mit den Sternen am Himmel um die Wette blitzten.

Oder der halbnackte Polynesier in Gummistiefeln auf der Vanillefarm, der mich, nachdem ich um eine Führung gebeten hatte, in sein Holzverschlag-Büro schubste und mit wahnsinnigen Augen auf ein vergilbtes Bild über dem kaputten Schreibtisch zeigte: „C'est moi!!!" Darunter stand ‚Guide' und ich wusste, hier wuchsen nicht nur Vanilleschoten sehr gut, sondern auch so manch anderes Kraut!

Raiatea – Und noch mehr Familie

Die Ehrenhofer reisten ab, meine Mutter und Schwester reisten an und das Wetter verschlechterte sich rapide. Besucherschicksal. Wir hingen, inmitten schwerer Squalls und schlechter Sicht fest. Die Marina in Raiatae schien uns sicherer zu sein als der Ankerplatz hinterm Riff zwischen Korallenblöcken, die knapp unter der windgekräuselten Wasseroberfläche lauerten. Für Nichtsegler ist es wahrscheinlich oft kaum zu verstehen – dieses Fahrtenseglerleben. Die Entscheidungen, wo man wie und warum bleibt. Das Gute war, meiner Familie brauchten wir nichts zu erklären. Meine Schwester saß bei Sonnenaufgang mit Finn im dicken Pullover an Deck. Streckte ihre Nase in den auffrischenden Wind, blickte auf den mit dicken Regenwolken verhangenen Regenwald und bekam ihren persönlichen Regenbogen als Belohnung. „Voll schön."

Und das obwohl ihr Gepäck noch in New York lag. Meine Mama und Sole hatten größtes Vergnügen am Emergency-Täschchen der Tahiti Airlines. Eine Anschaffung, die einen über die Verlässlichkeit der Tahiti Nui Airline nachdenken lassen sollte: einige Papierunterhöschen, Deo in Fingerhutgröße, Kinderzahnbürste und ein XXXL-T-Shirt Marke „formlos". Und 150 Euro Schadensersatz, auch wenn die Taschen irgendwann auftauchen sollten. Die beiden verschwanden gleich im wirklich schönen Souvenirladen am Marinagelände und stellten fest, dass mehr als die Hälfte eines Stringtanga-Bikinis für dieses Geld nicht zu kriegen war. Willkommen in

Französisch Polynesien! Wieder liehen wir uns ein Auto für die Inselrundfahrt. Im Hauptort Uturoa landeten wir mitten in einer Einweihung der neuen Markthalle. Überall waren Stände mit Früchten, Kokosnüssen, seltsamen Kuchen und anderen Speisen. Die Mädchen tanzten in ihrer Südsee-Bastrocktracht, Blütenkränze auf dem Kopf, die Trommler waren einfach in Palmenblätter gewickelt! Wir labten uns an Guavengelee, Kokoskuchen, Brotfruchtschnittchen und Mama trank ihre erste Trinknuss mit Strohhalm, eisgekühlt!

Uturoa war noch immer ein hässlicher Ort, aber es schmeckte uns hier gut und die Polynesier lachten und gaben sich ihrem Festtagsvergnügen mit voller Leidenschaft hin. Das steckte einfach an!

Weiter ging es zu einer heiligen Stätte – einem Mare. Taputapuatea. Wir und zwei Japaner standen verloren zwischen riesigen Steinpodesten. Finn entdeckte einen Steinfrosch. Dieser heilige Platz zog sich bis zum Riff ins Meer hinein, wo die Wogen der See gegen die Felsspitzen tosten. Sonst war es sehr still hier und wir saßen unter einem heiligen Baum und spürten dem Geist nach, den die vielen Zeremonien hier seit Jahrhunderten hinterlassen hatten.

Vanillefarm, die Zweite. Nach unserer etwas seltsamen Begegnung mit dem Farmer in Huhaine war ich nun neugierig. Die Gärten waren gepflegt, die Schoten gut geschützt hinter schwarzen Netzen in Glashäusern. Weit und breit kein Mensch, nur zwei Hunde jaulten an ihren Leinen. Endlich erschien ein junger Mann und winkte uns in einen Verkaufsladen. Er war freundlich, doch wirkte er leicht benebelt. Kein Wunder bei all den Gerüchen, die diesen Ort beherrschten: Vanilleessenz, Vanillebadeöl, Vanillehonig, Vanilleschoten ... plötzlich fühlten auch wir uns leicht und etwas albern.

Mussten dauernd kichern, als uns der junge Mann von der Vermählung der weiblichen mit den männlichen Vanilleblüten erzählte, die nur eine Nacht lang möglich war, manchmal nur über wenige Stunden.

Nach dem trocknen in der Sonne wurden die grünen Schoten

so schwarz, wie wir sie aus dem Gewürzregal kannten. Hihi!

Wir schlossen dieses Raiatea ins Herz, entdeckten einsame Strände, wateten stundenlang in kniehohem, lauwarmem Lagunenwasser. Kauften in dem kleinen Magazin der winzigen Ansiedlungen Baguette und Camembert, saßen unter den Bäumen am Strand. Wenn es regnete, wurde das Regenwasser auf ihren Blättern zu einer Lauge, die empfindlich auf der Haut brannte.

Das Gepäck kam schließlich an. Mama und Sole hatten schon nach wenigen Tagen den Südseerhythmus inhaliert. Sie trugen ihre geschenkten Nui Air-Riesen-T-Shirts und haben bis heute ihren Kokosduft-Fluglinien-Deo im Badezimmerregal auf einem Ehrenplatz stehen.

Maru war das Wort des Tages, nicht nur als Teil unseres Schiffsnamens, sondern als polynesische Lebenseinstellung:

Maru heißt entspannt, gelassen, ruhig.

Tahaa – endlich die Vanilleinsel

Wir schipperten in der flachen Lagune zwischen Tahaa und Raiatea herum. Trafen endlich wieder auf Laura und Mark, die auch Sole und Mama gleich in Herz schlossen. Kappten Kokosnüsse auf kleinen Motus, wetterten Squalls ab, spielten Karten, kochten füreinander und Mama und Sole spürten wieder die engen Freundschaften unter den Seglern. Die aus weit mehr bestanden als nur gemütlichen gemeinsamen Sundownern. Man konnte aufeinander zählen, man wusste sich bei Überfahrten in der Nähe, man hätte gemeinsam Pferde gestohlen. Ein Teil des Fahrtensegelns, der vielen nicht bewusst ist. Selbst mir wäre das vor dieser Reise nie in den Sinn gekommen, dass man da draußen auf den Ozeanen der Welt Freundschaften fürs Leben schließen könnte.

Tahaa war nun wirklich die Vanilleinsel! Wir kletterten eines Nachmittags auf den kleinen Steg vor Alains kleinem Anwesen, um endlich eine Vanilletour zu bekommen. Alain war sehr nett, nicht stoned, nicht benebelt. Lebte in einem tropischen Garten mit einem bezaubernden Pfahlbauten-Holzhaus. Tönerne Windspiele im Garten, eine Schmuckausstellung im Wohnzimmer. Nur war leider keine Tour möglich – alles ausgebucht. Wir beschlossen, es bleiben zu lassen, kauften bei Alains Frau Seeigelstachel-Schmuckanhänger und ein Korallenwindspiel. Und natürlich Vanilleessenz direkt aus Tahaa!

Am Abend trösteten wir uns im Yachtclub Taravan mit Golddorade MahiMahi à la Vanille. Für diese Köstlichkeit würde ich alle Vanillefarmen der Welt stehen lassen! Die Sonne versank direkt hinter Bora Bora, und ließ den Himmel in Pink, Rosa und Türkis erstrahlen. „A Wahnsinn!", stöhnte meine Schwester und sie meinte diesmal definitiv nicht die Preise auf der Speisekarte. In der Hand einen blütengeschmückten Tropendrink versank sie im Korbsessel und flüsterte: „Der schönste Urlaub meines Lebens." Meine Mutter legte ihren Arm um Enkelsohn Finn, verdrückte ein paar Tränen, und ich fürchtete schon, die Abschiedstrauer würde sie überkommen, als sie schmachtete: „Ich beneid euch!"

Natürlich weinten wir salzige Tränen, als das Flugzeug unsere Lieben entführte.

Aber schon waren Laura und Mark zur Stelle mit einer Einladung zu Fleischbällchen à la SABBATICAL3. „I know, shitty feeling, come over, we are ready to comfort our RISHO's!"

Wie gut, Freunde zu haben! Hier auf den Weltmeeren!

Bora Bora – Was kriegt man für 3.000 Dollar die Nacht?

Ein schnuckelig kleines Pfahlbautenhüttchen, einen weißen Bademantel, Pantoffeln, jeden Tag frische Handtücher, Aircondition, immer Blick auf die Lagune, ob Schlafhüttchen oder französisches, italienisches oder japanisches Restaurant. Einen spiegelglatten Pool mit Wasserfall, Zaubergärten, Puderzuckerstrand, freundliche Einheimische in weißen Schürzen, Blumen auf dem Klotischchen, Blumen am Wasserbecken,

Champagner (mit Kreditkarte), Billardtische aus poliertem Mahagoni, Kaminfeuer, Barkeeper kostümiert, Massagen, Beauty-Spa. Wir hatten uns durch den Hintereingang in das Traumresort BoraBora Nui geschlichen. Eines der fünfzehn Resorts auf einer Insel, die knappe 32 Kilometer Umfang misst. Man grüßte uns freundlich, ohne die Miene zu verziehen. Viel war nicht los hier oder ließen sich alle Gäste das Sektfrühstück ans Bett servieren? Ein Gärtner zupfte tropisches Regenwaldgrün. Ein anderer pflegte den Strand glatt, eine Dritte arrangierte Blütenkränze an der Rezeption.

Ein Stubenmädchen fuhr mit frischen Handtüchern und Kokosseifen auf einem kleinen Stellwagen vorbei. Ich suchte eine Toilette. Dort krabbelten die Ameisen im Waschbecken aus den prachtvollen Blütendekorationen um die Armaturen herum! Nobody is perfect!

Wir schlichen uns wieder raus aus diesem Traumhotel – nachdem Finn die fetten Goldfische im Seerosenteich ausgiebig betrachtet hatte. Schlenderten zum Strand hinter dem Resort, wo unser Dingi lag und nicht unweit im immerwährenden Türkis RISHO MARU wartete.

Am dunkelgrauen Lava-Sandstrand roch es leicht nach Verwesung, toten Kokoskrabben, im Wasser viele Miniseegurken. Peter sammelte noch ein paar Kokosnüsse ein und schon tuckerten wir auf unser ganz privates Traumresort zu. Wärme, Geborgenheit, Ruhe. Was für ein Glück wir hatten. Und schnell legte ich einige bunte Blüten in unser Klokabinchen.

Die Sonne versank im rotglühenden Meer, beleuchtete mit ihren letzten Strahlen Otemanu, den Meeresvogel, und die letzte Zinne des mächtigen Vulkans, Wahrzeichen Bora Boras, dieser Perle der Südsee. Die Pfahlbautenhüttchen schimmerten im glasklaren Wasser und ein Schiff mit Stubenmädchen, Köchen, Installateuren, Gärtnern, Büglerinnen, Rezeptionsdamen und Barkeepern verließ das Resort.

Einheimische auf einer Insel, auf der sie schon lange nicht mehr zu Hause sind.

Liebes Tagebuch, Bora Bora, Ort

Dreck und toter Aal im Straßengraben. Japanische Resortgäste lassen ihre schwarzen Perlen röntgen?! Im einzigen Café gibt es nur halb aufgetaute Kuchen. Der Ort ist eine einzige Anlegestelle für die Shuttleboote zu den Resorts und dem Flughafen. Grauenhaft. Nur das Wasser ist wirklich so türkis wie nirgends. Perle der Südsee, mhmmm, vom Wasser aus schon.

Liebes Tagebuch!

39. Geburtstag auf Bora Bora. Salsa getanzt! Blütenkranz umgehängt, Taumel! Heute schüttet es. Hab eh Kopfweh ...

Suwarow und Harfenklänge

Wie sich später in Neuseeland herausstellte, sollte Suwarow eine Art Kultstatus unter den Seglern erlangen. Wenn es den nicht schon längst hatte, nach Tom Neales „An Island for Oneself."

Zumindest für die Neuseeländer war dieser schräge Knabe, der ab den Fünfzigerjahren insgesamt 16 Jahre auf Suwarow in Einsamkeit gelebt und überlebt hatte, der Aussteiger par excellence. Der Mann, der sich seinen Traum von einer eigenen Insel erfüllt hatte. Und das lange vor Johnny Depp und anderen Promi-Konsorten!

Und natürlich schlug er sich durch mit Brotfrüchten, Kokosnüssen, Fischen und Gemüseanbau.

Ein moderner, freiwilliger Robinson. Der sich mit einer Salzwasserente in einer Beziehung zwischen „ich liebe dich" und „ich esse dich" anfreundete – das war ihm kaum zu verdenken, denn Fleisch hatte er zu diesem Zeitpunkt schon ein Jahr lang nicht mehr gegessen.

Wir kamen nach einigen Tagen wohlgenährt aus Bora Bora durch die berühmte Riffeinfahrt hierher gesegelt und wickelten unsere Ankerkette um einen der vielen Korallenköpfe im kristallklaren Wasser vor Anchorage Island.

In Neuseeland würden sich die Segler gerne daran erinnern, wer gerade auf Suwarow war, als die großartigen Partys dieser Pazifiksaison am Strand über die Bühne gingen. Und ich spreche hier wirklich von Bühne und Künstlern!

Vier Gitarristen, zwei Percussionisten, eine Harfenistin und mehrere Sängerinnen waren hier eingetroffen, ohne voneinander zu wissen. Am selben Ort zur selben Zeit, der Vorhang konnte aufgehen.

Dazu kam, das Ranger John mit Frau Veronika und ihren vier Söhnen diesen Musikpartys ganz und gar nicht abgeneigt war. Einmal zückte John die Gitarre und legte eine Rockballade hin, dass uns das Hören und Sehen verging. Ich glaubte mich leise zu erinnern, dass ich auf Google einen Hinweis zu einem Popsänger gefunden hatte, der Suwarow in einem seiner Hits erwähnte. John?

Bei den Menschen von den Cook Islands konnte das durchaus möglich sein. Kein Inselvolk des Pazifiks ist kultivierter und mehr auf Bildung bedacht als die Cookianer. Johns Jungs sprachen fließend Englisch, Französisch und natürlich ihre Heimatsprache. Sie studierten täglich in einer Fernschule und würden aller Voraussicht nach in Neuseeland studieren.

Diese Mischung machte Suwarow absolut perfekt.

Tagsüber erforschten wir das Inselreich, tauchten zwischen den bunten Korallenstöcken mit Engels- und Papageienfischen, schreckten die Igelfische mit ihren Bambiaugen auf und ab und an eine grantige Muräne. Dabei immer die Haie ganz in unserer Nähe, die mir die Lust auf ein Morgenbad gründlich verdarben. Finn jagte mit den Inseljungen über das Atoll, durch den Palmenhain, versteckte sich hinter Bananenblättern, fütterte Haie und verschlang Veronikas Kokos-Pancakes mit Wonne.

Da das Harpunieren streng verboten war, wurde mit Dingi und Schleppangel gefischt. Immer am späten Nachmittag rückten die Segelmänner aus und versuchten ihr Glück. Fette

Grouper gab es genug und abends prasselte das riesige Lagerfeuer. Nachdem John dem Universum und Gott für das sichere Ankommen der Segler und die großzügigen Gaben gedankt hatte, begann das Festmahl. Potluck, jeder brachte etwas Essbares mit und wir labten uns an all dem, was diverse Nationen in ihren Kombüsen gestapelt hatten.

Nach dem Essen begannen die berühmten Kultpartys, die noch in Neuseeland an den ersten frischen Südwintertagen ein Sehnen und Seufzen aufkommen lassen würden. Unter dem Sternenzelt erhob sich Musik. Gail, die Amerikanerin karrte ihre Harfe per Dingi an den Strand und himmlische Klänge tönten über das Atoll. Harfe unter Palmen mit Glitzersternen und Lagerfeuer. Das sollte mal einem Drehbuchautor einfallen! Peter und ich brachten Jazzklänge aufs Atoll und schließlich erschallte „Let it be", „Rising Sun" und „Drunken Sailor" über die ansonsten stille Lagune.

Der Abend klang schließlich aus mit Trommelklängen, alle trommelten, die Engländer, die Amerikaner, die Franzosen, die Holländer, die Neuseeländer, die Österreicher und natürlich die Hausherren und ihre Kinder.

Auf Holztrommeln, Kochtöpfen, leeren Erdnussdosen, nichts konnte uns stoppen an diesen seligen Abenden, entrückt auf einem einsamen Atoll, weit und breit nur Himmel und Ozean und Musik.

Was hätte Tom Neal dazu gesagt? Wahrscheinlich wäre er mit dem nächsten Dampfer abgefahren, so wie er es auch tat, als sich Perlenfarmer auf seinem Suwarow ansiedelten.

Als die Anker eines Tages doch gelichtet wurden, blies Ranger John eine traurige Melodie auf der Conchmuschel und seine Jungs rannten winkend und rufend am Strand entlang. „Bye-bye, come back, au revoir, maururu, maururu, nana, nanaaaaaaa!!"

Euch auch danke und Adieu, ihr Inselkinder, ihr Trommler und Haifischer und zukünftige Uniabsolventen!

Und schon lag Suwarow achtern aus ... wie einTraum ... oder ein melancholischer Popsong?

Liebes Tagebuch, Samoa

Sind heute mit einem Auto voller Kakerlaken um West-Samoa gefahren. Jetzt habe ich gerade eine Kakerlake aus der Kühlbox gefischt. Ich werde wahnsinnig, ich will diese Viecher hier nicht haben, werde morgen extra Gift kaufen. Hehe.

Liebes Tagebuch, Samoa

Waren im Aggie Grey Hotel. Kolonialstimmung mit Eingeborenen, Hula-Hula-Show und ein Buffet mit Seeigeln zum Schlürfen. Urgs ...

Liebes Tagebuch, Samoa

Schon eine Woche da. Das Geld fließt dahin. Alles so sauteuer, bzw. alles, was Käse und Wurst und Cappuccino ist. Bananen haben sie hier glaub ich 30 Sorten am Markt, dann noch ein paar Tomaten und viel Kava. Grausliches Gesöff. Mir war so schlecht. Wie gesprudelte Erde, habe mir aber die Kavaschale gekauft. Wunderschön, auf kleinen Holzstützen, die ein samoanisches Haus sein sollen.
Man soll ja in die Häuser nicht reinschauen, aber ich kann's mir nicht verbeißen. Ich schau immer, heimlich, und sehe die Samoaner einfach wohnen, fernsehen, spielen. Komisch ist das. Aber einige haben schon richtige Vorhänge und Wände, Tür zu und Ruhe. Hier bringen sich ganz viele um. Haben Stress mit dem Häuptlingssystem. Ein Oberhaupt entscheidet für alle. Nicht leicht für die Jungen offensichtlich. Stell ich mir schrecklich vor. Aber die Alten sind versorgt, da stirbt keiner einsam, und begraben werden sie im Garten neben der Veranda.

Liebes Tagebuch, Samoa

Auch wenn ich schon wieder vor der nächsten Passage Bauchweh hab, das Segeln hat mich hierher gebracht. Das Segeln

ist nicht nur segeln, es ist viel mehr. Vielleicht muss es so sein, mit Bauchweh und sich-mulmig-fühlen, damit dann das Ankommen, dieses Entdecken so grandios ist. So dass ich beschließen werde es irgendwann noch mal zu machen. Später in vielen Jahren. Das Segeln! Ohne Peter hätte ich das nicht gemacht. Er liebt das Segeln. Ich bin, froh wenn ich ankomme. Irgendwann werden alle Winde, Segelängste und Sorgen vergessen sein. Da wird eine Nacht vor der Passage und der Wind von vorne nichts mehr bedeuten.
Ich liebe diese ruhigen Abende wie jetzt gerade. Sitze da in meinem Küchenrumpf. Höre meine Männer im Navi-Rumpf brabbeln. Ich liebe diese Nähe zu Finn. Die Klarheit mit Peter und die Klarheit in mir. Das Ich-habe-es-geschafft-Gefühl.

Liebes Tagebuch,

morgen geht's nach Tonga. Das Wetterfenster passt - ich hasse dieses Wort jetzt schon und bin noch nicht mal in Neuseeland! Hatte einen Autopilotenalbtraum. Oh, mein Gott ...

Schnell, zwischen zwei Wetterfenstern

In Samoa tragen die Polizisten Röcke, Lava Lavas, und die Häuser haben keine Wände. Robert Louis Stevenson ist hier gestorben und es gibt einen Bahai-Tempel. Und wir warteten aufs Wetterfenster nach Neuseeland. Eine Woche lang.

Tag eins: Wir kauften uns alle samoanische Röcke und gingen ins Sydney Café auf einen Cafè Latte und ein Sandwich mit gerösteten Kürbiskernen auf Pastramiwurst.

Tag zwei: Der Wetterguru prophezeite weiterhin den falschen Wind, also mieteten wir ein Auto, lagen in den Fales am Strand, kleinen, sehr schnuckeligen Pfahlbautenhäusern, und aßen Mangos in Mangocity, einem Miniort mit einem Holztisch voller Mangos vor jedem Holzhäuschen. Preise horrend!

Tag drei: Ein Tief war im Anzug. In Robert Louis Stevensons Haus war es wesentlich kühler als in unserem in der Marina.

Wir saßen auf der windumschmeichelten Veranda in Vailima und blickten vom Mount Vaea in den blauen Pazifik. Stevenson hatte Einläufe bekommen. Wir sahen die Riesenspritzen in seinem Behandlungsraum.

Aber die Einheimischen liebten ihren Tusitala, ihren Geschichtenerzähler, und auf der Holzveranda, auf der wir uns gerade erschöpft ausruhten, saßen einst einflussreiche samoanische Häuptlinge plus familiärem Anhang und Dienern. Stevenson ruht nicht weit vom Haus in seinem Grab und träumt wahrscheinlich von seinem Schottland, das ihm am Ende seines Lebens doch gefehlt hatte.

Tag vier: Das Tief war stationär. Wir blieben. Beteten um ein Wetterfenster. Wir standen im Bahai-Tempel, einem riesengroßen kuppeligen Gebäude.

Hatte noch nie was von dieser weltweiten Religion gehört. Sie glauben an einen transzendenten Gott(?), Einheit der Religionen, Glaube an Einheit der Menschheit. Klingt gut. Wo aber haben die so viel Geld her, um weltweit solche irren Gebäude mit diesen fantastischen Gärten zu errichten? Seltsam.

Tag fünf: Es tat sich was. Das Tief verschob sich. Wir blieben noch. Lagen bei Laura und Mark unter Deck, bei Aircondition. Aßen Fleischbällchen mit Ketchup und Chips und schauten Seinfeld. Sitcom vom Band. Sehr lustig.

Tag sechs: Wollten mal einheimisch essen gehen. Richtig samoanisch. Ergebnis: entweder gebackene Shrimps mit Mayonnaise oder gebacke Hühnerkeulen mit Mayonnaise. Gebackene Leber mit Mayonnaise ist auch ein Renner.

Die Samoaner sind ganz schön dick, wusste jetzt, warum. Sie haben tolle Tätowierungen. Frauen haben eine Art Bart aufs Kinn gepiekst und die höchste Ehre bei den Männer ist die besonders schmerzvolle Oberschenkeltätowierung. Ich kaufte ein paar schicke Klebetattoos.

Tag sieben: Wetterfenster öffnete sich. Noch schnell ein paar Bananen vom Markt. Sorry Samoa, irgendwann komm ich wieder und werde dich wirklich anschauen und genießen. Ohne Wetterfenster. Aloha!

Liebes Tagebuch, Neiafu, Tonga, Vavau

Wow, das Wetterfenster hat durchgehalten! Leider nicht der Autopilot. Und sein Ersatzmann klingt jämmerlich, aber funktioniert noch. Und eine Luke war nicht verschlossen. Vorschiffskoje unter Wasser, Gitarre mit Salzwasser gefüllt, hab stundenlang kopfüber geputzt. Mir war daraufhin die ganze Passage lang schlecht.
Die Matratze stank tagelang nach nassem Hund. Kann sie nicht mal trocknen, draußen schüttet es. Sind seit zwei Tagen hier in Tonga. Aber es ist mir wurscht. Hängen an der Mooringboje vor dem Aquarium-Café. Seglertreff. Open Mic Night. So viele Freunde da, es ist herrlich.
Und Tonga? Viele Schweine laufen frei herum. Sehen sehr lustig aus. Wenn es aufhört zu regnen, schauen wir uns die traumhafte Inselwelt an. Segeln im Flachwasser. Da bin ich dabei!

Liebes Tagebuch,

hier gibt es einen österreichischen Bäcker! Hab heute dort Schwarzbrot und Mohnweckerl gekauft. Schräger Typ, aber backen kann er.
Finn ist im Schweinemist ausgerutscht. Die süße Kara von der Segelyacht MAGNUM, fünf Jahre, war die Einzige, die an seiner Seite blieb: „Because he is my friend!“ Die Kids sind selig, hier ist was los.

Liebes Tagebuch,

hab Basilikum auf dem Markt gefunden. Geschmacksexplosionen!

Liebes Tagebuch,

Peter hat mir die Haare geschnitten. Gar nicht schlecht oder sagen wir so – fällt keinem auf.

Liebes Tagebuch,

Sind am Ankerplatz 11. Die Namen der Anchorages sind so kompliziert, dass sie im Tonga-Hafenhandbuch nummeriert sind. Waren gestern mit Laura und Mark beim Spanier. Ein kleines Haus mit Restaurant auf einem Hügel hinter dem Strand. Haben Tapas gegessen und Paella. Dann hat die Spanierin auf einer kleinen Bühne Flamenco getanzt und ihr Mann hat Gitarre gespielt. Es war grandios. Am Schluss haben wir alle getanzt, herrlich! Carramba, olé! Die Spanier kamen hier vor 15 Jahren mit einem Acht-Meter-Boot an... irre...

Liebes Tagebuch,

Wal gesehen!!! Oder besser die exorbitant riesige Walflosse! Das Segeln hier ist herrlich, wie am Neusiedlersee. Ich mag dableiben. Morgen ist Kinderparty. Ronnie hat das organisiert. Alle im Kostüm! Anchorage 13!

Ein Blauwassersegler-Crash-Kurs

Wer nach zahllosen Segelbüchern, Yacht-Magazinen, Segler-Webpages und diesem Buch hier glaubt, nun fast Blauwasserexperte zu sein, soll mal diese Frage beantworten: Was ist ein Potluck dinner?

Ha. Ertappt. Nobody is perfect, oder?

Ein gutes Schiff, Seekarten, ein GPS, Epirb, Schokolade, Wassertank, Funkgerät, Motor (und die Fähigkeit, diesen zu reparieren), alles schön und gut, natürlich alles wichtige Ingredienzien um Ozeane zu bezwingen. Aber vieles lernt man eben beim Tun.

Potluck dinner.

Was macht man, wenn es plötzlich über die Funke am Ankerplatz tönt: „To all ships. Tonight potluck dinner at the beach. Six o'clock. Get ready!"

Englisch zu verstehen ist meines Erachtens nach eines der

nützlichsten Dinge auf einer Blauwasserreise! Man übersetzt also. Pot: Topf. Luck: Glück. Dinner: Abendessen. Offensichtlich kein Notfall, denn die Stimme klang vergnügt, vielleicht sogar erwartungsvoll.

Ein Topf-Glück-Abendessen. Der wissende Blauwassersegler begibt sich sogleich in die Kombüse und checkt seine Vorräte. In unserem Fall sind wir in Tonga, nicht weit vom romantischen Ankerplatz liegt Neiafu und erst kürzlich konnten wir dort Gemüse und Obst auf dem Markt kaufen. Aber wollen wir den frischen Basilikum und die schönen Tomaten mit der gierigen Meute am Strand teilen? Wollen wir nicht.

Wie sieht es denn aus mit den Bohnendosen, die schon seit Panama in der Bilge rosten? Hier empfiehlt es sich, einen Blick über das Ankerfeld schweifen zu lassen.

Okay. Fünf amerikanische Flaggen. Amerikaner lieben es, Potlucks mit ihren herzhaften Bohnengerichten zu beehren. Na gut, ich würde eher über einen Nudelsalat nachdenken, wobei beim letzten Potluck drei identische Nudelsalate am Strand vor sich hin dümpelten, aber jeder sich nach Kuchen verzehrte. Zwei französische Schiffe als Nachbarn. Da stehen die Chancen gut, Schokotarte erwarten zu können. Barbecue? Keine Chance, weil nicht gefischt wurde, kein Frischfleisch vorhanden ist und die drei tiefgefrorenen Hühnerhaxen aus Fiji im Tiefkühler des tonganischen Minimarktes nicht gerade appetitlich wirkten. Bei mir wurde es meist das allseits beliebte Fladenbrot mit Thunfischdip. Oje, leider nur eine Dose Sardinen in Tomatensoße zu finden. Kein Problem, mit Salzwasser gespült, mit Mayonnaise und Zwiebel verfeinert, dazu Limette, Salz, Pfeffer. Ob Sie es glauben oder nicht: Diese Poltuck-Sardinen-Erfindung machte im Pazifik Schule!

Einfallslose Potlucker – meist Engländer – schleppten einen riesigen Topf Popcorn an und begeisterten vor allem die Segelkids. Kinder werden ja prinzipiell von allen Seiten verwöhnt. Besonders schön war die Idee von unserem Segelfreund Ron, auf Tonga eine Piratenparty zu organisieren.

Einhandsegler Ron wünschte sich schon lange eine Familie

und übte das Familienvaterdasein mit großem Erfolg bei den Kleinen. Natürlich mussten auch die Großen in Verkleidung erscheinen, sonst wäre ein Rumzoll fällig geworden. Und hier zeigte sich wieder eine Eigenschaft des Blauwasserseglers, die man sich nicht erkaufen kann mit Segelbüchern und Co: das Improvisationstalent! Essenziell! Denn wer hat schon ein komplettes Piratenkostüm an Bord mitten im Pazifik im Königreich Tonga? Und dazu kommt eine weitere, höchst notwendige Eigenschaft, ohne die man ganz schön auflaufen könnte: Flexibilität! Die Party wurde nämlich wegen endloser Regenfälle um drei Tage nach hinten verschoben. Keinem machte das was aus. Jeder hatte Zeit. Unvorstellbar gerade hier im altehrwürdigen Wien, wo man gemütliche Kaffeeklatschstunden drei Wochen vorplanen muss.

Als der große Tag endlich da war, wuselten zahllose Minipiraten am Strand, jedoch die größte Augenweide waren deren Eltern, Leihonkel und Leihomas.

Ohrringe aus Aluminiumfolie gedreht, Grillzangen und Karabiner als Captain Hooks Ersatzkralle. Jack Sparrow verblasste neben piratischen zerrissenen Bermudashorts, ölverschmierten Karibik-Shirts, Nirostaketten, Schöpflöffeldegen, Augenklappen aus Gummidichtungen. Die Piratenqueens Ann Boney und Mary Reade wären begeistert gewesen über das hohe Aufkommen von piratischen Weibsstücken. Ann von der MAGNUM kam in sexy T-Shirt und Sonnenbrille. „I am the boats slut“, krächzte sie und grinste bösartig. Das Partyzelt war im tonganischen Inselwald mit Regenplanen gebaut. Master of Ceremony Ron hatte die größte Piratenflagge des Pazifiks gehisst, die Kinder hatten den Goldschatz gefunden (Schokolade aus Grenada und Gummibärchen aus Deutschland). Spiele wurden gespielt, selbst gebackene Brezel geschnappt und einer aus der bunt zusammengewürfelten Nationenrunde erklärte das Känguru-Spiel. Jeder wurde ein Tier und musste zu einer Band tanzen, die aus menschlichen Instrumenten bestand. Ellen von der RASAMANIS und ich wurden zu Trompeten, Peter war das Schlagzeug, Ian von der AFRIKI der funkige Bass. Tiere reichten von Ameisen, Kakerlaken, Elefanten bis zu den allseits beliebten Thunfischen.

Improvisation! Die kann einem auf dem Ozean aus der Patsche helfen oder bei einer Party größtes Vergnügen bereiten!

Und so war auch dieses Piraten-Potluck-Dinner eines der feinsten im Königreich. Knoblauch-Curry-Butter über zarter, frisch gegrillter Dorade, Snapper mit Kartoffelsalat, panierte Linsenlaibchen mit Bohnenpaste, Fladenbrot mit Ei-Gurkerl-Aufstrich, Kraut-Rosinen-Salat, Thunfisch-Quiche und drei Bananenkuchen plus zwei Schokotartes! Kein Nudelsalat.

Was will man mehr, träumt man von den Ozeanen da draußen! Wilde Partys, gutes Essen, schöne Aussicht! Zumindest ab und an ...

Wie geplant senkte sich die Sonne in den Pazifik, die Felsklippen hinter der Partywiese färbten sich Pink und Orange. Wer braucht da ein Feuerwerk? Bald blinkten die Sterne auf diese spezielle Spezies Mensch, die Blauwassersegler, herunter und leuchteten ihnen den Weg zu ihren Schiffen.

Denn es war bereits 22 Uhr und das ist eigentlich schon eine Stunde nach „sailors midnight" – na ja, manchmal kann man ruhig über die Stränge schlagen, oder?!

Seefrauen sind von der Venus, Seemänner sind vom Mars

22.10

Tagebuch Venus: Warten auf das Wetterfenster. Können wir nicht einfach für immer in Tonga bleiben und nach Neuseeland zum Urlaubmachen fliegen?

Logbuch Mars: Wir sind nicht ganz entspannt. Sehr viele Wetterinfos. Dennoch, Neuseeland anzulaufen ist die richtige Entscheidung, da könnten wir nach der Zyklonsaison nochmals in die Südsee.

24.10

Venus: Endlich wenigstens in Nukualova. Schön hier. Bleib hier. Für immer.

Mars: Nuku'alofa. Bin froh, wenn wir endlich wegkommen. Erstes Wetterfenster runter nach Neuseeland verpasst, war totale Flaute beim Hersegeln in der Hapai Gruppe. Chance, das angesagte Tief doch noch zu erwischen, war zu hoch. Computermodelle ... früher haben die das alles nicht gehabt. Habe die Wanten nachgespannt. Beachvolleyball. Mit den Surferboys war eine Hetz!

25.10

Venus: Brot gebacken und Sicherheitscontainer kontrolliert und neu mit Nüssen und Schoko gefüllt. Mhmm. Herrliche Tätigkeit. In meinem Hirn formieren sich interessante Vorstellungen: Wir drei in der Rettungsinsel, Cashewkerne knabbernd. Bisschen fett, ich gebe doch lieber ein paar Apfelringe rein.

Mars: Habe gerade mit Laura und Mark von der SABBATICAL gefunkt, die haben wirklich schlechtes Wetter erwischt. War gut, zu warten. Alex ist nervös. Kramt dauernd in der Sicherheitsbox herum. Lässt sich von der Nervosität der anderen anstecken. Es ist gut, dass wir im Ausgangshafen sind, Wetterfenster werden wir nicht mehr verpassen. Alles ein Lernprozess. Eines ist sicher, wir und der Rest der Segler erreichen Neuseeland sicher auch bald. Segel gecheckt. Alles passt.

13.11

Venus: Schon im Minerva Riff. War herrliches Segeln.

Mars: Ideale Segelbedingungen zum Minerva Riff. Einmalig, mitten im Ozean ein Rundriff. Das tägliche Wetterrouting-Meeting hier nervt. Ankern im flachen Wasser mitten in einem Riffkranz. Um uns tobt das Riff. Fantastisch.

Venus: Unheimlich, das Riff. Wäre jetzt gern in der Südsteiermark. Maronibraten.

Mars: Hab Ians Vorderzahn abgeschliffen, hat ihn sich angeschlagen. Die Surferboys haben super Grouper gebracht. Die

Warterei geht mir auf die Nerven. Habe Windpilot „Franzl" gepflegt. Winfrieds Funkrunde ist sehr gut. Ein neuseeländisches Militärflugzeug war gerade über uns! Alle Daten aufgenommen: 750 Seemeilen noch! Wow, ins Land der Kiwis reist man nicht ungesehen ein.

Venus: Coastguardflugzeug hat alle Boote gecheckt ... ob die Passagiere aufnehmen?

14.11

Venus: Peter wartet die Windfahne. Wie soll ich das verstehen? Traut er dem elektrischen Autopiloten nicht?

Mars: Ich wünschte, Alex würde mir mehr vertrauen.

15.11

Venus: Sind unterwegs. Hart am Wind. RISHO wird geprügelt.

Mars: Blauer Himmel. Wind SSO. Sind langsam. Hoffe, wir bekommen mehr Wind und besseren Winkel.

Venus: Der Autopilot ächzt. Wenn der nur durchhält. Funkelnagelneu und erst drei Tage im Einsatz. Was soll schon sein, Miesepeterin.

Später ... Der Autopilot ist kaputt. Ich glaub's einfach nicht.

Mars: Beide elektrischen Autopiloten kaputt. Habe versucht, sie zu reparieren. Vergeblich. Mechanisches Problem.

Zwei Stunden später ...

Venus: Ich liebe diesen Mann. Ich liebe dieses Schiff. Es steuert sich allein. Warum rege ich mich immer so auf? Vielleicht nur, weil ich 750 Seemeilen von Festland entfernt bin?

Mars: Sind jetzt viel besser auf Kurs. RISHO zieht hoch. Segel gut eingestellt. Ruder fix. Ich kenn doch die alte Dame. Pfeife auf die Sch... Autopiloten.

16.11

Venus: Go RISHO, go. Ich liege in meiner Koje und dieses Schiff steuert sich allein. Kann mein Glück kaum fassen. Habe bis jetzt wegen der unruhigen (ziemlich untertrieben) Nächte kaum geschlafen (völlig untertrieben).

Mars: Habe letzte Nacht gut geschlafen. Jetzt 25 bis 30 Knoten. Sehr raues Segeln. Reff in Groß und Besan. Kalt ist es. Alex kocht Spaghetti – Hochleistungssport!

17.11

Venus: In der Nachtwache habe ich jetzt die dicke Fleece-Wintertrainingshose plus Ölzeug an. Dicke Socken, Gummistiefel. Peter sieht ziemlich erledigt aus, es geht allen so. Funkrunde ist super mit Ryan von den Surferboys als Host. Wetter ... Der Zyklon heißt Juma und verändert dauernd seine Zugrichtung. Genau das will ich nicht hören. Die Surferboys segeln als Riffforscher um die Welt mit Unterstützung ihrer kanadischen Uni und suchen so nebenbei die perfekte Welle – als Surfer, nicht als Segler. Heute gibt es bei ihnen Dosencurry, bei uns Misosuppe und Chips. Mehr schaffe ich nicht. Die Schiffsbewegungen sind grenzwertig.

Mars: Segelkammer undicht. Mist. Bilge ausgekübelt. Funkrunde sehr aufbauend.

18.11

Venus: Es bläst 30 bis 35 Knoten oder mehr? Haben keinen Windmesser. Es ist rau, nass, kalt. Wie konnte ich nur zustimmen, nach Neuseeland zu segeln? War ich von Sinnen? Betrunken? Mit Reff im Groß und Sturmjankey machen wir noch immer irres Tempo. Hoffentlich reißt kein Segel. Wird schon nix sein.

Mars: Schlechtere Kurslinie. Wind mehr SSO. Meinen Socken stinken erbärmlich.

Später ...

Venus: Riss im Großsegel! Rahhhhhhhh!

Mars: Haben kleinen Cut im Groß. Zweites Reff eingebunden. Passt jetzt gut so. Reff war schlecht gebunden. Ärgere mich. Muss eine Arbeitsliste für NZ machen. Alex schaut sehr erledigt aus. Sie ist sehr tapfer. Und Finn ist ein richtiger Seeheld.

Später ...

Venus: Fahren jetzt im zweiten Riff, äh, Reff. Bin echt müde. Fifth season. Riss im Groß, Autopilot kaputt. Und der Kühlschrank der Surferboys auf der KULULA ist kaputt. Braucht man eh nicht mehr, bei der Kälte hier draußen. Alle haben Salz im Schiff. Zyklon Juma kann sich noch immer nicht entscheiden. Habe endlich die Socken gewechselt. Sensationelles Odeur. Knapp geschlagen von dem meines Gatten. Durch Zufall Fußpuder entdeckt. Geschenk der Meeresgöttinnen! Finn hat vor lauter Langeweile sein erstes Buch gelesen. Er ist so unglaublich cool. Ein echter Seeheld.

19.11

Venus: Die Nacht war zum Kotzen. Bin so müde. Habe Brot gebacken.

Mars: SO bleibt laut Winfried erhalten. Arbeitsliste wird immer länger. Vordere Netzleiste gebrochen.

Venus: Wind, Wind, Wind, vor uns haben sie flache See?! Wo bitte? Habe schon drei Schokoriegel gegessen.

Mars: Hafenhandbuch Bay of Island angeschaut. Ich glaub, dort ist es echt wunderschön.

Venus: Meine Socken, das Grauen, hab keine frischen mehr, rote Lidränder, angeklatschtes, salziges Haar. Warum sieht Peter nicht zerstört, sondern wie ein erschöpfter George Clooney aus. Frechheit.

Mars: Wusste gar nicht, was für Gerüche ich entwickeln kann. Alex riecht immer gut. Und sie hat Pancakes gemacht – die Traumfrau. Heirate sie sofort wieder.

Venus: Finn geht's blendend. Hab ihm Pancakes gemacht.

Weiß nicht, wie ich das geschafft habe, aber die haben auch meinem erschöpften Mann und mir gutgetan.

Zwei Stunden später ...

Venus: Kühlschrank unter Wasser, Bilge auch. Hilfe!!! Haben wir ein Leck?

Mars: Die Schiffe müssen echt was aushalten auf der Strecke. Bin froh, die Risho zu haben!

Venus: Doch kein Leck, der Wassertank hat einen Riss. Oh Mann, was noch?

Mars: Arbeitsliste NZ: Autopiloten reparieren (kaufen?), Großsegel nähen, vordere Netzleiste neu verschrauben, Wassertank schweißen ... Mist.

20.11

Venus: Ruhige Nacht. Herrlich. Hab tatsächlich teilweise geschlafen.

Mars: Ruhige Nacht. Tief geschlafen. Noch 120 Seemeilen. Risho läuft ruhig. Wind aus OSO. Windpilot Franzl eingestellt. Haben heute neben dem Boot einen Ocean Sun Fish gesichtet. Fantastisch. Blauer Himmel. Morgen kommen wir an.

Später ...

Venus: Lichter am Horizont, Windpilot Franzl steuert, herrliches Segeln, ich lass Peter schlafen, er ist so müde. Halt mich mit iPod (Feist, Brandy Alexander! Sehr nett!) und Nutella wach. Vielleicht putze ich noch die Küche.

Mars: Noch zehn Seemeilen bis zum ersten Wegepunkt. Frieren uns den Arsch ab. Alex schläft endlich. Hat die Küche geputzt!

21.11

Venus: Land in Sicht!!! Sehe das Land der langen Weißen Wolke ... soooooo schön. Hab mit Ian von der Afriki gefunkt.

Ist kurz vor uns. Draußen riecht's so gut nach Land. Ich explodiere vor Glück. Jetzt rufe ich schnell zu Hause an!

Mars: Segeln in die Bay of Island. Perfektes Gefühl. Flache See, blauer Himmel, Holzhäuschen, grüne Hänge. Wir haben es geschafft, das war ein hartes Stück Arbeit für unsere Risho. Sie ist ein gutes Schiff.

Venus: WIR SIND HELDEN!!!

Mars: Insgesamt 1.050 Seemeilen von Tonga. Wir sind Helden!

Von Kiwis, Millionären und – schon wieder – dem Christkind

Neuseeland packte uns. Wir wollten bleiben. Träume heute noch davon. Jetzt beim Schreiben am Schreibtisch im alten Wien erfüllt mich diese stille Freude, mein Herz klopft, ich muss lächeln und habe Sehnsucht. Ich bin verliebt. Verliebt in Neuseeland.

Die ersten Wochen verbrachten wir im Dunstkreis der Marina. Entsalzten uns und unser Schiff, das diese stürmische Überfahrt gut überstanden hatte. Und kauften Teri. Teri hatten wir von Theos Exfreundin Jane, Theo kannten wir über Antonio. Antonio hatten wir flüchtig in Huhaine plus Familie kennengelernt. Er war es auch, der einen Tag nach unserer Ankunft ein Paket auf der Risho ablieferte. Italienischer Parmesan, Olivenöl und einen Sack voll frischem Rucolasalat.

Antonio nahm uns auf wie alte Freunde, packte uns in seinen Rangerover und brachte uns in ein Strandhaus in Russle. Eine 400-Quadratmeter-Villa, Blick über die Bay of Island.

Antonio stand vor uns in dreckigen Jeans, Gummistiefeln und kariertem Hemd. Undercover-Millionär und ausgewanderter Italiener! Theo, sein deutscher Techniker, sollte uns unterstützen, und so kamen wir zu Teri. Teri war der alte Subaru-Station-Wagon von Jane gewesen. Jane war bildhübsch und Theos Exfreundin und steuerte die Fähre von Opua nach Russle. Was wiederum für Finn geradezu grandios war. So wie sein Teri.

Der Christmas Tree blühte wie verrückt, als wir seit Langem per Auto von Opua nach Keri Keri unterwegs waren. Puhutukawa. Die roten Blüten läuteten sozusagen den Frühling in Neuseeland ein und die Weihnachtszeit.

Bei den Kiwis eine eher nüchtern betrachtete Sache, nicht so bei den Rishos. Wir waren sicher die Einzigen in der Marina, die an einem aus Nadelzweigen zusammengebastelten Adventskranz die erste Kerze anzündeten und „Ihr Kinderlein kommet“ sangen. Hatten wir auf der ganzen Reise gemacht, aber hier war es etwas Besonderes. Denn die Wälder rochen ein bisschen wie zu Hause, nach Moos und Pilzen, nur die Farne waren irgendwie überdimensional. Die Luft war klar und kühl. Bei Theo, dem Techniker, saßen wir auf der alten Couch im Garten und blickten über die Hügellandschaft des Nordlands.

Uns zu Ehren hatte Theo ein Barbecue organisiert mit all seinen Freunden, echten Kiwis. Weihnachtslieder konnte keiner singen, aber wir bekamen eine Einführung in die lockere Art der Kiwis. Tisch gab es keinen, Teller auf den Knien, Lammfleisch drauf und ein paar wirklich gute Dips aus dem Supermarkt.

Die Kiwis saßen plaudernd in Bermudas und Windjacken ums große Lagerfeuer, Finn drückte sich an Theos Riesendogge Bu und Peter und ich waren die Einzigen in dicke Fleecepullover und Decken gekuschelten Gäste. Es war herrlich!

Weihnachten wurde hier mit ein paar Bierchen, wenigen Geschenken, keinem Christkind und ein bisschen Santa Claus gefeiert. Sehr unangestrengt das Ganze. Auf der Post meldeten wir Teri in zehn Minuten an und steckten einen Zettel hinter die Windschutzscheibe, der uns als neue Autobesitzer auswies. Peter jubelte angesichts dieser ausgesprochen unbürokratischen Abhandlung.

Im Supermarkt bekam ich dann meine erste Lektion zum Thema Neuseeländisch-Englisch. Ich suchte die Eier: „Where are the eggs?" „Eggs?", der Lehrling sah mich erstaunt an und zog eine Verkäuferin zur Beratung hinzu.

„Eggs." „Eggs?" Die beiden betrachteten mich verwundert und rätselten über mein Begehr. Schließlich nutzte ich meine langjährige Schauspielerfahrung, um den beiden ein bisschen einzuheizen. „Gak,gak", gackerte ich ellbogenschlagend. „Iggs!!!" „Iggs?" „You want iggs." Alles klar. E war hier i und ä war hier ai. Aha. Neuseeländisch klang irgendwie wie Schottisch oder Irisch oder manchmal sogar Außerirdisch. Der Herr an der Kasse hielt mir einen netten Vortrag, von dem ich nichts verstand, aber sicherheitshalber freundlich nickte. Kurz darauf war ich Besitzerin einer Fly Buy Card, die sich wahrscheinlich in fünf Jahren auszahlen würde und dann würde ich die Iggs um zehn Prozent billiger kriegen. „Bye, love", verabschiedete er sich von mir und ich antwortete fast astrein Neuseeländisch „Cheers, mate!" Das hatte ich bei Theo gelernt und der Kassierer nickte anerkennend.

Mein Bruder David und seine Frau Synnova landeten mit einem riesigen Schalenkoffer voller Geschenke aus Österreich. Das war in unserer Heimat offensichtlich zur Tradition geworden, den Seglern in der Ferne alles ach so Vermisste nachzuschicken. Möglichst in Begleitung einiger Familienangehöriger. Am Weihnachtsabend standen wir zu fünft eingezwängt in unserem Küchenrumpf und sangen „Stille Nacht, Heilige Nacht". Der Christbaum am Küchentisch war aus dem nahe gelegenen Wäldchen entlehnt und leuchtete im Schimmer der Honigkerzen. Finn brach angesichts des Weihnachtsgeschenks seines Patenonkel Isi in Freudentränen aus. Eine Mini-Merklin-Eisenbahn mit Batteriebetrieb, somit schiffstauglich, und in einer tropensicheren Kiste inklusive Schienen verstaut! Wir schlemmten Mannerschnitten, Suchard-Schokolade, stießen mit echtem Bauernschnaps an und tunkten Brotstücke in Kernöl.

Bei Antonio waren wir zum Weihnachtsessen am 25. Dezember eingeladen. David und Synnova selbstverständlich auch – typisch kiwimäßig – ich glaube, nur wenige Österreicher würden am höchsten Feiertag des Jahres Geschwister von ihnen kaum bekannten Seglern zum alljährlichen Weihnachtsessen laden. Oder? Na ja, wir schon!

So saßen wir also gemeinsam mit Antonios Anverwandten – die aus Italien eingeflogen waren – und seinem engsten Freundeskreis an einem langen Eichentisch und schlemmten Risotto à la Toscana, Mozzarella pomodoro, Filetto pugliano, dazu Weine aus Neapel, dem Friaul und der Poebene. Finn versank in italienischem Eis und Panettone und tobte mit den Kindern des Hauses durch den Garten.

Was schenkt man einem Millionär zu Weihnachten? Peter und ich brachten Antonio und seiner Frau Stefania ein kleines Live-Konzert. Höhepunkt der Erzherzog-Johann-Jodler, der den internationalen Gästen die Tränen der Rührung in die Augen trieb. Antonio umarmte uns innig.

Wir kannten uns seit gerade drei Wochen.

Nur um es noch mal klarzustellen. Wir standen in einer Strandvilla in Russle, blickten über die Bay of Island, über den kühlen Südpazifik, tranken Wein aus dem Friaul, plauderten mit Leuten aus Venedig, Frankreich und Österreich, lachten mit einem italo-neuseeländischen Millionär, der uns am liebsten adoptiert hätte. Wir waren unter Freunden, die wir gerade drei Wochen lang kannten und wir feierten Weihnachten! Und wir waren nicht hierher geflogen, sondern gesegelt – und zwar um die halbe Welt!

Besser geht's nicht, oder? David und Synnova begannen Pläne zu schmieden: entweder ein Schiff zu kaufen oder in Neuseeland zu bleiben. Tja.

Das ist eben Neuseeland!

Gone sailing!

Segler in Neuseeland zu sein ist nichts Besonderes, aber nach Neuseeland gesegelt zu sein, wird mit hohem Respekt belohnt. Denn hier weiß man genau, was es bedeutet, draußen zu sein, dem Wind und dem Wetter ausgesetzt und wie viel Muts es bedarf, den sicheren Hafen zu verlassen. Dabei muss man ganz genau aufs Wetter schauen, um nicht böse in die Mangel genommen zu werden. Wind gibt es hier immer und sehr oft in Sturmstärke. Nur in der geschützten Bay of Islands ruht man in flachen Fjorden und träumt von den Hobbits.

Risho Maru durfte ruhen und wir heuerten auf Antonios 22-Meter-Gaffelschoner Caliph an, um am legendären Tall Ships-Race teilzunehmen. Da sahen wir das gesamte Kaleidoskop der neuseeländischen Segelleidenschaft. Neben den genannten Klassikern – den „Tall Ships“ – schipperten klassische Boote in allen Größen und Formen durch die Gegend. Wir taten unser Bestes, um die schwerfällige Caliph durch die flache See zu manövrieren. Sie zählte bereits ihre hundert Jahre und war als Lastschiff zwischen Tasmanien und Neuseeland unterwegs gewesen. Eine Regatta war nicht ihre Sache, Wendigkeit schon gar nicht – wie auch mit 26 Tonnen! Antonios Seglerehrgeiz beschränkte sich darauf, das beste Thunfisch-Risotto des gesamten Segelfeldes inklusive Champagner zu servieren. Derart abgelenkt kürzten wir das Rennen etwas ab und beobachteten schmatzend die anderen Segler. Kurz vor Regattaende bewegten wir uns doch noch Richtung Zielboje, um die einfahrenden Schiffe traditionellerweise mit Wasserbomben zu beschießen. Eine wassertriefende Hetz! Wir froren mal wieder, während die Kiwis sich erhitzt ihre nassen Pullis auszogen! Nicht weit von Opua waren die Maoris einst mit ihren Wakas gelandet – den polynesischen Doppelrumpfbooten.

Dass Risho davon abstammte, war ganz klar und von James Wharram auch beabsichtigt. Die Polynesier waren schon vor langer, langer Zeit von den Südsee-Inseln hierher gesegelt, ohne GPS und ohne Autopilot (davon konnten wir ja inzwischen ein Lied singen ...)! Respekt! Das Wetter war damals sicher auch nicht viel besser gewesen. Im Schifffahrtsmuseum in Auckland strich Peter über feinste Schnitzarbeiten auf Wakas und hauchte unablässig: „So schön." Mein Mann war hier wirklich am richtigen Platz! Als dann auch noch im Auckland Harbour die wöchentliche Regatta stattfand und sich Racer mit Mailersegeln elegant über das Wasser jagten, saß er hypnotisiert am Ufer. Ich wusste, mit dem Versprechen, in vier oder fünf der 300 Marine Stores im Nordland auf der Rückfahrt in die Marina einen Zwischenstopp einzulegen, würde ich ihn schon wieder nach Hause bekommen.

Inzwischen schlürfte ich meinen Flat White und ließ Finn den Rasberry Nutcake aufessen. Jaja, dieses Neuseeland hatte uns alle ganz schön erwischt!

Liebes Tagebuch,

waren bei einem Hangi-Erdofen-Essen. Schmeckt wirklich nach nix, war aber aufregend! Und nachher Jazzband im urigen Yachtclub. Sind mit der letzen Fähre heim. Finn schlief schon. Teri auch. Mussten Starterkabel von einem betrunkenen Kiwi erbitten.

„Café"

Es wurde übrigens langsam Sommer. Anfang Januar beginnt er und Mitte des Monats bis Anfang März würde es richtig schön werden – wie in Österreich im Juli und August – falls die Tiefs um Neuseeland nichts anderes im Sinne hatten. Die Luft schmeichelte lau um unsere Nasen, es zirpte und summte in den saftigen Wiesen und grünen Wälder. Es war heiß, regnete selten, die Kiwis waren zufrieden. Es war ein bisschen wie ein Sommer in meiner Kindheit auf dem Land. Kaum Autos, viel Landschaft, Ruhe. In der Marina Laundry fand ich ein Magazin namens „Café". Sämtliche Cafés, Cafézubehör, Cafévariationen verpackt in schöne Seiten noch dazu mit Reisetipps. Das traf sich gut. Wir beschlossen, nach Coromandel zu fahren, das höchste Caféhaus-Aufkommen schien genau dort zu sein. Auch einen Zug für Finn gab es und verrückte Künstler und natürlich verrückte Segler. Und so war auch Peter guter Dinge.

Zuerst rumpelten wir mit dem ab und an heiß laufenden Teri über die Schotterstraßen zur Nordspitze Neuseelands. Vorbei an Bildern, die auch ein Fantasy-Maler sich ganz wunderbar hätte ausdenken können. Weidenlandschaften zwischen grünen Hügeln, eingebettete schilfumrahmte Wasserflächen, in der Ferne Dünenlandschaften. Riesige knorrige Bäume, die aussahen, als seien sie der „Herr der Ringe"-Verfilmung entsprungen. Wir ertappten uns dabei, dass wir sie, lebendig geworden, auf uns zu marschieren sahen. Auf Cape Reinga, mit seinem windumtosten Leuchtturm, ruhten wir auf weichen Wiesenpolstern aus und starrten und staunten.

Teri passte farblich wunderbar zu dem in Gelb und Blau gehaltenen Coffeeshop Waterline, direkt an einem romantischen Mangroven-Fjord gelegen. Wir legten dort eine Pause ein, um die im Cafémagazin angepriesene Karameltarte mit Schoko-Vanille-Raspeln zum Cappuccino zu testen. Die Mangrovenaussicht würden wir noch bitter bereuen. Der Campingplatz war ums Eck. Als wir uns wie Sardinen in unseren Stationwagon Teri quetschten, vergaßen wir kurz, das Moskitonetz einzuhängen. Circa 200 Millionen Moskitos später, eingeklemmt zwischen Peter und dem sich breit machenden Finn, sehnte ich mich nach unserem Schiff. Die Moskitos fühlten sich blendend. Wild um uns klatschend versuchten wir, sie zu töten, aber es waren einfach zu viele. Waschechte Kiwis, die wir auf Cape Reinga kennengelernt hatten (er ein in Linz aufgewachsener türkischer Automechaniker, sie eine frisch aus London eingewanderte Kosmetikerin) meinten, wir hätten gut in die Episode eines Psychothrillers gepasst. Angelaufene Scheiben, Spuren von Händen darauf, ab und an einige blutige Streifen. Am Morgen dankten wir sämtlichen Chemikern Neuseelands für die Erfindung des Antirepellant „Buschman 80 Deet." Was immer 80 Deet bedeutet, eines ist sicher Tod den Moskitos!

Den nächsten Tag verbrachten wir am 99 Mile Beach, wobei wir unserem Teri eine Fahrt auf der Sandpiste lieber nicht zumuteten, aber mit Schlitten die Dünen hinunterrasten. In Magonui hörten wir die Geschichte vom zahmen Delfin, der 25 Jahre lang in die Doubtless Bay kam, um mit den Kindern dort zu spielen. Einen Riesenregenwald, eine Auto-Fährfahrt und mehrere Cafés später landeten wir schließlich in Matakana an der Ostküste. The fruit bowl of Auckland, heute eher the winebottle! Weinberge, so weit das Auge über die liebliche Landschaft reichte. Wir stärkten uns im Black Dog Café im Matakan Village, wo es wirklich aussah wie auf dem Foto im Cafémagazin, mit Espresso, für die Suche nach einem geeigneten Nachtquartier. Dieses fanden wir nach einer wilden, heißen (der arme Teri!) Fahrt über die steilen Hügel zum Campground in Goat Island, um einen kleinen bunten Hippie-Wohnwagen zu mieten. Blick auf die stürmische See und abendliches Lagerfeuer unter fröhlichen Kiwis. Selbst der grauenhafte Nescafé zum Frühstück, zubereitet in der hauseigenen Gemeinschaftsküche, konnte unsere Laune nicht verderben. Wir entdeckten während einer Fahrt ins Blaue einen Garten, in dem zwei Wharram-Katamarane standen, und tranken bald wirklich guten Kaffee mit den sympathischen Bootseignern. Noch eine Nacht in unserem engen Teri schien uns nicht sehr erstrebenswert und deswegen riefen wir Wendy und Martin in Auckland an. Die beiden arbeiteten in Devanport bei Auckland als Zahntechniker – über zehn Ecken kennengelernt – sie hatten uns bereits einmal beherbergt, als wir meinen Bruder David vom Flughafen abgeholt hatten. Schon saßen wir auf der Holzterrasse und es gab Barbecue-Würste und Steaks vom deutschen Metzger. Martin, ein waschechter Kiwi aus Berlin, wollte uns natürlich standesgemäß versorgen und Wendy, seine irische Partnerin, machte Cheesecake zum Niederknien. Finn lernte, dass man Fernseher nicht auf Fast Forward drehen konnte und schlief vor dem Cartoon Channel ein. Wir aßen mit unseren Tellern auf den Knien bis zum Umfallen und plauderten fröhlich mit Brandon – ausnahmsweise ein echter Kiwi und seiner Freundin Marian (britische Griechin mit Schwäche für Kiwis). Brandon, der auf einer Großwerft Tanker mit Antifouling bestrich, fand, es sei genug da, um etwas auf Rishos Rumpf zu klatschen. Wir würden in der altbewährten Kiwi-Währung zahlen: einige Sixpacks neuseeländisches Tui-Bier.

Schließlich Coromandels Wälder – saftig und grün. Dort wächst nicht nur Petersilie ganz ausgezeichnet. Coromandel war in den Siebzigerjahren eine Hippie-Kolonie, ein Aussteigerparadies. Gemütlich knatterte unser Teri eine Schotterstraße hinauf und wir stoppten vor einem kleinen Schild, auf dem zu lesen war: „Welcome to Barry Brikells Creek Railway." Finn jauchzte auf, ein Zug mitten im Wald? Mit dem Mini-Zug ging's den Berg hinauf, eine Fahrt durch Riesenfarnwälder mit Aussichten auf den blauen Pazifik. An die Töpferwerkstatt angeschlossen war ein Café, geschmückt mit tibetischen Gebetsfahnen, mit Kräutergarten, indischer Hintergrundmusik, grünem Gras und Algendrinks. Wir schliefen an einem Teich voller quakender Frösche, nahe dem Strand, Duft von Lavendel und Rosmarinsträuchern in der Nase. Das Picknick vorm Schlafengehen war typisch neuseeländisch. Bio-Kichererbsen Dip mit sundried tomatos, cornchips und das milde Tui-Bier.

Am Lagerfeuer in Bermudas mit Windjacken fühlten wir uns plötzlich wie richtige Neuseeländer!

Am nächsten Tag querten wir Coromandel und spazierten einen Strand entlang – und was für ein Strand! Die Kiwis, die wir im Blue Café trafen, meinten zwar, heute sei es echt „crowded", aber uns machten die drei anderen Touristen wirklich nichts aus. Cathedral Cove. Wirklich eine Felskathedrale am weißen Strand. „Crowded" war jedoch der Campingplatz. Und die Gemeinschaftsküche.

Eine Engländerin entnahm heißes Wasser direkt aus dem Boiler, um ihre Spaghetti darin einzulegen. Sie wartet glaub ich noch heute, dass sie weich werden. Im Kühlschrank hatte jemand seinen Fischköder vergessen und irgendjemand hatten wohl eine „eggs and bacon"-Orgie einige Wochen zuvor gefeiert. Zumindest sah die einzige Bratpfanne danach aus oder dass was noch drin klebte. Als dann eine Australierin mit Kleinkind eine dick gebutterte Scheibe Toast direkt in den Toaster quetschte, kapitulierte ich! Igittttt! An diesem Abend gab es biologisches Pesto aus dem Supermarkt mit Baguette, war echt gut.

Liebes Tagebuch,

hier gibt's Hasen! Und Lavendelbüsche! Der Strand ist schwarzer Lavasand, und wir haben die Skyline von Napier gesehen. Voll schön die Fahrt über die Berge durch kilometerlange Föhrenwälder. Teri hat dann bei einem Autosupermarkt in der Stadt eine Notoperation gebraucht, heiß gelaufen. Kein Problem für Peter, der ist ja Schlimmeres gewohnt wie Autopilotreparaturen mitten auf dem Pazifik.
In Napier wollten wir eine Art-déco-Tour machen, waren dann aber doch beim Türken Kebab essen. Teri hat jetzt einen Handschalter für den Kühlkreisventilator.

PS.: Den hat er heute noch, 2010!!!

Frau der Fliegen

„You look like sailors", sprach uns ein netter Kiwi an, als wir auf einem Blueskonzert im Ranga Club in Wangarei abhingen. Seltsam. Hatten wir uns doch echt herausgeputzt. Im Vergleich natürlich zu unserem Tageslook „Antifouling-Overall" und „Aceton-Fetzen-Jeans" mit „Ex-T-Shirt-Kopftuch". Ja, es war mal wieder so weit. Marinatage. Der Sommer ging zur Neige. Risho brauchte Pflege und in der Norsand Marina in Wangarei hatten wir unser Hauptquartier aufgeschlagen.

Da saß ich im Küchenrumpf eingeklemmt zwischen Schultaschen, Gitarren, Kleiderbergen, Kochtöpfen. Wir lebten zurzeit einrümpfig, da der Navigationsrumpf neue Farbe bekam. Vor mir ein zitterndes Fliegenbein. Was? Unser Nachbar, ein netter Kiwi mit vernachlässigtem Schiff und freundlichem Hund winkte mir durch die Luke zu. Ahnte der überhaupt, dass die Hundertschaften Fliegen in unserem Rumpf vor allem durch das Hundegaga unter seinem Schiff angelockt wurden? Immer schön freundlich bleiben. Mussten wir doch noch mindestens zwei Wochen Seite an Seite verbringen. Immerhin hatte er uns nicht an die Werftleitung verraten, als wir das Antifouling trocken statt feucht und sanft abgeschliffen hatten. Umweltschonend – so wie der Holländer sein Stahlschiff hinter der Werft umweltschonend im Freien sandstrahlte.

Wie kam ich jetzt darauf? Ach ja, das zitternde Fliegenbein. Damals war ich grausam, ich gebe es zu und ich hoffe auf Abbitte vom Universum für diese meine Grausamkeit. Das Fliegenband hing mitten in unserem Küchenrumpf und die zuckenden Leiber der Fliegen ließen es wie die Installation eines irren Künstlers aussehen. Die Fliegen klebten darauf und zitterten sich zu Tode, wenn ich ihnen nicht eines mit dem Gasanzünder über die Rübe knallte und sie so frühzeitig erlöste. Ich hasste diese Viecher damals noch mehr als die Ameisen, die schon am zweiten Tag auf dem Trockenen den Weg in meine Speisekammer gefunden hatten. Eine schwarze wuselnde Ameisen-Autobahn. Habe auch sie ausgerottet. Mit einem Köder, den sie unwissend in ihre Nester geschleppt und damit ihre Babys umgebracht und so ihre gesamte Großfamilie ausgerottet hatten. Liebes Universum, lass mich nicht als Fliege oder Ameise in der Nordsand Marina wiedergeboren werden. Es ist die Werft, dieser Kiwi, sein Hund, die mich so werden ließ. Heute hier in Wien zahle ich auch regelmäßig für den Tierschutzverein ein. Wirklich!

Ein bisschen strafte mich das Universum dann doch. Ich stand im herrlichen neuseeländischen Spätsommerwetter auf einer Leiter neben unseren Rümpfen und polierte fröhlich vor mich hin. Der Nachbar-Kiwi blieb stehen und nickte anerkennend „Good job! Looks better everyday!“ „Oh, thanks mate, you know about the flies ...?“ Der freundliche Hund fixierte jaulend meinen Rücken. Darauf der Kiwi: „Sorry to interrupt you but you have got something on your back ...“ Ich blickte über meine Schulter und da, zitternd, wabbernd im Todeskampf, klebten die Fliegen samt Klebestreifen auf meinem Rücken ... Wuaaaaa!!!

Liebes Tagebuch, Wangarai

Wir bleiben nicht in Neuseeland. Es ist einfach zu weit weg. Mama hatte eine schwere Operation und das machte uns klar, wie weit, weit, weit weg wir sind. Alle drei Jahre fahren sie heim, der Schelm und die Isabell, unsere neuen, so innigen Freunde. Zu teuer sonst. Auch wir wollen die Runde beenden. Die RISHO nach Hause bringen. Irgendwie ist diese Reise noch nicht zu Ende gesegelt. Auch für mich nicht, auch wenn ich mich vor dem Weitersegeln so anstelle.
Das Rote Meer, die Piraten, die Tsunamis, der Blindarm, oh mein Gott, bin mal wieder da angekommen!

Liebes Tagebuch, Opua

Waren in heißen Schwefelquellen mit Schelm und Isabell. Den ganzen Nachmittag Nieselregen und wir in hölzernen Badewannen mitten in den neuseeländischen dunstverhangenen Hügeln. Wie die armen frierenden Polynesier. Dieser berühmte Häuptling Wakamamauru hat hier auch schon gefroren. Jaja, die Südseeinseln sind doch sehr verlockend. Beim nächsten Wetterfenster geht es los.

Heimweh nach Neuseeland

Wir weinten, als wir die Bay of Island hinaussegelten. Am Steg stand ein trauriger Italiener. Antonio hatte uns noch Parmesan für die Überfahrt gebracht und uns an sein Herz gedrückt.

Der General Store, in dem ich zahllose Flat Whites getrunken hatte, leuchtete weiß in der Sonne, Finns erste Schule lachte vom Berg. Teri war in guten Seglerhänden gelandet. Die schönen Holzhäuser in den grünen Hügeln versprachen wieder da zu sein, sollten wir zurückkehren in das Land der langen weißen Wolke.

Heimweh nach Neuseeland. Das würden wir haben. Für immer.

Logbuch des Kapitäns

18. Mai

Süd 27 Grad 04, Ost 169 Grad 54, Wind 30-35 Knoten.

Das ist ein anstrengender Törn. Sind doch zu spät weg von Neuseeland, Tief kam doch früher als geplant. Wäre nicht so schlimm, hätte ich nicht eine Grippe erwischt. Kopfweh, Schnupfen, Husten und Fieber.

19. Mai

Wind in einer Stunde von NO auf SW, blöderweise bleiben die Wellen. Wellenhöhe grauselig hoch, aus allen Richtungen.

Alex macht die meisten Wachen, unglaublich, und sie sagt mir immer: „Nein, nein, du hast Fieber, alles in Ordnung, ich bleib wach, du schläfst."

20. Mai, 2 Uhr

Haben beigedreht – Premiere auf dieser Reise. Irgendwann, dachte ich mir, zerreißt es die Sturmfock, 35 Knoten Wind, in den Böen 45! Es war gut so!

Fühlen uns plötzlich wie in einer Marina – im Vergleich zu vorher. Funktioniert super. Habe Sturmsegel back, das Ruder Luv gelegt und festgesetzt. RISHO wettert die Kreuzseen mit Bravour ab. Gutes Schiff. Leider ist die vordere Netzverankerung wieder gebrochen. Muss mir dafür was Besseres einfallen lassen. Werde es mit Leine zusätzlich verstärken – die Polynesier hatten schon recht, wenn sie keine starren Verbindungen auf ihren Schiffen wollten!

21. Mai

35 Knoten Wind aus SO, Wellen etwas mäßiger aus NO, sehr unruhiges Wellenbild.

Finn ist unglaublich, hat sich die meiste Zeit selbst beschäftigt, hat auch einen ordentlichen Husten abbekommen. Miso-Suppe richtet uns auf und der Funkkontakt zu Winfried. Die sind drei Tage vor uns weggesegelt und haben es gut nach Vanuatu geschafft. Alex hat, weil wir morgen ankommen, Kuchen gebacken. Ich bin unfähig irgendetwas außer der Navigation zu machen. Immer noch Fieber.

Später ...

Segelstellung verändert. Waschmaschine da vorne. Stirnhöhlen- und Nasenspülung zwar unfreiwillig, aber wirksam.

22.Mai

Thunfisch an Bord! Sind kurz vor der Riffeinfahrt. Rauer Seegang. Segeln mit Franzl, unserem Windpiloten. Der neue elektrische Autopilot ist wieder hinüber.

Später ...

Die Insel riecht so gut. Sehen die ersten Masten. Und wieder die zauberhafte Südsee. Hart erkämpft. RISHO hat sich wacker geschlagen.

Das war Alex' Meisterprüfung! Finn liest Asterix.

Später ...

Ankern auf vier Metern Sandgrund. Ruhig hier, fünf Segelboote. Carola von der Lasse hat uns frisches Gemüse gebracht, echt nett. So, mein Admiral schickt mich zum Nachmittagsschläfchen, werde besser gehorchen, fühl mich noch ziemlich groggy.

Liebes Tagebuch, Iles de Pines, Neukaledonien

Uff! Geschafft!! War sehr hart. Hatten beigedreht im Sturm, sehr gut. Davor uns kurz, aber heftig angebrüllt, waren echt beide mit den Nerven am Ende. Neukaledonien, traumhaft schön. Haben Bäcker gesucht und Geschäft für Croques gefunden. Morgen segeln wir nach Noumea. Sollten mal einklarieren. Aber offensichtlich kümmert es niemanden! Peter sagt immer, wer viel fragt, kriegt viele Antworten. Also fragen wir vorerst nicht!
Heute gab es ein riesiges Lagerfeuer mit Potluck am Strand. Alle Schiffskinder haben getobt und Finn liegt jetzt in seiner Koje in einem Meer von Sand! Peter schläft tief und sich hoffentlich gesund! Ich sitze da in meiner Küche, gönne mir ein Glas Rotwein und genieße die Tropennacht! Bin echt stolz auf mich, Peter meint, das war mein Kapitänspatent!
Der Finn ist unglaublich. Hat schon große Eigenverantwortung. Und er ist so süß und schmiert beim Schreiben ... unglaublich ...
Muss grad mal wieder an Ingrid denken. Sie hatte recht. Manchmal möchte man aussteigen, aber es geht halt grad nicht. Und dann am Ankerplatz Sternengefunkel, Palmen im Mondlicht, ah ... auf dich, Ingrid!
Der neue Autopilot ist übriges gebrochen, Franzl hat gesteuert. Ich pfeif jetzt auf diese Scheiß-Technik.

Bordmail von der Risho Maru

Liebe Katsch,

dass ich die erste Tränengasattacke meines Lebens auf einer Südseeinsel erleben würde, hätte ich mir auch nicht gedacht! Auf dem Marktplatz von Noumea. Finn war total panisch. Das Militär hat einfach in die Menge geschossen, weil zu viele Einheimische, hier Kanaken genannt, sich versammelt hatten. Alle sind davongerannt! Haben dann erfahren, irgendein französischer Minister, den die Kanaken nicht mögen, sei an diesem Tag nach Noumea gekommen. Da hat das Militär sicherheitshalber in die

Menge am Markt geschossen, bevor es eine Demo gibt. Die Spannungen zwischen den Einheimischen und den Franzosen hier sind spürbar.

Irgendwie alles ziemlich abgefuckt außer den Vierteln der Weißen und die noble Restaurantmeile für die Ressort-Touristen. Und natürlich das Centre Culturel Tjibaou, das diese Spannungen künstlerisch in glänzenden Holztürmen verarbeitet. Na ja. Haben uns dann Baguette und Käse in Carrefour gekauft. Das war gut. Aber auch das war sehr weiß.

Die Überfahrt hab ich gut verdaut. Ja, du hast recht! Ich bin echt tapfer! Das war schon was, aber irgendwie wächst man da hinein. Und eine gute Sache hat das Ganze: Die RISHO hat bewiesen, dass sie alles meistert, und du hättest sehen sollen, wie sie die 5-, 6- oder 7-Meter-Wellen hinuntergerutscht ist. Ein sicheres Floß!

War hier mal wieder beim Friseur. Friseur de Malheur kann ich nur sagen. Ich lass mir die Haare nur noch von Peter schneiden.

Toll sind all die französischen Kosmetiksachen hier. Hab mir einen Sunblock-50-Stift zugelegt! Riecht nach Pfirsich! Heute gehen wir ins Institute Culturelle! Eine Band spielt!

Unsere SABBATICALS gehen uns echt ab, waren so geistreiche Leute. Ich hoffe, wir sehen die beiden je wieder ... In einem Jahr sind wir im Mittelmeer ...

Kannst du dir das vorstellen?

Bussi, Alex

Liebes Tagebuch, Noumea, Neukaledonien

Haben bei Winfrieds Funkrunde gehört, dass ein deutscher Einhandsegler verschollen ist. Von Neuseeland weggesegelt und nirgends angekommen. Sollen Ausschau halten. Grausig.

Liebes Tagebuch, Noumea

Segeln morgen nach Vanuatu, fast gegen den Passat. Versuchen es zumindest. Bauchweh. Wie immer. Ist eh schon normal. Wieso setze ich mich nicht hin und schreibe endlich unser Buch?! Ich schaff das nicht so zwischendurch.
Finn tut sich gut in der Schule. Aber Kinder fehlen. Bilde ich mir zumindest ein. Haben heute Globuli als Vorbeugung gegen Malaria genommen. Die Malaria-Gefahr, gegen den Windsegeln, verlockend!

Liebes Tagebuch, Vanuatu

Sind in Tanna. Hatte hier bereits einige sehr philosophische Einsichten!
„If we catch fish we go home – if we catch no fish – we go home, too!", sagte eine angelnde Dame am Strand. Das ist die richtige Lebensphilosophie! Haha. Schließlich rückte dazu auch noch Linda von der SISU mit ihrem kanadischen Leitsatz raus: „Love many, trust a few, and always paddle your own canoe!"
Auf so einer Reise findet man genug Lebensanleitungen! Spart einige Life-Coach-Therapien!
Morgen geht's auf den Vulkan, Vater Yasur genannt!

Tanna am Rande des brodelnden Vulkans

Ich träumte. Lachende dunkle Augen, Fliegen, Feuerfunken. Und einer sprach von Nemaka, dem Geist der Pflanzen.

Es war heiß. Die Wolldecke aus Neuseeland lag wie Blei auf mir, als ich mitten in der Nacht erwachte. Ich musste an die Luft. Draußen eine leichte Brise. Tropendüfte, kalter Rauch, an Land tiefe Dunkelheit. Ein Grollen, ich blickte zu dem Berg, der sich rechts von mir gegen den Sternenhimmel abzeichnete. Mount Yasur. Er grollte. Er ist der Vater.

Manchmal bringen die Leute ein Schwein zu ihm und werfen es in seinen kochenden Schlund. Noch heute, aber natürlich meinen sie damit Jesus – fügte unser Vulkan – Guide Stanley rasch hinzu. Nach einer etwas zu langen Pause folgte hastig diese christliche Beifügung. Da sahen wir uns kurz an und er war sich nicht sicher, ob diese white skin vor ihm so etwas überhaupt verstehen konnte. Ich grinste, er grinste. Wer auch immer da gemeint ist, ich finde es toll, sagte ich. Stanley beugte sich hinab und hob eine Handvoll schwarzer Vulkanerde auf. Captain Cook wollte von den Eingeborenen wissen, wie diese Insel hieß, die ihm bei der Anfahrt in die Bucht beinahe sein Schiff gekostet hätte. Um dies zu unterstreichen, berührte er die Erde.

Die Eingeborenen wunderten sich und sagten: „Mbtanna, das ist Erde.“ Cook verstand „Tanna“ und so erhielt diese Insel ihren Namen.

In Vanuatu. Die neugierigsten Kinderaugen der Welt strahlten uns an. Die Frauen lächelten schüchtern. Vor ihren Palmhütten auf dem Erdboden sitzend wachten sie über einer offenen Feuerstelle. Brotfrüchte rösteten in der Glut. Wir gingen auf den sauberen Wegen ins Dorf und suchten den Yachtclub. Schweine liefen vorbei, Kleinkinder tobten nackt im Staub, Fliegen auf ihren Gesichtern. Den Yachtclub fanden wir gleich beim Resort: ein paar Hütten mit Moskitonetzen, im Zentrum ein offenes Holzhaus. An der Decke Flaggen aus aller Welt. Aha. Der Yachtclub. In einer Ecke saßen zwei Mädchen und machten Musik. Die eine zupfte an einer zwischen Kiste und Bambusstab befestigten Leine, die als Basssaite diente, die andere strich über eine einsaitige Gitarre. One String Band – nennen sie sich und lachten fröhlich. Sonst niemand da. An einer Kochstelle neben dem Gebäude saß eine Frau mit Baby und schnitt Tarowurzeln. Riesige Glockenblüten hingen von den Bäumen und formten eine Allee zum Strand. Stanley kam. Er ernannte sich zu unserem Guide und organisierte einen Truck nach Lenakel. Zum Einklarieren rumpelten wir off the road in den Hauptort der Insel. Eingeklemmt zwischen Marktfrauen und verschwitzten Männern sahen wir die Landschaft Tannas an uns vorbeirauschen. Quer durch den Dschungel, über

Wurzeln und Steine, vorbei am Vulkan über eine Aschenpiste, durch einen Fluss, über Schlaglöcher, Bretter, die diese abdeckten, den Berg hinunter, den Berg hinauf. Zwei Stunden lang. Vorbei an Dörfern, Hütten, Gärten, immer schreiende und lachende Kinder hinter uns. Bye, bye, bye! In Lenakel waren wir genauso staubbedeckt wie die anderen. Hier eine Hauptstraße aus Staub. Da die Bürokraten – in Betonhäusern. Unter einem riesigen Baum ein kleiner Markt. Wir kauften Maniokchips, frische Erdnüsse, Mandarinen. In einem kleinen Supermarkt gab es Corned Beef und Pulvermilch. Und dann war plötzlich Stanley weg. Keiner wusste, wohin er gegangen war. Eigentlich war es Zeit, heimzufahren, der Weg war lang und es wurde früh dunkel. Kein Stanley weit und breit. Der driver schien sich da keine Gedanken zu machen und die einheimischen Fahrgäste schon gar nicht. Wir warteten eine Stunde vor der Quarantäne-Station. Dann beschloss der Fahrer – ich denke mehr nur zur Abwechslung für ihn als für uns – die Hauptstraße etwas auf und ab zu fahren. Schließlich tauchte Stanley doch wieder auf mit einem Päckchen Zucker unter dem Arm. Die Segler atmeten erleichtert auf und begrüßten ihn überschwänglich. Die Einheimischen wunderten sich über die Touristen, die offensichtlich immer ein Zeitproblem hatten. Was war denn Zeit schon?

Sie ging vorüber, egal ob man mitmachte oder nicht.

Mount Yasur grollte und eine Tropenregenböe zog über uns hinweg. Ja, Vater Yasur, wir kommen uns vorstellen, gleich morgen, flüsterte ich ihm zu. Im kurzen Dämmerlicht am Abend sahen wir Menschen gehen. Überall, im heißen Sand am Fuß des Vulkans, im feuchtstickigen Tropenwald, auf verschlungenen Pfaden durch diese Urlandschaft. Überall wurde gegangen. Hier, auf diesem Teil der Insel, gab es nur ein Auto und Sprit war teuer. Was waren da schon zwei Stunden zur Schule oder eine ins nächste Dorf oder den ganzen Vormittag zu den Gärten, die einem Papayas, Brotfrucht, Christophinen, Taros, Snakebeans und Island Cabbage schenkten? Danach in der Dunkelheit nach Hause, keine Straßenlampen, kein Verkehr. Es war so anders hier in Vanuatu und tief in uns rührte sich etwas, das sagte, das hatten wir auch mal. Unserer Großmütter liefen noch Stunden zu Schule durch den Schnee, in die Stadt, kaum Autos, kein Einbauherd, Klo vor der Tür, kein Kühlschrank, sondern ein Erdkeller wie in der Jagdhütte meines Großvaters.

Unser Truck stoppte vor einem gigantischen Baumhaus. Unter den Tischen die Kavawurzeln in Bünden. Gerieben und in heißem Wasser gekocht, manchmal noch mit dem Speichel eines jungen Burschen vermischt, machte diese Getränkt, müde und taub. Frauen sind ausgeschlossen. Drei bis sieben Kinder, Hausarbeit, Gartenarbeit, das macht ebenso müde. Die Dörfer blitzten vor Sauberkeit, Körbe wurden aus Pandanuss geflochten, die Alukochtöpfe geschrubbt und neben der Feuerstelle aufeinander geschichtet.

Nach einigen Tagen machte Yasur sich schon früh morgens lautstark bemerkbar. Es wurde Zeit, vorstellig zu werden. Den späten Nachmittag wählte Stanley als die beste Zeit.

Wann genau spätnachmittags konnte er uns nicht sagen. Ach, immer diese Zeitbesessenheit! Stanley lachte sein schönes Vanuatu-Lächeln! Wieder peitschten Regenböen vom Himmel, als wir schließlich die letzen 200 Meter zum Vulkankrater durch schwarzen Lavasand stapften. Immer hier beim Vulkan war diese Wetterküche, vielleicht waren das die berühmten Geister, die angeblich die Inseln Vanuatus bevölkerten?

Whuammmmm! Lavabrocken flogen hoch in die Luft. Yasur grollte und stieß eine atompilzähnliche Rauchwolke aus. Am Kraterrand starrten wir fasziniert in die Tiefe. Glutfetzen, Rauch, Schwefeldämpfe. Stanley erzählte, dass zwei Frauen einst Lablab, Tarowurzeln mit Spinat und Huhn über ihrem Erdofen gegart hatten. Da gesellte sich ein Schwein zu ihnen und bat, sich am Feuer wärmen zu dürfen. Sie stimmten zu, denn es war eine kalte regnerische Nacht, wie es sie eben auch in den Tropen geben kann. Da saß das Schwein bei ihnen und plötzlich begann es zu wachsen. Es wuchs und wuchs und bedeckte das Feuer und die Frauen, das Lablab und das

Brot, das im Ofen buk. Aus dem Schwein wurde Yasur und die zwei gastfreundlichen Frauen die beiden Krater in seinem Schlund. Eine eher ruhiger, die andere sehr temperamentvoll. Wuammmmmmmm!

Yasurs heißer Atem blies uns ins Gesicht. Über uns wurden glühende Lavabrocken in den Himmel geschleudert, der Rauch verdeckte die blitzenden Sterne. Je dunkler die Nacht wurde, desto wütender wurde er. Als wollte er uns zeigen, wer jetzt der Vater war, hier zwischen den Geistern des Dschungels und dem bebenden Boden.

In Finns Lexikon stand unter V wie Vulkan all das, was sich hier vor unseren Augen abspielte, ganz wissenschaftlich erklärt. Doch war das wirklich ausreichend? Warum brauchte die Lava vom Erdkern bis zu dem Augenblick, da sie aus dem glühenden Schlund gespuckt wurde, exakt neun Monate? Neun Monate!!!

Warum zuckte Stanley bei jeder kleinsten Eruption derart zusammen? Als die ersten Lavabrocken uns um die Ohren flogen, schob er uns nervös den Krater hinunter.

Vor einigen Jahren war einem etwas zu eifrigen japanischen Vulkanforscher ein Lavabrocken auf die Brust gefallen. Er war auf der Stelle tot. Durchgebrannt. Wir stolperten also im Dunkeln den Berg hinunter. Die Lavaspritzer kamen uns gefährlich nahe, doch Yasur schien Nachsicht mit uns zu haben und entließ uns unbeschadet per Pick-up in den feucht dampfenden Dschungel. Quietschend stoppte der Wagen schließlich vor einer züngelnden Fackel, die in die Straße ragte. Hinter einigen lianenbehängten Bäumen sah man Kerzen, die eine Kavabar beleuchteten. Unser Fahrer verschwand kurz und kehrte mit einer gefüllten Plastikflasche zurück. Ich hatte mir in Samoa die schönen Kavaschalen gekauft – die waren also offensichtlich für die Wirkung des Gesöffs nicht ausschlaggebend! Die Scheinwerfer unseres Autos teilten die Nacht, über uns flatterten Flughunde und auf der Straße tummelten sich immer wieder Menschen. Familien mit Kindern auf dem Weg wohin auch immer. Bepackt mit Blechpfannen voller Essen und Körben voller Gemüse. Lachende Gesichter, freundlich grüßend, die Kinder johlend. Als wir das Dorf erreichten, fiel mein Blick in die von Kerzen beleuchtete Kirche. Kinder übten einen Chorgesang, vor der Hütte plauderten Frauen. Stanley ließ uns aussteigen und wünschte eine friedliche Nacht. Und die Geister? Was ist mit dem „Zauber“ hier bei euch, Stanley? Is it good magic? „No, very bad magic.“ Schlechte Geister, oh nein! Aber um gute Geister anzulocken und die Bösen fernzuhalten, gab es ein probates Mittel.

Ein guter Mensch muss man sein. Und nach einer etwas zu langen Pause fügte Stanley hinzu: „Und in die Kirche gehen hilft auch.“ Wir grinsten uns an. Ich hatte verstanden.

In der Nacht träumte ich wieder. Von guten Geistern und guten Menschen und dass die Frauen Kava trinken dürfen bis zum Umfallen.

Gut nit, Tanna – Slip well, Vater Yasur!

Was passiert, wenn man in Vanuatu den Erzherzog-Johann-Jodler anstimmt!

Wo i geh und steh

Ich sitze auf geflochtenen Pandanussmatten, über mir ein palmenblattbedecktes Hausdach ...

Tuat mia mei Herz so weh

Neben mir sitzen Belinda, Prucilla, Rachel, Rose, Rona und Pamela in ihren Blumenkleidern und kichern ...

Um mei Steiermark, ja glaubt's mir's gwiss

Ja, ich denke, sie glauben es mir, die Leute von Erromango, hier in der kleinen Dillon Bay ...

Wo des Büchserl knallt und wo da Gamsbock fallt

Wenn hier was fällt, dann ein Schwein, für ein Hochzeitsfest! Im Augenblick aber rösten nur Brotfrüchte am Feuer neben Pricillas Küchenhütte ...

Wo mei liabea Herzog Joahann is

Der war sicher nie da ...

Ho la re ho du li o

Pamela fällt die Kinnlade runter ...

Di ri a du li o

Rachel schaut mich entgeistert aus ihren 107 Jahre alten Augen an ...

Di ri a du li ö

Rona verlässt aufgeregt das Frauenhaus, um kurz darauf mit den Schwestern Lian und Leiwin zu erscheinen ...

Di ri a du lio

Sydney, der achtzigjährige Großvater, nähert sich zaghaft dem Frauenhaus – das ist hier noch nie passiert!

Ho la re ho du li hö (eine Oktave höher!)

Rona blickt mich besorgt an und legt ihre Pandanussarbeit zur Seite ...

Ho la re ho du li ö

Rachels circa 250 Jahre alte Mutter Kurua erscheint erstmalig seit Jahrzehnten, ohne ihr Vormittagsnickerchen zu beenden...

Ho la ria ria ri

Die Frauen lachen Tränen, Schulkinder kommen johlend aus der Schule und stimmen in den Gesang ein ...

Ria riiiiiiia , riiiiia riiiiiiiiiiaiaiaiaiaiai!

Das Dorf ist im Aufruhr, Schweine rasen durch das Frauenhaus, Männer lassen die Sägen beim Sandelholzschneiden liegen, Fischernetze werden eingeholt ...

Hu li ooooooooooooo!!!!!

Prucilla angelt in Windeseile, eine geröstete Brotfrucht aus dem Feuer und stopft sie mir beinahe in den Mund ...

„Yu Hanggri?"

Tosender Applaus setzt ein und alle sind froh und zufrieden.

Bordmail von der Risho Maru

Liebe Katsch,

sind auf Espirito Santo, unserer letzen Vanuatu Insel.

Was würdest du von einem Eine-Million-Dollar-Beach halten?

Waren hier schnorcheln und haben Coke-Flaschen aus den Vierzigern raufgetaucht. Ein amerikanisches Luxusversorgungsschiff hat sich im Krieg hier irrtümlich selbst versenkt.

Die armen Soldaten warteten vergeblich auf ihren Coke-Nachschub. Goldbarren sollen auch dabei gewesen sein. Nichts gesehen.

Der Hauptort ist ein superhässliches Straßendorf. In der Markthalle hab ich dann Kirschtomaten in Bananenblätter gebunden gefunden. Kiloweise!!! Haben die seit Neuseeland nicht gegessen! Du musst denken, ich spinne, aber über diese Tomaten freue ich mich wirklich sehr! Werden in ein paar Tagen zu den Lousiaden segeln. Da gibt es ja nix. Erst wieder in Port Moresby, der Hauptstadt. Habe also heute Tomaten gelagert. Ganz grüne unten und dann je nach Färbung weiter rauf. Sonst haben wir die übliche Bananenstaude - obwohl wir alle die Nase von Bananenkuchen, Bananencurry und Co. voll haben. Dem Finn tut ein Zahn weh - Peter überlegt ob er ihn vor der Abfahrt zieht. Ein Milchzahn natürlich, wackelt eh schon, aber na ja ...

Der Taxiboat-Driver kann Englisch, Französisch und Japanisch (!) nur von den Resorttouristen!

Die armen Touris schleifen sich desillusioniert durch das Dörfchen und landen dann immer im einzigen australischen Hamburgerladen! Da ist wirklich nix los. Was für ein Urlaub! Das ist auch Südsee!

Grüße an die Chaotenbande!

Die Idee mit dem Thermen-Urlaub nur zu zweit ist gut! Lass die Omis arbeiten!

Bussi

Alex und die starken Männer

Wo ist der Louisiade-Archipel?

Diese Riffinseln liegen schräg über Australien bei Papua-Neuguinea. Die Lousiaden sind einsam, sehr einsam. Als wir erschöpft nach einigen wilden Segeltagen in die Lagune gesegelt sind, dachten wir, die einzigen Menschen hier zu sein.

Und dann zogen plötzlich Segelboote über die Lagune. Katamarane, wie die Kinder unserer Risho, geschnitzte polynesische Doppelrumpf-Wakas mit dunkelblauen Plastikplanen als Segel.

Fidel, der Fischer, den wir auf dem Inselchen Pana Kubana im Kiwi-Atoll trafen, hatte noch nie etwas von Kuba gehört. Und Angela blätterte erstaunt in unserem Österreich-Souvenierbuch. Schneebedeckte Berge, total exotisch beautiful, sagt sie, und hinter ihr warfen Palmen Schatten auf den schneeweißen Strand, in der Ferne schwebte RISHO im türkisen Wasser der Lagune.

Angela zeigte mir ihr Dorf, eine Ansiedlung von vier Familien auf diesem winzigen Inselchen im Atoll. Stolz posierte sie vor ihrer Küchenhütte, auf einem Holztisch wieder die üblichen blank gescheuerten Töpfe, auf einem kleinen Feuer rösteten Seegurken und Schwämme. Die werden nach Asien verkauft, für gutes Geld, zerrieben als Potenzmittel.

Die Schlafhütte stand, wegen der vielen Insekten auf Pfählen, sehr angenehm, drinnen waren auf einem Holzpodest Matten mit Polstern und Decken. Aus einem großen Koffer quollen Kleidungsstücke. Angela und David, ihr Mann, waren gerade aus Port Moresby heimgekehrt: Familienbesuch. „Hast du Kinder?", fragte ich Angela ganz unbedarft. Da füllten sich ihre Augen mit dicken Tränen und sie fasste nach meiner Hand.

Fidel hatte inzwischen mit Peter die alte Schiffsbatterie aus dem Dingi geschleppt. Vielleicht würde es damit gelingen, die einzige Neonlampe der Gemeinde wieder in Betrieb zu nehmen. Die Männer sprachen über Pfahlbautenhäuser und über das Kanusegeln. Manchmal, das Wetter musste passen, segelten sie mit ihren Schiffen nach Port Moresby, 350 Seemeilen entfernt. Natürlich suchten sie auf der Innenseite der Riffe Schutz vor den Wellen, aber ein Schiff war schon mal auf Nimmerwiedersehen verschwunden, auf dem Weg zu einer Hochzeit.

Angela kullerten jetzt die Tränen über die Wangen und das hübsche Gesicht war voller Traurigkeit. „No baby, since seven years married, no baby." Sie war 28 und die Behandlungen der Ärzte in Port Moresby hatten nicht geholfen.

Finn fühlte sich indes in seiner Haut nicht wohl. Nah stand er bei mir, wich keinen Schritt zur Seite. Die Kinder des Dorfs starrten ihn mit offenen Mündern an. Einige griffen nach seinen Haaren. Eine alte zahnlose Frau zwickte ihn in seine Wange und lachte. Finn blieb mir den Fersen, als Angela uns durch das Dickicht der Insel zu ihrem Garten führte: Papayabäume,

Zwiebeln, Spinat, Tomaten und natürlich Taro.

Angela lächelte Finn an „Why only one boy?“ Ich setzte mit unter diesen Umständen besonders seltsamen Begründungen an wie, dass in Europa, Frauen erst sehr spät Kinder bekamen, weil sie arbeiten gehen, Karriere machen wollten. Alles für ein Kind. Mehr Zeit ist nicht da.

„Childs are most important in life.“ Angela weinte, schaute auf Finn und weinte, und ich weinte mit um ihre Kinder, die sie nicht haben konnte und die Kinder, die keiner haben will und dass diese Rechnung nie aufging.

Schließlich wanderten wir Arm in Arm zurück zum Dorf, und ich versicherte ihr, gut Ding braucht Weile, es würde klappen und das nächste Mal, wenn ich auf ihre Insel käme, würde sie da sitzen, eine dicke, fette Mama mit wunderschönen Kindern.

Fidel hatte inzwischen zur Gitarre gegriffen. Alle Familien saßen am Strand unter den Palmen und sangen. Die Papas und die Guineas. Angela war eine Guinea, hellhäutig und mit Haaren bis über ihre Schultern. Die anderen Frauen im Dorf waren viel kräftiger und hatten kurze Kraushaare. Einige Frauen tanzten einen Hüpftanz und bedeuteten mir, mitzumachen.

Mir war elend heiß und der Sand machte den Tanz zu einer richtigen Fitnessübung. Das verhutzelte Weibchen neben mir mit ihren wahrscheinlich 100 Jahren brachte das nicht aus der Ruhe. Sie schwebte beinahe und immer wieder griff sie nach meinen Händen und riss mich mit.

Wieder mal war das so ein ganz normaler Fahrtensegler-Mittwoch im Mai.

Tanzend am Strand. Lachende Gesichter um uns. Musik. Geschnitzte Katamarane. Ganz normal.

Nur Angelas Baby fehlte zur Vollendung des Glücks.

Liebes Tagebuch, Lousiaden, Panasia

Sauwetter hier. Ankern im Korrallenriffgarten. Schlafe echt schlecht. Zwischen zwei Squalls waren wir am Ministrand. Dort: die giftigste Schlange der Südsee und Skorpione. Zerbrochene Nautilusschnecken. Unglaublich. Arger Platz. Kein Mensch zu sehen, nur Rauchschwaden abends. Scary.

Liebes Tagebuch, Panasia

Peter hat Hummer gespeert! Hat göttlich geschmeckt. Am Vormittag war das halbe Dorf per Motorboot da. Brachten körbeweise Grünzeug, dürfte sich herumgesprochen haben, dass Segler danach lechzen. Haben Finns kleine T-Shirts, Angelzeug und einen Bikini gegen Essbares getauscht.
Den Bikini hat sich einer dann als Hut aufgesetzt. Alle lachten mit blutroten Betelnuss-Zähnen. Kannibalisch.

Bordmail von der Risho Maru

Liebe Katsch,
danke für deine Zeilen von der Kirschernte. Ich habe hier noch zwei Kirschtomaten und eine halbe Zwiebel. Und viele Taroknollen. In zwei Tagen sind wir in Port Moresby. Da esse ich einen riesigen grünen Salat. Das schwöre ich. Und Kirschkuchen.
Bussi, Alex und die starken Männer

Liebes Tagebuch, Port Moresby

Sind im Royal Yachtclub in Port Moresby. Herrlich, war heiß duschen, währenddessen slippte der Anker. Haha, von wegen entspannen. Liegen jetzt an einer Marina-Boje. Hier gibt es sogar ein Fitnesscenter! Finn hat unglaublichen Spaß auf den Maschinen.
Gestern Abend gönnten wir uns in der Seglerbar einen Gin Tonic und sahen, wie die All Blacks aus Kiwiland die Australier im Rugby zur Schnecke machten. Vor dem Westler-

Supermarkt-Security mit Maschinengewehren. Schluck. Morgen Museum auf dem Plan.

Liebes Tagebuch,

im Museum war niemand. Irgendwann kam dann ein Typ und hat für uns das Licht eingeschaltet. Die Aircondition war kaputt. Masken und so Zeug, aber auch lebende Tiere in Terrarien und Aquarien. Schauen völlig verwahrlost aus. Schrecklich. Schildkröten mit Algen am Panzer. Finn war sehr unglücklich. Vor dem Museum hat Peter dann die Betelnuss probiert! Halleluja! Unvergesslich – vor allem für ihn!

Ein Skipper auf Abwegen

Es war einmal ein Skipper, der in die Welt hinaus zog. Eines Tages landete er in Port Moresby, einer wilden, verruchten Stadt. Auf der Straße, die wie von roten Blutflecken übersät war, saßen viele Männer und kauten Betelnüsse. Der Skipper, Peter sein Name, hatte diesen Brauch schon auf den abgeschiedenen Inseln der Lousiaden beobachtet. Das Kauen und dann das Ausspucken des roten Breis auf die Straße. Es sah nicht schön aus, aber machte neugierig. Und so wandte sich Peter an einen dieser schlanken, hochgewachsenen Einheimischen und fragte, ob er die Zaubernuss probieren dürfe.

In seiner Aufregung merkte er nicht, dass die Burschen sich Blicke zuwarfen, und folgte akribisch ihren Anweisungen. Mit einem Wurzelstäbchen verrieb er weißes kalkiges Pulver, das er zuvor einem Stoffsack entnommen hatte, auf seinen Zähnen, dann nahm er die grüne Nuss in den Mund und begann zu kauen. Peter spürte vorerst nichts, nur die Blicke, die auf ihm ruhten, aber er war dies gewohnt von den Inselmenschen, die seine blauen Augen und sein helles Haar beäugten.

Das Gras unter seinen Füßen jedoch schien ihm so weich wie nie zuvor, und die Landschaft um ihn war so grün wie noch nie, obgleich er doch in einer dicht besiedelten Stadt war. Eine grüne Stadt. Grün, sagte er zu den Männern und die nickten und lachten. Doch genau in diesem Augenblick ihres gehässigen Vergnügens traf sie der strafende Blick einer guten Fee. Diese hatte unseren wankenden Helden zu einer Sitzbank geleitet, ihm schien vielmehr, die Sitzbank wäre zu ihm gewandert. Da lag er nun oder hatte er nicht eben gestanden? Und verlangte nach Wasser, das ihm die gute Fee besorgt reichte. Das Wasser, es schmeckte wie Gras. Überhaupt war Gras alles, an das er gerade denken konnte. „Gras, Sarg", rätselhafte Worte entwichen dem Mund des Skippers. Die Fee wusste nicht, ob er halluzinierte oder philosophierte. „Gras von hinten gelesen heißt Sarg", flüsterte er mit glasigem Blick.

Die Fee fand es an der Zeit, eine dieser Blechkutschen herzuzaubern, verwünschte noch die kichernden Burschen und brachte dann ihren Schützling in das königliche Yachtschloss. Dort in seinem Reich, auf den beiden Rümpfen, lag er alsbald nieder. Die Fee versorgte ihn, pflegte ihn, den Ärmsten. Denn sie liebte ihn, und wer sich liebt, sorgt füreinander – in guten wie in schlechten Zeiten.

Bordmail von der Risho Maru

Liebe Katsch,
nachdem jetzt die Sturmwarnungen in der Torres Strait sich auf Starkwind abgeschwächt haben, segeln wir morgen los. Das ist übrigens Normalwind in der Torres Strait, musste ich mir sagen lassen, nachdem ich um Aufschub gebenten hatte. Also nix da, wir legen ab. Wenn ich bedenke, dass mir der Wind in einem Jahr so was von wurscht sein kann und die Staumeldungen in Wien in den Vordergrund rücken, sehne ich mich gerade nach Hause. Immer das Gleiche. Es gibt übrigens Leute, die lassen das Schiff hier für eine Saison ... hmm ... ich red noch mal schnell mit dem Skipper.
Bussi noch aus dem Pazifik!
Alex und ihre Männer

Australien oder das, was wir davon sahen

Australien, natürlich träumte ich oft von Australien. Las einige Bücher über Einwanderer, das Leid der Aborigines, ihre Kunst, die Kängurus, und dass Australien eine Strafkolonie gewesen war. Und das Klo und die Küche waren immer blitzsauber, hatte ich von meiner australischen Gesangslehrerin in Wien gehört. Das reichte, um als anständige Hausfrau dazustehen. Der Rest des Hauses konnte ruhig im Chaos versinken.

Australien war aber nicht geplant. Wir hatten in Port Moresby alles eingekauft, um nach der Torres Strait flugs Richtung Indonesien zu segeln. Warum eigentlich? Wir dachten, wir würden bessere Windverhältnisse haben, weniger Immigrationsärger und die wenigen Wochen in Darwin würden doch nicht reichen, um Australien kennenzulernen. Irgendwie war das aber auch der einzige Punkt der Reise, an dem sowohl Peter als auch ich lange zauderten, ob wir nicht doch noch „runter" abbiegen sollten.

Von heute aus betrachtet hätten wir das tun sollen. Auf den Bauch hören, aber wer weiß. Hätte, wäre, Konjunktiv ist an Bord gestrichen.

Wir stürzten uns also in die Torres Strait. Natürlich bei viel Wind, aber die Richtung war gut. In der Nacht wurde es ruppig. Nicht nur, dass übermäßig beleuchtete Fischerboote ohne nur einen Deut auszuweichen auf uns zusteuerten, wir weder rechts noch links wegen üppiger Riffe ausweichen konnten, so begehrte auch hinter uns ein Riesentanker Platz. Zu all dem Stress beutelte uns ein Squall nach dem anderen durch. Sicht gleich null. Nacht. Regen. Starklicht. Riffe.

Mhmm. Feine Mischung. Schließlich, nach einer durchwachten Nacht, graute der Morgen.

Keine Sonne, dafür Gegenwind. Um uns versanken auch noch die Riffe im schönsten Allerheiligennebel. Ein riesiges Tankerwrack zeigte uns den Weg, den wir besser nicht wählen sollten. Wir kreuzten zwischen Riff rechts und Tankerwrack links. Handsteuerung, natürlich.

Müde, erledigt, entnervt. Schließlich meldete sich die australische Küstenwache, wo wir denn hinwollten, und checkte, ob wir uns wohl vor 90 Stunden angemeldet hatten. Hatten wir.

In Port Moresby war dies das Erste, was allen Fahrtenseglern eingebläut wurde. Denn irgendjemand hatte wegen der fehlenden Anmeldung 10.000 Dollar Strafe bezahlt. Und Vollkornmehl und die schönen Körbe aus Vanuatu konnte man, hatte man vor an Land zu gehen, sowieso vergessen. Seglergeschichten, mehr oder weniger wahr.

Die Dame am Funk fragte, wo wir über Nacht bleiben wollte, aufgrund der Gegenströmung müssten wir einige Stunden anhalten. Wir fragten, ob die Bucht vor Thursday Island okay wäre. Ja, okay.

Wir wollten aber auf keinen Fall einklarieren und würden auch nicht an Land gehen. Einklarieren bedeutet, 200 Dollar zu zahlen und alle frischen Vorräte abzugeben. Aber alles war okay. Und schon ankerten wir in einer stillen Bucht und fielen nach einem guten Frühstück todmüde in unsere Kojen. Für fünf Minuten. Drei Schnellboote lagen plötzlich längsseits der Risho, und schon standen fünf baumlange Zollbeamte an Deck, schneller als wir uns anziehen konnten. Freundlicherweise zogen sie sofort ihre Schuhe, Marke Geigenkasten, aus.

Wir mussten einklarieren. Die Dame hatte uns falsch informiert. Meine Schauspielausbildung rettete uns mal wieder. Den Tränen nahe verteidigte ich meine Mehlvorräte und Gemüsehaufen. Die Customleute und der Quarantäne-Offizier waren sichtlich überfordert von dieser Darstellung à la Meryl Streep in Kramer gegen Kramer, besser Schöler gegen Custom. Wir siegten. Irgendjemand wurde angerufen, das Geld nicht eingefordert. Innerhalb einer halben Stunde füllten wir 200 Zettel aus, eine Hälfte zum Immigrieren, die andere zum Auswandern. Man schärfte uns ein, ja nicht das Schiff zu verlassen, schon wegen der Krokodile am Strand, und dass wir uns am nächsten Tag um Punkt sieben Uhr abzumelden hätten. Dies aber alles in ausgesprochen freundlichem Ton und Gehabe, das mich wieder kurz überlegen ließ, ob wir nicht doch nach Darwin abbiegen sollten. Aber das hätte ein anderes Drama verlangt, und nach einer Nacht in der Torres Strait waren meine schauspielerischen Leistungen einfach mies.

Wir schliefen wie in Abrahams Schoß, sahen ein Krokodil am Morgen, die traumhaften Strände von Thursday Island und schon schwemmte uns die Strömung hinaus, hinaus in den Indischen Ozean, hier noch Flores Strait genannt.

Adieu Australien, kurz, aber gut. Hoffe, meine Küche war sauber genug für den Customofficer gewesen, ich will ja bei der Australiern nicht als schlechte Hausfrau dastehen, oder?

Warum der Bauch so wichtig ist

Wir segelten also die Flores Sea hinab. Alles wunderbar und tralala. Vorräte gut gekauft. Berechnete Ankunft nach zwölf Tagen in einer Bucht der indonesischen Inseln.

Berechnete! Ha! Segeln und berechnen, vergiss es, oh zukünftiger Segelnarr.

Nach zehn Tagen sahen wir Land: Tanimbar Islands. Die Karten waren schlecht, aber irgendwo würden wir schon ein Plätzchen finden. Würde eher sagen, die Vorbereitung war schlecht, weil das Handbuch für dieses Segelgebiet besonders schlecht und ungenau war. Hatten uns von anderen Seglern Berichte durchgelesen, aber dabei nicht bedacht, dass Berichte eben sehr persönlich sind. Abhängig von Schiff, Wetter, Stimmung. Wir sahen also Land und fuhren vorbei – zumindest am ersten Tag.

Wir passierten einen breiten Kanal und sahen die ersten Bilder Indonesiens. Riesige Dörfer, Menschen wie Ameisen. Fremd war das alles und voller Riffe. Wir suchten nach einem geeigneten Ankerplatz und fanden eine breite Bucht. Zwischen Korallenköpfen fiel der Anker circa drei Kilometer vom Strand entfernt. Wir beschlossen, lieber an Bord zu bleiben, denn es wehte wie verrückt im angeblich so windlosen Indonesien. Zwei Tage blieben wir da und ich wurde Vierzig. Nicht weil es so mühselig und nervenaufreibend war, das Schiff nach zwölf Tagen nicht verlassen zu können, obwohl man Land sieht, sondern weil ich tatsächlich meinen Geburtstag an diesem abgeschiedenen Ort feierte. Meine Männer überreichten mir die bereits in Neuseeland gekauften Geschenke (diese Vorbereitung war perfekt!), Finn verzog sich zum Legospielen, ich trank Kaffee und sinnierte über das Dasein der Seefrau. Der Wind blies meine Lieblingsknuddelhose und den Carrefour-Küchenteppich von der Reling, der war eh schon steif vor Salz.

Mit ganz wenig Wasser wusch ich Unterhosen, meine Haare und entdeckte zum absoluten Gräuel des Jubeltages an meinen Schläfen die ersten silbernen Fäden. Nein!!!

Würde ich weiß in Österreich ankommen? Das sollte es ja geben, dass man innerhalb weniger Monate ergraute. In Extremfällen. War ich ein Extremfall? Unterhosenlos, knapp bei Gemüse, kaffeesüchtig? Alle meine lieben Freundinnen zu Hause schickten nette Mails an Bord und riefen an, um zum Vierzigsten zu gratulieren. Ich dachte, ich könnte mich mit den Zeitzonen da irgendwie davonschwindeln. Nix da, die Biester führten Buch.

Um nicht griesgrämig zu werden, beschlossen wir, weiterzusegeln, was sollten wir denn sonst auch tun? Nach wenigen Meilen war der Wind weg, oder fast. Mit Spinnaker glitten wir in die Nacht und die ruhigsten Segelmonate der gesamten Reise waren eröffnet.

In der Nacht schreckte mich ein Licht hinter uns immer wieder auf. Es kam näher, oder doch nicht, flackerte wild, verschwand fast. Ich weckte Peter, denn das Ganze war mir ziemlich unheimlich.

Gemeinsam standen wir unter dem sternenübersäten Himmel und steckten unsere Nasen in die weiche Luft.

„Das ist ein Vulkan“, sagte der Peter schließlich und schickte mich schlafen.

Vulkane, so weit das Auge reichte. Wir segelten nicht weit

von der Küste auf der Nordseite der indonesischen Inseln, diese Landschaft werde ich mein Lebtag nicht vergessen. Natürlich hatten wir in Vanuatu Mount Yasur kennengelernt, so nah wie wohl nie wieder einen Vulkan, aber diese Landschaft, diese Kegel, einer nach dem anderen, im gleißenden Mittagssonnenlicht, die ölglatte See. Ich fühlte mich wie auf dem Mars. Oder zumindest wie ich mir so einen fremden Planeten eben vorstellte. Die Berge schienen rosa und rot und türkis zu sein. Passend zu unserem Spinnaker!

Die Fischerboote in der Nacht machten uns zu schaffen. Irgendwo tauchten sie auf, verschwanden dann im Nichts. Manchmal hörten wir nur Motoren, manchmal roch ich den süßlichen Geruch der Gewürznelke. Der Tabak, den die Fischer rauchten.

Tagsüber näherten sich die verrosteten, überfüllten Fährboote oder Transportschiffe. Drauf immer Hunderte Menschen, winkend, lachend.

Als der 16. Tag auf See zu Ende gegangen war, wollten wir nur mehr irgendwo ankommen.

Beide spürten wir, dass noch nicht der rechte Zeitpunkt da war, aber da war diese eine Bucht, die auf der Karte eingezeichnet war. Und ein befreundetes Segelboot war in den späten Nachmittagsstunden dort eingelaufen. Wir hatten Wegepunkte und mit ein bisschen Glück würden wir mit dem letzten Licht ankommen. Es war ein ruhiger Nachmittag, der Wind ließ nach. Bloß nicht durch die Nacht motoren müssen. Morgen ist doch auch Peters Geburtstag, den wollen wir feiern und mit indonesischem Bier anstoßen und uns ausruhen.

Und so liefen wir ein. Es wurde immer dunkler. Und statt umzudrehen, rauszufahren, peilten wir die Wegepunkte an, Peter an Deck, ich am Steuer. Wir sahen nichts und wollten es nicht wahrhaben. Im Schritttempo tasteten wir uns in die finstere Bucht. Wird schon gehen. Da vernahm ich das schlimmste Geräusch meines Lebens:

Unser Schiff hatte das Riff gerammt.

Logbuch der Risho Maru

22. August
19.20 Uhr
Position S08 Grad 14, Ost 123 Grad 41
Sitzen auf einem Riff, Gott sei Dank nur langsam aufgefahren. Starke Strömung hat uns raufgedrückt und Ebbe setzt ein. Können das Schiff nicht mehr freifahren. Stockfinstere Nacht.
21.30 Uhr
Sitzen fest, Rumpf halben Meter trocken. Müssen auf Hochwasser warten. Scheiße. Ich hätte nach unserem Gefühl gehen sollen, hätte mir denken können, dass die Karten ungenau sind. Mist. Jetzt bin ich hellwach. Wir schaffen es, die Risho wieder freizukriegen. Da bin ich mir sicher. Alex ist verzweifelt.

Die Nacht auf dem Riff

Da wir im Schritttempo unter Motor gefahren waren, versuchte Peter, das Schiff im Rückwärtsgang zu bewegen – keine Chance. So wie die tropische Nacht sich in wenigen dämmerungslosen Minuten über uns gesenkt hatte, fiel das Wasser. Low tide. Risho Maru steckte fest.

Ich erinnere mich noch, einem Fischer, der mit seinem lauten Tuk-Tuk-Boot ganz in unserer Nähe zugerufen zu haben: „Help, help!" Ich glaube, ich hatte wirklich einen Schock. Tränenblind hastete ich über das Boot, blickte verzweifelt über die Reling, sah die im Wasser glitzernden Korallenköpfe und obendrauf die Rümpfe unseres Schiffes. Ich konnte nicht glauben, dass das wirklich real war, was hier passiert war. Bis Finn mit kleiner Stimme fragte: „Mama, geht die Risho jetzt unter?"

Peter blieb – soweit ich mich erinnere – absolut ruhig und konzentriert. Er wusste im ersten Moment auch nicht, was tun, aber blieb standhaft wie ein Fels. „Wir kommen da runter. Mir fällt schon was ein." Dass auch er geschockt war, merkte ich, als er in das kniehohe Wasser sprang – ohne Schuhe! Er landete auf den scharfen Korallen, aber spürte offensichtlich keinen Schmerz.

Wir zerrten das Dingi ins Wasser, mir tropften die Tränen über die Wangen, Finn brach mir mit seinen verunsicherten Augen, die mich genau beobachten, das Herz. Warum konnte ich mich nicht zusammenreißen? Ich schaffte es nicht. Ich führte Peters Anweisungen aus und heulte vor mich hin.

Die 25 Jahre Segelerfahrung, die Liebe zu seinem Schiff, der Glaube an sein Schiff ließen Peter agieren, wie nur ein perfekter Kapitän reagieren kann.

Mit Fendern und Holzplanken federte er die Ruder ab und sah sich Rishos Position auf den Korallenblöcken genau an. Das Wasser fiel weiter. Bald würden wir wie in der Marina aufgebockt trockenfallen.

Peter brachte achtern zwei Anker an die Riffkante. Einer Steuerbord, der andere Backbord, um Risho zu stabilisieren, damit Strömung und Wind bei einsetzender Flut uns nicht weiter aufs Riff drücken konnten.

Die Korallen knirschten unter dem Gewicht unseres Schiffs.

Ich saß mit dem heulenden Finn im Arm und tröstete ihn. Super Trost! „Wird alles gut, die Risho schafft das." Dabei fühlte ich mich so hilflos wie erst einmal zuvor in meinem Leben. Als Finn geboren wurde und einfach steckenblieb. Geburtsstillstand. Schiffsstillstand.

„Lass uns schlafen gehen, wir können jetzt nichts machen" munterte Peter mich auf. Ein Einheimischer war zuvor mit seinem Boot zu uns gerudert und hatte neugierig über die Reling geäugt. Mit Handzeichen hatte er uns erklärt, dass das Wasser um zwei Uhr früh wieder steigen würde. Es war zehn Uhr abends. Wir legten uns in unsere Koje, Finn schlief bereits tief, hielten uns umarmt und ich wusste, dies war der absolute Tiefpunkt dieser Reise, vielleicht sogar das Ende.

Und schlief ein. Wie mir das gelungen war, war mir rätselhaft. Mein Körper hatte wohl auf Notstromaggregat umgeschaltet.

„Das Wasser kommt!", flüsterte Peter mir zu und huschte aus der Koje. Es war zwei Uhr. Die Korallenköpfe neben Risho Maru waren wieder im Wasser verschwunden. Leichter Wind war aufgekommen und Wellen klatschten an den Rumpf. Risho ächzte unter diesen Bewegungen.

„Pass auf, wir schwimmen gleich wieder mit dem Steuerbordrumpf. Sobald wir schwimmen, ziehe ich uns mit dem Anker vom Riff runter. Dann starte ich den Motor. Du bleibst am Steuer, ich rudere mit dem Dingi, um die Anker einzuholen."

„Bitte lass mich nicht allein am Schiff!" Ich war zu einem Mäuschen mutiert, das sich in der schwarzen Nacht panisch vor der bösen Riffkatze fürchtete. „Du schaffst das. Ich beeil mich."

Und so geschah es. Ich stand am Steuer, unser Schiff schwamm, aber irgendwo da draußen war diese verdammte Riffkante, und würden wir noch mal auflaufen, wäre es vorbei. Mein Mann entschwand in die schwarze Nacht. Und war zwei Minuten später mit den Ankern wieder da. Rekordzeit!

Auf dem Echolot waren sechs Meter abzulesen. Peter gab mir per Maxsea den Kurs und langsam, ganz langsam tuckerten wir aus dieser Unglücksbucht in die Freiheit. Niemals wieder würde ich so glücklich sein, wegzusegeln.

Auf dem offenen Meer setzten wir die Segel, ein leichter Landwind schob uns die Küste entlang. Sternenhimmel, ruhige See. Beide genehmigten wir uns einen Cola Rum um drei Uhr früh, weil unsere Herzen wild schlugen, wir lachten und weinten und waren einfach am Ende unserer Kräfte.

Peter hatte seine Meisterprüfung bestanden. Hatte Mut, Bestimmtheit, Vernunft in einer Grenzsituation bewiesen. Und seit wenigen Stunden war er 50 Jahre alt!

„Na, wenn die nächsten 50 Jahre so aufregend weitergehen, soll's mir recht sein!", grinste er und zündete sich ein Zigarillo an. Seemänner!

Finnische Betrachtungen

Indonesien ist gleich Schule.

In Rinca gibt's die Komodo-Warane. Obwohl die Komodo-Warane eigentlich Komodo heißen, weil es sie auf Komodo gibt. Aber eben auch in Rinca. Nach Komodo, da wollten wir auch hin, aber sind umgedreht. Da war so eine Strömung, dass wir trotz Vollgas nur 0,3 Knoten gemacht haben, und dann, umgedreht, mit sieben Knoten dahingeschossen sind. Ohne Segel, ohne Maschine. Toll. Dann hat der Tiefenmesser gesponnen und plötzlich einen Meter angezeigt. Die Mama ist voll hysterisch geworden, weil wir ja schon einmal auf einem blöden Riff waren. Aber der Papa hat gesagt, sie soll sich beruhigen, da ist nirgends ein Riff und basta.

In Rinca liegen diese Warane herum, ein bisschen wie Dinos, nur kleiner. Die essen eine Kuh im Monat und kleine Kinder mögen sie auch. Einem Touristenkind ist so ein dicker Brummer nachgeschossen, die Wärter haben ihm mit einem Stock auf die Rübe gehauen – dem Waran natürlich. Und in meinem Lesebuch war ein Bild von so einem Waran. Die Mama hat das so toll gefunden. Dass ich das lerne und gleich sehe. Ja, die Mama. Wollte es ja nicht sagen, aber in Rinca schaut's aus wie auf den Galapagosinseln.

Der Papa hat dann gesagt, in Bali gibt es die Reisfelder und tropischen Regenwald. Hier sind nur trockenes Gras und ein paar Bäume. Und Wasserbüffel. Die schmecken den Waranen auch gut!

Tja, und sonst? Ach, hier ist Ramadan. Die Moslems singen dann ganz laut den ganzen Tag und auch in der Nacht. Und sie dürfen keinen Sex haben. Hat die Mama gesagt. Sex. Hab ich schon gesehen. Die Warane haben das in einer Erdmulde gemacht und alle Touristen haben zugeschaut.

Die Männer liegen auf den Frauen und tun eigentlich nix. Jaja, die Mama hat mir das natürlich erklärt, aber irgendwie kommt mir das komisch vor.

Weil hier kein Wind ist, gibt es auch keine Wellen und wir fahren ganz langsam mit dem Spinnaker. Und ich muss leider viel Schule machen. Pech. Die Mama ist manchmal sehr grantig, weil ihr so heiß ist und ich so schmiere. Schreiben mag ich echt nicht. Aber Sachunterricht ist lustig.

Ich habe meinen Schulweg beschreiben müssen und die gefährlichen Hindernisse dabei: Also zuerst aus der Koje vom Steuerbordrumpf an Deck, Hindernis der Baum – wegen Kopfanhauen, dann runter in den Backbordrumpf, rechts einbiegen zum Küchen-/Schultisch. Achtung: Olivenölflaschen unter dem Tisch im Regal nicht mit den Füßen runterstoßen! In der Küchenkoje hab ich ein Legoresort gebaut und ein paar Tuk-Tuk-Boote. Die sind in Wirklichkeit ganz laut und der Motor ist an einer langen Stange. Tolle Gefährte. Hätte gerne eines.

Jetzt sind wir ja in Lombok. Der volle Wahnsinn war die Fahrt mit einem Motorrad. Der Fahrer, die Mama und ich auf einem Motorrad! Und dann haben uns welche überholt, die hatten noch zwei Kinder mit und ein Baby im Arm, über dem Auspuffrohr. Die Mama hat gesagt, in Österreich wäre das verboten. Schade. Die haben hier gebackene Eier! Und Fischköpfe, auch paniert, und Tofu mit lauter Fliegen. Uiuiui, die Mama schaut grad böse runter, ich muss weiterrechnen ... Evi hat 24 Euro. Sie kauft drei Leberkäsesemmeln. Eine kostet drei Euro. Wie viel hat sie, nachdem sie bezahlt hat? ... Bitte was sind Leberkäsesemmeln?

Liebes Tagebuch, Lubuhanbaju, Flores

Sitze in einer Espresso-Lounge-Bar, trinke Cappuccino, neben mir gerade ein Teller mit Schafskäse und Zaziki. Finn liest Micky Mouse, Peter genießt ein Zigarillo.
Ach ja. Sind in Indonesien. Sollte wahrscheinlich irgendwo in einem Einheimischen-Schuppen höllenscharfes Nasi Goreng essen. Tu ich aber nicht. Bestelle mir gleich noch einen Latte mit viel Milchschaum bei der Holländerin im Minirock, die hier die Chefin ist. Alles ein bisserl auf Buddha-Lounge

gestylt. Ich hab mir das hier total verdient. Ich war sechzehn Tage auf See, bin vierzig geworden, durch die Torres Strait gesegelt, auf einem Riff gesessen und habe die Sterne um Hilfe angefleht.
Und da sitze ich jetzt hier im Schatten auf einer Polstercouch, die Sonne brennt auf die löchrigen Dächer der Häuser, der Muezzin ruft, die RISHO vor Anker, hinter ihr im Dunst die Berge Komodos.
Frag mich nur, wie es mir in einem Jahr geht, zu Hause in Wien, im Stau, der U-Bahn, beim Elternsprechtag.

Bordmail von der RISHO MARU

Liebe Katsch,

sind in Lombok. Haben in der Stadt ein- und ausklariert in einem. Sehr schräg. Kafka pur. Da waren drei Schiffe mit Kind und Kegel. Die Kapitäne haben stundenlang im Büro des Oberbeamten gesessen und um den heißen Bestechungsgeldbrei gesprochen. Einmal fiel sogar die Drohung Schiffsbeschlagnahmung und Zahlung einer Steuer im Wert des Schiffs. Irre. Was für ein Albtraum, hier zu leben.

Zur Aufmunterung waren wir dann in einer Shopping-Mall essen. Dort McDonalds und Kentucky Fried Chicken-Restaurants – verdunkelt und ein paar Sessel auf den Tischen wegen des Ramadan, aber trotzdem volles Tagesbusiness. Waren in einem Minilokal und haben das wahrscheinlich schärfste und beste Mi Goreng unseres Lebens gegessen.

Ja, und irrsinnig viele Menschen hier. Wir sind das nicht mehr gewohnt, und der Dreck. Plastikmüll in jedem Straßengraben. Es gibt ganz seltsames Gemüse, sieht aus wie Schlangen-String-Beans. Waren essen, total scharf, aber echt gut. Peter war dann auf dem Klo, gleich neben der Küche, total verdreckt. In einem Plastiktrog hat ein Mann das Geschirr in dreckig-fettigem Wasser abgewaschen. Wenn wir heute keinen Durchfall kriegen, sind wir immun.

Grüße an alle zu Hause. Wie ist denn so ein Elternsprechtag?

PS Einen Tag später!

Sind immun!

Liebes Tagebuch, Gili Islands

Finn hat hohes Fieber, seit drei Tagen. Habe mir große Sorgen gemacht wegen Malaria. Und Vorwürfe. Bis dann noch einige auf dem Ankerfeld krank geworden sind. Jetzt weiß ich es, es ist Bali-Fieber, und das in Lombok! Um drei in der Frühe hat der Muezzin für eine Stunde gerufen, dazu der glühende Finn und Moskitos. Und ein scheiß Ankerplatz, totaler Schwell. Härtetest.

Liebes Tagebuch, Lombok

Ankerplatz zur Lombok-Küste verlegt. An Boje. Herrlich. Warum haben wir so lange gewartet ... Finn ist wieder fit, bin so erleichtert.
Morgen geht's nach Bali.

Wer will schon ein Moskito sein?

Fährt man in Bali mit dem Auto, wird man früher oder später Hinduist oder Buddhist, vor allem wegen der Wiedergeburt. Die Leute auf dieser Insel müssen von dieser Philosophie absolut überzeugt sein, sonst würden sie sich nicht derart halsbrecherisch in den Verkehr stürzen.

Winkende Kleinkinder, die auf den Schultern ihrer mopedrasenden Väter sitzen – ganz normal – vor allem wenn Papa dabei gerade in einer Nadelöhrkurve auf haarsträubende Weise einen überladenen LKW überholt.

Wobei der Vater und die Mutter natürlich einen Helm tragen, das ist Gesetz in Indonesien, nur der Rest der Familie – Baby und Kleinkinder – müssen sich auf die Fahrkünste des Papas verlassen.

Geht es einmal nicht glatt, fährt der Schwächere in den Graben, der hoffentlich nicht ein Abgrund neben der engen Bergstraße ist. Aber was solls, die Götter Vishnu, Brahma, Shiva und noch viele mehr sorgen für die Wiedergeburt. Und kriegen dafür so viele Tempel, wie sie wollen. In jedem kleinen Ort gibt es mindestens drei davon und mehrmals täglich werden „Offerings" von jungen Mädchen an strategisch wichtigen Stellen verteilt. Auf dem Holztablett liegen kleine Kunstwerke aus Reis, Bananenblättern, Räucherstäbchen, Crackern, Zucker, Blüten. Lächelnd werden sie vor Tempel, Hausaltäre, Souveniershops, Banken, Restaurants, Laundrys, Bäckereien und Spenglereien gelegt.

Ich trat mehrmals drauf, Finn ermahnte mich dann ganz böse, und ich befürchte heute noch, dass dies eventuell etwas mit meiner möglichen Wiedergeburt als Trampeltier zu tun haben wird. Auch Hunde fressen die Gaben manchmal. Die Balinesier sehen aber darüber hinweg. Wer weiß schon, wessen Seele in dem Hund steckt? Könnte ja der Großvater oder der Bürgermeister sein, und deren Zorn will man nicht auf sich ziehen.

Für die Frauen scheint zu gelten: Kinder, Küche, Tempel und zum Drüberstreuen noch ein kleines Souvenir-Business oder Restaurant. Laundry für die Segler oder Ölmassage für gestresste Touristinnen bringt auch gute Dollar. Dollar! Geld! Niemals sollte man den angeschriebenen oder gesagten Erstpreis zahlen. Eher die Hälfte. Bei guter Verhandlungstaktik auch ein Drittel. Und das ist dann immer noch das Dreifache des Normalpreises. Touristen werden in jedem Fall übers Ohr gehauen!

Da gilt völlige Gleichberechtigung zwischen Mann und Frau auf Bali. Ansonsten sitzen die Männer ja eher nur herum und rauchen. Ich wurde schließlich eine ziemliche Verhandlungsspezialistin und Finn lernte schnelles Kopfrechnen und wozu es sinnvoll sein konnte. Machte ich auf einen Fehler aufmerksam, lächelte man mich verschlossen an und verringerte den Preis. Ich lächelte dann freundlich zurück. Bloß kein böses Wort oder böses Auge, denn im Leben nach dem Tod büßt man dafür.

So war es wirklich erfrischend, Yuli kennenzulernen. Der alte Tempelpriester empfing uns in dem kleinen Tempel Pura Dalem, der Wassergöttin geweiht, wie alte Freunde. Seine Tochter reichte uns lächelnd Sarongs zum Bedecken unserer nackten Beine ohne gleich eine Gebühr zu erheben.

Yuli ließ sich mit uns im Schatten eines heiligen Drachenbaums nieder. Er erklärte uns auf Englisch die wichtigsten Götter des Hinduismus und versuchte, die Philosophie zu umreißen. Es war so heiß, trotzdem erinnere ich mich heute noch verschwommen an die Geschichte von dem einen Gott und seinen vielen Manifestationen im Leben der Hinduisten. Yuli war der Dorfschullehrer gewesen und hatte seine drei Frauen, natürlich eine nach der anderen, sterben sehen müssen. Keine hatte ihm einen Sohn geboren, erzählte er bedauernd. Ich blickte kurz zu seiner Tochter, sie lächelte nur verschlossen. Viele Kolonialherren waren auf der Insel gewesen wegen des Tees und des Kaffees und des fruchtbaren Hochlands. Die einheimischen Baukünstler des Tempels hatten die fremden Gutsherren in Stein verewigt – ein Flugzeug, ein holländischer Fahrradfahrer und noch andere westliche Lebensbilder zieren die Tempelmauer.

Irgendwann blickte Yuli Finn an und schloss seine Hände über Finns Kopf ein paar Worte murmelnd. „Strong boy, good life", segnete er unseren Sohn andächtig.

Trotz seiner herzerwärmenden Freundlichkeit wartete ich irgendwie immer darauf, dass Yuli nach Geld verlangte. Es passierte nicht. Als wir uns schließlich verabschiedeten, sprachen wir ihn darauf an. Gleichgültig zuckte er mit den Schultern und überließ es uns, ob wir wollten oder nicht, die Spende würde dem Tempel zugute kommen.

Und die Wiedergeburt, Yuli?

Mhmm. Er bemühte sich, ein guter Mensch zu sein, denn eines wollte er auf keinen Fall – als Moskito wiedergeboren werden. Sagte es und zerklatschte angewidert ein Moskito an der Tempelmauer.

Ich stimmte ihm zu. Wer will schon ein Moskito sein?

Kleines Intermezzo – Wenn Segler verreisen!

Finn saß in seiner Koje und packte begeistert seinen Rucksack. Wir verreisten!

Dies mag nun für manchen Leser etwas vermessen klingen. Was taten wir denn die dreieinhalb Jahre zuvor? Na ja, das war unsere Seereise, nun ging es ja in den Landurlaub, und das war für Segler etwas ausgesprochen Besonderes. RISHO war gut eingeankert im Norden Balis, in der romantischen Lovina Bay. Segelfreunde würden ein Auge auf sie haben und den Basilikum gießen, wir brauchten uns also nicht zu sorgen. Finn platzte beinahe vor Aufregung, als wir mit Sack und Pack unser Leihauto bezogen. Zwei Tage und zwei Nächte lagen vor uns, ein noch ungewisses Quartier, neue Plätze und Abenteuer. Ubud, im Hochland Balis, hatten wir als unser erstes Ziel auserkoren. Diese alte Handwerksstadt, eingebettet zwischen Reisfeldern und fruchtbaren, feuchten Hügeln, war zwar Hauptanziehungspunkt des Bali-Tourismus – abgesehen von den Massenstränden des Südens – aber ihr Zauber sollte uns doch bald einfangen. Wir quälten uns durch die Verkehrsstaus des Südens und wie schon auf Teneriffa schockierte uns das hohe Aufkommen an Autos auf einer so kleinen Insel. Hier bekam man so direkt einen Einblick, wie sehr unsere Welt von Autos und Abgasen überquoll, alles schien wie unter einer Lupe herangezogen und intensiviert, was irgendwann mal überall auf dieser Erde Normalzustand sein könnte.

In Ubud begrüßte uns ein sanfter Tropenregen. Es war Abend geworden. Die Stadt schimmerte geheimnisvoll, die alten Gemäuer, Tempel und Gassen. Das Auto ließen wir irgendwo stehen, um zu Fuß ein Quartier zu suchen. Wir wandelten über Kopfsteinpflaster durch die Innenstadt, an einem heimeligen Café namens „Café de Artiste“ vorbei. Es duftete intensiv nach Blüten und feuchter Erde. Peter entdeckte ein Schild, das in eine winzige Gasse wies.

„Samas Cottages.“ Ein schmaler Weg führte durch einen wunderschönen tropischen Garten, der traurige Gesang eines

Vogels schallte von den Bäumen. Es klang wie die Aufnahmen einer Meditations-CD. Am Ende des Weges war ein altes Haus mit Veranda. Ein wackeliger Schreibtisch war das „office“ und über diesem hing ein Schild mit einem hölzernen Schlegel „Bitte klopfen“. Finn klopfte begeistert und ein lächelnder alter Mann erschien in balinesischer Tracht. Er zeigte uns die Zimmer. Kleine, traditionell gebaute Bungalows mit einem Spitzdach, mit jeweils einem großen Bett unter einem alten surrenden Ventilator. Die Eingangstür wunderschön geschnitzt, ebenso der Kleiderkasten, das Bad – gekachelt, einfach und sauber. Wir blieben.

Nicht auf dem Schiff zu übernachten, war für uns wie immer ganz seltsam. Wir bekamen kein Auge zu.

Finn übermannte schließlich doch der Schlaf und Peter und ich saßen noch lange auf unserer überdachten Miniterrasse, lauschten den Regentropfen und den ungewohnten Landgeräuschen.

Finn rüttelte uns schließlich wach, weil vor der Tür Teetassen klingelten. Er berichtete, dass ein Mann im Sarong den Tisch deckte! Also das nenne ich Urlaub!

Frühstück serviert! Faul saßen wir also schließlich beim Frühstück. Und mussten sehr lachen, denn genau im Nebenbungalow hatte sich Ian von der Afriki einquartiert! Segler konnten wohl nie ohne einander! Begeistert entdeckte Finn den Swimmingpool und wir gingen schwimmen. Das konnten wir zwar jeden Tag haben, aber „eben nicht in einem Resort“, meinte Sohnemann und sprang in den Pool, der kleiner war als unser Schiff.

Tagsüber erforschten wir die Stadt, mit all ihren Tempeln und Handwerksgeschäften. Galerien und Cafés gab es an jeder Ecke und vor allem die Buchläden faszinierten uns. Wenn man wollte, konnte man schnitzen lernen oder batiken oder in Vicky Baums Roman „Liebe und Tod auf Bali“ blättern.

Am Abend saßen wir in einem alten Tempel und fieberten mit Rama und Sita um den Ausgang ihrer Liebesgeschichte. Eine Gruppe halb nackter Männer, die Affen spielten, bildete eine Art griechischen A-capella-Chor. Sita war die typische wunderschöne Balinesierin in goldenen Prinzessinnen-Gewändern und Rama – auch von einer Frau gespielt – wir wissen ja inzwischen, wer hier die meiste Arbeit hat! – warb um ihre Gunst und bestand so einige Abenteuer, bevor er sie für sich gewinnen durfte. Die Beleuchtung war nur Kerzenlicht und prasselnder Tropenregen die Geräuschkulisse.

Alles so spannend und mystisch inszeniert, das Finn gleich dreimal aufs Klo musste!

Auf dem Heimweg stoppten wir noch in einem Imbisslokal, in dem eine ortsansässige Reggae-Band spielte. Bob Marley auf Indonesisch! Ihr zahllosen Hindugötter helft!

Am nächsten Morgen verabschiedeten wir uns vom netten Besitzer der Cottages und verließen unseren Tropengarten Richtung Pura Besakih.

Der bedeutendste Tempel der Hinduisten lag direkt vor dem höchsten Vulkan der Insel.

Das Klima hier war herrlich, strahlend blauer Himmel, angenehm kühle Luft, wir atmeten richtig durch. Natürlich waren auch hier schon frühmorgens die Touristenbusse gelandet und wir konnten uns kaum der vielen Angebote von Guides und Souvenirhändlern erwehren. Schließlich schickten uns die Götter aber Ketut. Er sprach hervorragend deutsch und schlich sich mit wirklich interessanten Erzählungen über den Tempel und die Menschen des Landes in unser Herz.

Warum die weißen Kühe heilig sind? Weil sie den Babysöhnen eines verwitweten Gottes als Amme dienten. Ketut erzählte auch, dass die Verwandten die Asche der Verstorbenen hierher brachten, um sie segnen zu lassen. Das kostete viel Geld und dauerte oft viele Jahre, bevor die Seele dieser Menschen dann ihren Ruheplatz fand. Wir sahen einige Familien, die in abgeschlossenen Teilen des Tempels intensiv beteten. Wunderschöne Blumengestecke und kunstvolle Opfergaben lagen auf steinernen Stufen.

Als der Massentourismus noch nicht so ausgeprägt war, lieferten die Bauern dieses Landstriches Gemüse und Obst an die

Hotels und Restaurants. Heute werden die zahllosen Resorts per Flugzeug aus Australien oder Neuseeland versorgt. Wir durchstreiften den Markt der muslimischen Gemeinde des Hochlandes und bewunderten die Fülle und hohe Qualität des Angebots. Zimt, Vanille, Curry, Galgant, wir waren in den Gewürzländern angekommen.

Spätabends erreichten wir wieder unser Zuhause, die Risho Maru. Sanft schaukelte sie am Ankerplatz und wir plumpsten glücklich in unsere Kojen. Finn stellte fest, das alles irgendwie so neu auf der Risho war. Da sieht man es wieder – man kann gar nicht genug verreisen, selbst wenn man auf Reisen ist!

Logbuch des Kapitäns

2. Oktober, Bali Lovina

Haben umgedreht. Der elektrische Autopilot spinnt. Versuchen mithilfe von Jean von der Mariposa, das Ding wieder in Gang zu bekommen.

Wind ist kaum angesagt, also kann Windpilot Franzl uns auch nicht aus der Patsche helfen.

3. Oktober

Haben Motor vom Autopiloten ausgebaut. Völlig verrostet, obwohl in Neuseeland neu gekauft. Unfassbar. Konnten alles mit viel UB 40 wieder instand setzen. Darf nicht zu heiß werden.

Alex hat Wutmail an Händler in Neuseeland geschickt, hoffen auf Ersatz in Singapur.

4. Oktober

16.30 Uhr

Sind wieder gestartet. Unter Motor.

20.00 Uhr

Spinnaker steht seit einer Stunde. Windpilot Franzl steuert. Passt.

5. Oktober

Unmengen von Fischreusen schwimmen hier herum. Gestern Nacht sind wir auf einen drei Meter langenBaumstamm geknallt.

16.00 Uhr

Kleiner Riss im Spi. Beim Schiften passiert.

15 Knoten von achtern, haben uns entschlossen, weiterzusegeln.

6. Oktober

8.00 Uhr

Schleppverband hat unseren Weg gekreuzt. Können kein Wort Englisch auf Kanal 16. „Speak Indonesian", die einzigen Worte. Und dazu ein bisschen Volksmusik.

11.00 Uhr

Wind hält durch. Fantastisch. Die meisten Segler mussten bis jetzt motoren. Viele sind in Borneo bei den Orang-Utans. Klingt toll. Aber unsere Malariasorge hat doch überwogen. Vor allem wegen Finn.

7. Oktober

7.00 Uhr

Windhose gesichtet. Alle Segel schnell runter. Drehte doch ab. Squalls ziehen durch.

16.00 Uhr

Wieder aufgeklart, totale Flaute, motoren. Kein Fisch will an die Angel. Alex backt Schokokuchen und Lasagne.

1.00 Uhr

Schwarze Nacht. Squall mit Blitzen zieht durch. Jetzt heftiger Monsunregen.

8. Oktober

Die ganze Nacht durchgeregnet. Viel Wasser gesammelt. Gut so. Alle geduscht und Haare gewaschen! Duftet herrlich! Deck geschrubbt!

10.00 Uhr

Halbwindkurs. Machen vier Knoten.

16.00 Uhr

Segeln weiter nach Banka. Beletung wäre ein Landfall in der

Nacht. Machen wir sicher nicht mehr.

9. Oktober

11.50 Uhr

Segeln unter Spi, flache See, machen fünf Knoten.

18.30 Uhr

Spiegelglatte See. Motoren. Sehr einschläfernd.

10. Oktober

Motoren, motoren.

18.50 Uhr

Heute war es richtig heiß.

11. Oktober

4.50 Uhr

Äquator überschritten. Willkommen auf der Nordhalbkugel!

Die Mannschaft schläft, ich gönne mir den Rest vom Glas Nutella. Bin saumüde.

6.30 Uhr

Gewitter und Blitze.

8.00 Uhr

Es klart auf. 15 Knoten aus Südwest, wir segeln wieder, halleluja. Noch 6 Seemeilen bis Pulau Mesenak. Hatten erstaunlich guten Törn. Viel gesegelt. Haben gerade mit Amerikanern gefunkt. Die brauchen dringend Diesel. Können wir abgeben!

12.30 Uhr

Ankern in der Bucht Mesenak. Einige Schiffe der Indonesian Ralley hier. Wahnsinnig heiß. Werden später an den Strand gehen. Jetzt mal ausruhen. Gesamt 833 Seemeilen

Bordmail von der Risho Maru

Liebe Katsch,

back to civilisation! Sind in Batam in einer wunderschönen Marina. Sitze hier im Restaurant mit wireless Lan und verabschiede mich von Indonesien. Froh, dass wir diese windschwache Gegend hinter uns haben, hatten Windglück! Morgen geht's nach Singapur. Da wird es noch spannend, weil wir die berüchtigte Singapore Strait queren. Nicht wegen der Piraten, nein, nein, wegen des mörderischen Schiffsverkehrs. Höchstes Aufkommen von Tankern und Containerschiffen der gesamten Weltkugel. Im Minutentakt bis zu zwanzig Tanker oder so. Sehen sie jetzt schon in der Ferne vorbeigleiten. Bibber ...

Konnte mit Finn die letzten Wochen gut Schule machen. Die Schule, das liegt mir manchmal echt im Magen. Hoffentlich schafft er den Einstieg in Wien gut. Ich würde mir echt Vorwürfe machen, hätte er da Schwierigkeiten. In Thailand kommt wieder Andrea und wird mal checken. Da bin ich froh.

Angeblich kommt ein Techniker für den Mist-Autopiloten nach Singapur. Glücklicherweise hatten wir keine größeren Schwierigkeiten. Peter hat aus unserem alten Piloten und dem neuen einen funktionierenden Apparat erschaffen. Die sollten Peter als Cheftechniker nehmen! Grippewelle bei euch ... buhhhhh ... kann ich mir gar nicht mehr vorstellen. Habe aber riesige Fieberblasen auf der Lippe. Schau aus wie Pamela Anderson nach misslungener Lippenunterspritzung. Die Sonne ist wahnsinnig stark hier und mit der Übermüdung war das gerade die richtige Mischung. Vielleicht finde ich ein Geheimmittel in einer der berühmten Apotheken in Chinatown in Singapur. Fledermauskot zerrieben in Haifischflosse oder so was ... Werden dort in der One 15 Degree-Marina parken.

Meine Männer spielen gerade Billard. Sehr gemütlich hier.

So, das war's von uns! Bussi an deine Lieben!

Alex und die Billardmeister

Die Löwenstadt

Will man sich in Singapur das Leben nehmen, fällt die Option, sich vor die U-Bahn zu werfen, flach. Glasscheiben in den U-Bahnstationen verhindern einen unsauberen Zwischenfall wie diesen. Dafür kann man auf der Toilette essen. So sauber, meint der Finn, ist diese. Und das stimmt nicht nur im Vergleich zu den mehr als authentischen Stehklos in Indonesien. Wer einen Kaugummi ausspuckt, blecht 300 Singapore-Dollar. Das sind immerhin 145 Euro. Wie viel davon der Kaugummi-Abkratzer kriegt, der eigens dafür konzipierte Kratzwerkzeuge hat, weiß ich leider nicht. Aber er sollte auf keinen Fall irgendjemanden unsittlich belästigen, dann verpasst man ihm nämlich dreißig Schläge mit dem Stock. So steht es in einem Lifestyle-Magazin der Stadt, direkt unter dem Rezept für Tomatencremesuppe mit Crevetten und Sahnehäubchen. Das stand dort für einen Sittenstrolch, angekündigt wie bei uns eine Hochzeitsanzeige.

Wenn man in Singapur etwas ausschweifend tut – neben dem allseits beliebten Shoppen – dann ist es das Essen. Wir standen oft ratlos vor einem übermäßigen Nahrungsangebot und zeigten hilflos mit dem Finger auf das Gewünschte. Was unhöflich ist – der Fingerzeig meine ich. Aber als Tourist kann man es sich erlauben. Denn die Singaporians sind durchaus freundlich und zuvorkommend. Einmal zur Mittagszeit in einem der zahlreichen Foodcourts standen wir mit unseren vollgeladenen Tabletts – einer Auswahl zwischen chinesischem, japanischem, vietnamesischem, malayischem und indonesischem Essen – etwas ratlos in der Esshalle und hielten nach freien Plätzen Ausschau. Finn entdeckte welche, die hatten sogar Servietten auf den Sitzen – echte Seltenheit, die Servietten – prinzipiell wäscht man sich nach dem Essen an den kleinen Waschbecken die Hände. Glücklich nahmen wir Platz, genossen unser Mahl, ich holte auch noch eine Nachspeise – ein seltsames Sojabohnen-Kokosnuss-Gelee – und bemerkten erst beim Aufstehen die vier Singapurianer, die geduldig mit ihrem inzwischen kalten Essen darauf warteten, dass wir ihre zuvor mit Taschentüchern besetzten Plätze räumten. Nie hätten sie uns aufgefordert, gleich zu gehen, denn das hieße vielleicht, sein Gesicht zu verlieren, und das ist das Schlimmste, was einem passieren könnte in Singapur. Ein französischer Geschäftsmann hatte mal eine Firma in Singapur übernommen und einige Angestellte gefeuert. Die waren dennoch jeden Tag

Tahiti-Boy Finn.

Tonga Girlies.

Vater Yasur, Tanna.

Port Resolution, Vanuatu.

Überraschung!

Gemeinschaftshaus, Malekula, Vanuatu.

Schöne Augen für Finn.

Der Jodler auf Erromango, Vanuatu.

Baumhaus.

Ein Seemann mit acht Jahren.

r

PAF in Neuseeland.

Panasia, Papua-Neuguinea.

Indonesien, Tanimbar.

Willkommen in Sri Lanka.

RISHO MARU vor Efate, Vanuatu.

Im Tempel, Malaysien.

Wüstensohn, 9 Jahre.

Wüstenschiffe, Sudan.

Spannende Landreise im Jemen.

Ziegenhirtinnen, Jemen.

Franzl, der zuverlässige Windpilot.

Der Weltumsegler.

Willkommen PAF! Stella, Italien

29.000 Seemeilen um die Welt.

Adieu – Bis zur nächsten Runde!

unbezahlt zur Arbeit erschienen. Schließlich fand er für sie einen anderen Arbeitsplatz!

Der Gratisbus der Marina brachte uns täglich zur U-Bahn, genannt Mass Rapid Transportation System. Die Plastiktickets für die Fahrt schiebt man nach Gebrauch wieder in einen Automaten und bekommt ein Pfand zurück. Schon unsere Ausgangs-U-Bahnstation war imposant in einem riesigen Einkaufszentrum verpackt. Am ersten Tag in Singapur verirrten wir uns darin, gingen essen und ins Kino, zum Supermarkt und Friseur. Stiegen danach einfach wieder in den Gratisbus nach Hause.

Man könnte glauben, Singapur bestehe nur aus Shopping-Malls. Ich bin sicher, es gibt eine Möglichkeit, Singapur zu durchqueren, ohne jemals auf eine Straße zu gelangen, einfach nur durch die zahllosen, riesigen, ausschweifenden Paläste des Konsums. Was rein temperaturmäßig die beste Lösung wäre. Draußen an der „frischen Luft" kann man vor Luftfeuchtigkeit kaum atmen und 35 Grad sind auch nicht gerade wenig. Die Malls hingegen sind durchweg airconditioniert. Es ist richtiggehend kalt. Was ich auch verstehe. Denn Winter gibt es in Singapur nicht, aber die internationalen Boutiquen bieten eben europäischen Winterlook an und Frau in Singapur möchte dies auch tragen können. Wobei die Temperaturunterschiede teilweise immens waren. Einmal stiegen wir aus dem auf elf Grad unterkühlten Marinabus direkt vor unserem Schiff aus: 35 Grad.

Da half nur mehr der hauseigene Swimmingpool. Verglast mit Blick auf die Skyline der Stadt.

Danach kalte Dusche in den von Philipp Stark designten Duschen mit marinaeigenen weißen Handtüchern, duftig und weich. Alles zu achtzehn Dollar Marinagebühr in der Nacht. Herrlich! Dekadent!

Natürlich landeten wir schließlich doch auf der Straße, ich meine natürlich auf den Straßen von Little India und Chinatown.

Little India bereitete sich gerade auf das Lichterfest vor und Hunderte Menschen zwängten sich durch die bunt geschmückten, hell beleuchteten Gassen. Wunderschöne Menschen, besonders die Frauen in ihren bunten Saris, mit geölten schwarzen, armdicken Zöpfen, den roten Henna-Tattoos auf ihren Handrücken, glühenden Augen. Schon war es um Finns Herz geschehen. Wie auch nicht, hier lauerte tatsächlich an jeder Ecke ein Bollywoodstarlet, denn für das wichtigste Fest der Inder schmückten sich alle so schön wie möglich.

Wir kamen mitten in eine Feuerzeremonie, Männer in orangen Sarongs tanzten zu Trommeln um ein riesiges Feuer, Frauen fielen in Trance, unglaubliches Gedränge bis in die Stationen der Untergrundbahn.

Wir flüchteten nach Chinatown, zwei Stationen weiter. Dort ging es ruhiger zu und wir gingen in ein Museum über die chinesischen Einwanderer in Singapur vor 100 Jahren. Ihr hartes Leben, die Opium-Rauchstuben, die verruchten Lokale, die winzigen Zimmer, die zahllosen Leben. Eine Einwanderin erzählte per Video, dass sie gegen das Fieber Kakerlaken gegessen hätte. Wegen des Chiningehalts im Panzer. Das erinnerte mich schließlich wieder daran, dass ich doch eine chinesische Apotheke aufsuchen wollte, wegen meiner Fieberblasen, die sich hartnäckig auf meinen Lippen hielten. Bald standen wir zwischen getrockneten, gedörrten Seltsamkeiten, Pulvern aus Seegurken oder anderem Getier, Wurzeln, Tees, Ölen. Für meine Fieberblasen gab mir der stumme Chinese hinter dem Verkaufstresen eine eigenartig riechende Salbe. Hab sie heute noch, der Nirosta-Herd lässt sich super damit aufpolieren. Auch Muskatnussöl empfahl er uns, um Moskitos abzuwehren. Und natürlich gab es eine „Ewige Jugend" genannte Wurzelsuppen-Mischung für mich. Habe mich nie getraut, sie zu kochen. Aber vielleicht hätte sie auch gegen Fieberblasen geholfen?

Abends wankten wir erschöpft aus der U-Bahn in unser Shopping-Center und ich beschloss, einen dieser Massagesalons aufzusuchen, die überall Reklame machten. Da saß ich dann mit den Füßen in Minipools und winzige Fische knabberten mir die harte Haut von den Zehen.

Auch gab es eine Art wackelnden Klodeckel – kombiniert mit

einer Spezial-Entspannungsbrille würde man in zehn Minuten fit sein für die nächste Shopping-Runde.

Oder für die Malakka Strait. Und so geschah es. Nach zwei Wochen lichteten wir die blütenweißen Trossen der Marina von unseren Klampen und kämpften uns gegen die Strömung aus der engen Marinaeinfahrt. Hinter der Skyline der Stadt, aufgetürmt wie jeden Tag, verabschiedete sich eine fette schwarze Gewitterwolke von uns. Dachten wir. Sie würde uns die nächsten zwei Wochen jedoch begleiten, sie oder eine ihrer Schwestern, die ihr explosives Unwesen gerne in der berühmten Malakka-Straße treiben.

Denke ich an Singapur, sehe ich eine blitzblank geputzte Schaufensterscheibe vor mir. Darin spiegelt sich der berühmte Löwe. Das Wahrzeichen der Stadt. Singa. Und genüsslich frisst er Köstlichkeiten aus einer chinesischen Schale. Eine futuristische, cleane, esswütige Stadt voller Kultur und Menschen, die es schaffen, trotz unterschiedlichster Religionen friedlich zusammenzuleben.

Das spricht sehr für die Singapurians. Auch wenn man ihr Singlisch, diese seltsame Mischsprache aus Englisch mit chinesischer Betonung, nie verstehen wird. Muss man aber auch nicht.

Denn oft reicht Höflichkeit, um sich gegenseitig zu verständigen völlig aus. Und die kann man sich von den Löwenstadtmenschen wirklich abschauen!

Liebes Tagebuch

Sind in Port Dickson, Malaysien. Also die Nachtfahrt war mal wieder was. Hunderte Tanker, und einer kam uns sogar auf unserer Bahn – schlecht beleuchtet – entgegen. Und dann die berühmten Blitze hier. Wolkenmonstertürme um uns herum, aber kein Gewitter erwischte uns. Unglaublich. Quer- und Kugelblitze. Hab mich fast angepieselt vor Schreck. Haben beschlossen, nur mehr tagsüber zu segeln. Dass hier in der Nacht mehr Wind ist, kann man nicht gerade sagen. Hier ist ein so hohes Aufkommen von Fischerbooten, dass wir Angst haben, eins zu rammen. Die ESPIS und VERAS sind auch da. Werden weiter im Konvoi segeln.
Jetzt gerade Gegenwind für ein paar Tage. Finn kriegt bei Helmut Billardunterricht und ich genieße den Pool. Die Marinas hier sind echt göttlich!

Liebes Tagebuch, Port Dickson

Waren im Ort ... scheusslich ... da schaut's aus wie im ehemaligen Ostblock. Aber das Essen beim Chinesen war okay. Und wir haben die Durian, die Stinkfrucht, probiert. Grauenhaft. Grauenhaft. Grauenhaft.

Liebes Tagebuch

Haben keine Lust, nach Kuala Lumpur zu fahren. Singapur war Großstadt genug. Aber es soll beeindruckend sein. Beim nächsten Mal. Schule geht gut voran.

Malaysien – am Rande!

Georgetown, die kleine Stadt an der windlosen Küste war für uns die absolute Überraschung. Die positive Energie dieser Stadt spürten wir bereits, als wir in die Marina eintuckerten. Gleich am ersten Abend ein Spaziergang im strömenden Regen mit Michi und Britta von der VERA durch das indische Viertel. Wir landeten in einem Lokal, das uns ein Norweger empfohlen hatte. Das Essen – natürlich unglaublich scharfes Curry – wurde auf Bananenblättern serviert, wir aßen mit den Fingern wie die Inder an den Tischen um uns herum und rollten unser Essen in das köstliche Fladenbrot. Draußen, vor dem schäbigen Portal des blitzsauberen Restaurant tat sich eine Wunderwelt auf. Ein indisches Musical, ein Bollywoodmovie, die Kulissen für einen romantischen Filmdreh – aber es war echt! Da gab es Armreifenshops: Tausende Armreifen in allen Glitzerfarben dieser Erde, manchmal im Doppelpack mit Glitzerbindis, die netten Punkte, die man sich auch als Nicht-Inder schnell mal zwischen die Augen klebt.

Auch der Buddhashop hatte uns in seinen Fängen und ohne meinen Mini-Elefantengott im Ruderboot war ich nicht zu bewegen, das in Blattgold gehaltene Geschäft zu verlassen. Erst tags darauf schafften wir es über das indische Viertel hinaus, wohl auch weil Finn dort einfach sein Herz an die Mädls verloren hatte. Seine Backen glühten wie damals beim Bali-Fieber! Die anderen Viertel der Stadt waren im verfallenen Kolonialstil gehalten, mit winzigen Bars, vollgekramten Handwerksgeschäften, bei einem Schlosser ließen wir uns einen Ersatzschiffsschlüssel machen, der alte war irgendwo in Indonesien versenkt. Ein Korallenkopf wuchs sich darauf wahrscheinlich zu einem gefährlichen Riff aus. Dem RISHO Break oder so.

Unsere Spuren hatten wir bis jetzt überall hinterlassen, angefangen mit Finns Fahrrad, unglücklicherweise versenkt im Hafen von Teneriffa, oder mein Lieblingsbikini auf Tuao, Peters einzige und teure Harpunenspitze auf Suwarow, der Teppich aus Neuseeland in Indonesien, meine kanarische Sonnenbrille in Teris Handschuhfach in Neuseeland, Finns österreichischer Kinderschlafsack in Vanuatu, der Gennaker im Atlantik, eine Winschkurbel im Pazifik, all diese Dinge hatten wir mit uns getragen. Nun waren sie irgendwo da draußen, Spuren von uns in der See, in der Welt.

In Georgetown ließen wir unseren Schlauchaufsatz – unfreiwillig – am Marinaschlauch. Auch Catherine Deneuve hatte anno dazumal ihren Po-Abdruck im Korbsessel eines wunderschönen blauen Hauses hinterlassen. Das Vorzeige-Haus für Feng-Shui-Architektur und Filmkulisse für „Indochine" hatte sogar einen Energiepunkt, den man in der Mitte des Hauses ertasten und fühlen konnte. Viele Stunden verbrachten wir in der Tigerbar – einem winzigen Lokal unter bröckeligen Arkaden, tranken Tiger-Bier und Finn sah sämtliche Bollywoodmusicals am Minibildschirm des stummen Fernsehapparats neben der Theke. Der Kellner mit Che-Guevara-T-Shirt wurde sein Freund und Chili-Taro-Chips sein Lieblingssnack. In einem wunderschönen chinesischen Klanhaus, jetzt ein Restaurant, schmeckten wir erstmals die scharfe Küche Thailands. Leider sollte das Jazzfestival in Georgetown (diese bunte, relaxte Stadt könnte nicht passender sein) erst in drei Wochen starten, aber so schafften wir es dann doch, uns loszureißen. Auch stellte sich zaghaft der Nordost-Monsun ein und endlich durfte unser Motor eine Pause einlegen und wir schwebten nach Lankawi.

Lankawi, Ferrari, Schoko und Seilbahnen

Der Nordost-Monsun wehte genau einen Tag lang, dann begann es, windlos zu schütten. Die wunderhübschen Buchten Lankawis waren uns trotz unserer Segelfreunde irgendwann zu einsam und dunstverhangen. In Kuah blieben wir nur, um zollfrei einzukaufen. Bier, Schokolade, Kondome – genau in dieser Reihenfolge wurde die Ware angeboten. Gut traf es sich, dass der erste Dezember nahte und der Adventskalender diesmal wieder mit europäischen Schokoladen-Schleckereien gefüllt sein würde. Der Nikolaus kam in Telaga Harbour – auch ein Drehort, diesmal für den König von Siam. Er, der Nikolo, brachte vor allem für unseren verlässlichen Diesel-Außenborder duftendes Motoröl, schneeflockenzarte Zahnbürstenreinigung vom Kapitän und eine vorweihnachtliche Brise UB 40-Ölspray.

Weil ich gerade von Ölspray schreibe – auch unser Autopilot hatte es bis hierher gut überstanden. Noch immer Peters zusammengewürfeltes Konstrukt. In Singapur war ein Techniker der Firma an Bord gewesen und hatte sich offensichtlich sehr für seine Firma geschämt. Wir erhielten einen neuen Autopiloten, den wir bis heute nicht verwenden, und durften auch unseren alten behalten. Der Techniker war unglaublich nett und zuvorkommend. Wahrscheinlich aus schlechtem Gewissen, weil er Peters superbewährte Konstruktion abgefackelt hatte und irgendwo demnächst eine tolle, verlässliche Autopilotenmarke auf den Markt kommt, vielleicht unter dem Namen *Rishomarin*!

Natürlich umrundeten wir die Insel per Auto malaysischer Marke „Saga". Zu Finns heller Freude war es abgesehen von durchhängenden Sitzen mit einem Holzlenkrad, Rennpedalen und einem Mega-Auspuff ausgestattet. Wir röhrten durch die Gegend, besuchten springende Krokodile, einen mit Filmcrews bestückten Traumstrand und das Museum des Ministerpräsidenten von Malaysien. Der stellte dort seine Staatsgeschenke aus – vom Ferrari aus Italien bis zum Kalaschnikow-Set aus Afghanistan. Aus Wien gab's ein Porzellanpüppchen nebst einem Steyrer-Truck.

Und so kam der erste Advent. Ich buk Vanillekipferl mit Cashewkernen, Finn klimperte „Stille Nacht" ganz zart auf der Gitarre und in der Ferne schwebte eine Seilbahn den Hausberg Lankawis hinauf. Übrigens ein österreichisches Modell! Finn fragte, ob in Österreich die Berge auch so hoch waren. Wirst du schon sehen, dachte ich, denn nächstes Jahr um diese Zeit würden wir wahrscheinlich Finn per Ski in die österreichische Alpenwelt einführen.

Diese Reise wäre dann Vergangenheit. Diese Reise, die uns an Plätze gebracht hatte, von denen wir nie geträumt hatten, weil wir nicht gewusst hatten, dass es sie gab. Ein leichtes Weh schlich sich plötzlich in unsere Herzen und das Bewusstsein, dass wir auf dem Heimweg waren.

Kurzes Intermezzo – was berühmte Fahrtensegler tun, wenn keiner zuschaut

Der Mann im knallroten „Overall", Typ Harrison Ford kurz nach gefährlicher Verfolgungsjagd, zog sich den Sturzhelm vom verschwitzten Haupt und freute sich wie ein Schneekönig. Seine Fahrzeit war von den anderen nicht annähernd erreicht worden. Die anwesenden Segler, darunter mein Ehemann Peter, wirkten etwas echauffiert, waren sie doch eher auf Segelregatten eingestellt als auf ein Wettrennen im Gokart-Center Lankawi. Und wer glaubt, Gokartfahren sei eine nette Sonntagnachmittagsbeschäftigung, der war noch nicht mit Bobby Schenk auf der Strecke gewesen, dem mehrfachen Weltumsegler, Pilotenscheinbesitzer und Buchautor.

Und so wie er hier leichtfüßig zu den anderen Seglern trabte, Gokart fachsimpelte und strahlte, wirkte der damals beinahe Siebziger nicht so, als würde er je auf die Idee kommen, den Ausdruck Ruhestand in seinen Wortschatz aufzunehmen. Ebenso seine Frau Carla – wie Carl nur mit a –, meinte sie trocken, als wir uns die Hand reichten. Also wenn wir hier schon Harrison Ford herbeibeschwören, dann war Carla mit ihren blitzenden blauen Augen und der schlanken Gestalt niemand anders als Meryl Streep.

Seefrau wie aus dem Bilderbuch!

Ich warf den „Ewige Jugend"-Drink aus Singapur in den Müll, denn wenn etwas ewige Jugend bescherte, dann wohl das Fahrtenseglerleben!

Und so verbrachten wir einige Tage in Lankawi mit dem Fahrtenseglerpaar schlechthin beim Gokartfahren und plauderten über vieles und wenig übers Segeln. Was zur Abwechslung auch mal ganz schön erfrischend war. Dass dieses Traumpaar in seinem Leben kein Abenteuer ausgelassen hat, war ganz offensichtlich. Carla Streep und Harrison Schenk, dachte ich mir, wie herrlich es war, Leute zu treffen, die nicht rasten und nicht rosten. Die ihr Leben leben und dabei verdammt glücklich aussehen.

Phuket im Dezember

Gerade hatten wir in Telaga aus Malaysien ausklariert und wollten uns auf die Socken ins nahe Thailand machen – wenige Tagestörns entfernt – da fiel mir bei einem Abschiedscappuccino im französischen Kaffeehaus der Marina Meile eine Zeitung in die Hand. Als Titelfoto, rot angeröstete Dickhäuter am Massenstrand, im Vordergrund zwei dürre Thailänderinnen, die gerade versuchten, auf diesen Fleischbergen eine Massage auszuführen. Neben den bunten Plastikstrandliegen Bierdosen und Chipspackungen. „Phuket im Dezember", uns traf fast der Schlag.

Wir beschlossen dennoch, Thailand eine Chance zu geben, schon weil zu Weihnachten Peters Schwester und Nichte dort eintreffen würde, und man soll ja nicht von einem Foto auf ein Land schließen.

Und so waren wir sehr erfreut, als wir die kleinen thailändischen Inselchen von Lankawi nach Phuket abklapperten und wunderschöne Ankerplätze, einsam und bezaubernd, entdeckten.

Wind gab es sporadisch – gegen uns. Aber die Sonne kam schon öfter hinter den grauen Wolken hervor und die seltsamen Felstürme im flachen, glatten Meer auf dieser Strecke wirkten unglaublich bizarr.

In Kho Lippe trafen wir wieder auf die VERAS und ESPIS. Der Ankerplatz zeichnete sich durch Schwell und ein gutes Restaurant am Strand aus. Wir blieben und verbrachten einen romantischen Abend an Land. Resorts gibt es ja in Thailand überall. Wir saßen an wunderschön gedeckten Tischen am Strand, Fackeln beleuchteten die thailändischen Speisen, die gereicht wurden. Ich wusste nach dem ersten Bissen, dieses Essen war das beste auf dem gesamten Trip. Ilse von der ESPI schien der gleichen Meinung zu sein, wobei sie nur nicken konnte, denn das höllisch scharfe Masaman-Curry trieb ihr die Schweißperlen auf die Stirn und verschlug ihr die Sprache. Finn verdrückte sein Red Curry, ohne mit der Wimper zu zucken, und die Köchinnen kamen aus der Küche, um sich diesen Jungen aus Europa anzusehen, der die Kinderkarte mit den Hamburgern verweigert hatte und thailändisch aß. Als Belohnung schickten die begeisterten Damen Eiscreme zum Dessert. Der Heimweg endete dann beinahe in einem Fiasko. Der Schwell hatte aus irgendwelchen Gründen fast Tsunamigröße erreicht, aber wir konnten eben nur per Dingi unser Hotel erreichen. Peter spürte seinen Surfersinnen nach und wir stürzten uns in die schwarze Nacht und Welle. VERA soff halb ab, der Outborder von ESPIS soff ganz ab und wir soffen einige gewaltige Schlucke Salzwasser. Pudelnass erreichten wir unsere Schiffe und stellten fest – Segler kommen nie ganz ohne Abenteuer aus – auch nicht nach einem harmlos romantischen Stranddinner!

Wir versuchten am nächsten Tag einen Ankerplatz vor dem berühmten „Beach" auf den Phi Phi Inseln zu finden. Circa 30 andere Schiffe hatten dieselbe Idee gehabt. Schließlich ankerten wir eine Insel weiter zwischen Hunderten Ausflugsschiffen und Chartersegelbooten mit im nächtlichen Squall slippenden Ankern. Vom Strand dröhnte Discomusik und die vollgedröhnten Touristen tanzten dazu. Das Essen hielt uns schließlich in Thailand. Denn es hatte derart gut angefangen, dass wir bereit waren, einiges auf uns zu nehmen, um noch ein bisschen in diesen Geschmacksexplosionen aufzugehen.

Von weiter Ferne schon begrüßte uns der Riesenbuddha hoch in den Hügeln Phukets.

Offensichtlich hatte unser Dingi Probleme mit unserer Entscheidung ‚Thailand zu besuchen und knallte beim Versuch, während eines heftigen Squalls zum Schiff zu kommen, auf einen Stein. Wir tuckerten im Schleichtempo mit röchelndem Motor durchs Ankerfeld. Strömender Regen nahm uns jede Sicht. Der Outborder schien jeden Augenblick seinen Geist aufzugeben und um nicht völlig von den Sturmböen vertrieben zu werden, klammerten wir uns an einen riesigen Katamaran. Dort unter der überdachten 100 Quadratmeter großen Decksfläche stand ein langhaariger Typ und saugte an einem Joint. Seine thailändische Freundin winkte uns lächelnd zu. Ich fragte, ob wir kurz hier stoppen dürften, da wir ein Problem hätten. Klar, murmelte Django und zündete sich noch eine Tröte an. Neben seinem 25-PS-Superdingi („Mit Lenkrad!" bemerkte der Finn beeindruckt) versuchte Peter vergeblich unseren Außenbordmotor zu aktivieren, schließlich ließen wir uns weitertreiben. Der Typ blickte uns mit glasigen Augen nach und seine Freundin lächelte.

Mir war klar, dass dies der perfekte Augenblick war, um Finn die Bedeutung des Wortes „Seemannschaft" zu erklären. Er sagte darauf: „Aha. Und was ist eine Prostituierte?"

Thailand – Traumferienparadies für Familien! Tagsüber sicher, an diesem Abend waren wir jedoch auf der Suche nach einem Supermarkt ins Dunkel geraten und mitten in den Rotlichtbezirk. So machte ich mal wieder einen Versuch, unserem Neunjährigen die Geheimnisse der Liebe und ihrer Abarten zu erklären, worauf er antwortete: „Aha. Wahrscheinlich ist die Schraube locker geworden." Und dabei blickte er besorgt auf unseren Dingimotor. Was soll's, dachte ich und überlegte mir ein kreatives Märchen für die Gute-Nacht-Geschichte, vielleicht über hübsche Inderinnen verliebt in Motoringenieure. Irgendwie würde ich die ganze Aufklärungssache schon verpacken. Tags darauf tuckerten wir nach Nai Harn, irgendjemand hatte dort von einer Seglerbar mit Live-Reggaemusik erzählt. Wir waren nicht die Einzigen, die sich dort hinlocken ließen. 20 Segelboote aus aller Welt ankerten im leichten Schwell und entspannten. Am Strand natürlich ein Resort nach dem anderen plus Massenstrand, der aber leer schien. Im Wasser blaue Quallen. In der linken Ecke des Sandstrandes war ein entzückendes verfallenes Lokal mit Holzbänken und darauf saßen sämtliche Crews des Ankerfeldes.

Dies würde unser Stammlokal für den Rest der Zeit in Thailand werden. Hier würden wir unseren Red-Sea-Konvoi gründen, das Kuhhandel-Spiel bis tief in die lauen Tropennächte spielen, mit Curry unsere Gaumen verätzen und von hier aus mit Motorrad und Auto den Rest der Halbinsel erforschen. Thailand würde uns doch noch ans Herz wachsen und heute wärmt die Erinnerung an diese unwinterlich weihnachtlichen Sommerwochen meine klammen Zehen, die in dicken gewalkten Hauspatschen aus der Steiermark stecken. Draußen schneit es und die Wiener Straßen erglänzen nicht in einem tropischen Sonneuntergang, sondern im Licht des Weihnachtsschmucks. Auch schön, aber sehr anders.

Bordmail von der Risho Maru

Liebe Katsch,

habe gerade das Lebkuchenhaus fertig gebaut. Jedes Jahr! Dafür sollte ich schon den Oskar der Weltumsegler kriegen. Back mal bei 32 Grad Außentemperatur Lebkuchen. Schwitz. Und dann durch die Luftfeuchtigkeit der Tropen biegt sich das ganze eh schon baufällige Häuschen in alle Richtungen. Finn ist glücklich dabei. Lebkuchengewürz hatte ich übrigens noch von zu Hause... feucht, aber nicht schimmelig.

Unserem Afriki-Mann, dem Ian, haben wir Vanillekipferl geschenkt und eine Bienenwachskerze (auch von zu Hause). Er hat alles gegessen – auch die Kerze – haha! Dachte, es wäre eine österreichische Spezialität! Klebt ihm heute noch zwischen den Zähnen! Gestern haben wir dann mit Dingi und Finn an der Gitarre Weihnachtslieder von Schiff zu Schiff gesungen. Herbergssuche! War echt lustig. Sind ja einige deutschsprachige Schiffe hier! Es lebe die Tradition! Morgen kommen Andrea und Tini, wir feiern gemeinsam Weihnachten. Freuen uns so! Kuriert eure Verkühlungen aus. Wir schicken Sonnenstrahlen und Kokosbusserl!

Alex und die Weihnachtsmänner

PS. Und natürlich Frohes Fest! Schneit es zu Hause? Bibber ...

Liebes Tagebuch, Nai Harn, Thailand

Kokosmilchsuppe mit Zitronengras und Huhn. I love it!!!!!!!!

Liebes Tagebuch, Nai Harn

War beim Thaiboxen. War knapp daran zu wetten. Diese Reise erweckt in mir Seiten, die mich manchmal schockieren. Wetten! Ich wollte Wetten abschließen mit Geld!!! Ich?! Doch... Finns große Kinderaugen haben mich dann davon abgehalten.

Liebes Tagebuch, Nai Harn

Diese grauslichen dicken Männer mit den Teenager-Thaiprinzessinnen. Das gibt es wirklich. In echt. Grauslich.
Und dann war da dieses nette Pärchen er Franzose, sie Thai, und verkauften diese göttlichen Baguettes in ihrer Boulangerie abseits des Tourismus und wirkten wie ein ganz normales Paar. Das gibt es also auch, schön!!!

Auf einem anderen Planeten

Der Planet Risho Maru kreist im Segleruniversum viele Lichtjahre entfernt von Alltagswelten und nur sporadisch erreichen ihn Botschaften aus der alten Heimat, überbracht von Lebewesen, die dort leben und sich Familie nennen. Am 24. Dezember 2008 erreichten zwei von ihnen den Planeten mit einer Maschine, die fliegen kann, und waren seltsam gekleidet. Dick verpackt in Hüllen, die man Winterjacke oder Jeans nennt, stolperten sie mit ungemütlichen Geräten an den Füßen, Stiefeln, uns entgegen und wir erkannten unter zahllosen Kleidungsschichten Andrea, Peters Schwester und Tini, Peters Nichte.

Tini zerrte hinter sich eine Art Stoffhund auf Rädern, doggengroß, und stieß schnaufend Wörter aus: „Alles für euch ... jeder ... mitgegeben ... Sch...schwerer Koffer." Andrea ging nach hinten gebeugt, ein überdimensionaler Segelsack auf ihren Schultern. Brachte sie das Tuch für einen Dreimaster?

„Nein, nein ... ich hoffe, ihr könnt mir eine Zahnbürste borgen ... kein Platz mehr ...“

Song, unser thailändischer Taxifahrer, hatte in diesem Moment die Bedeutung eines wichtigen Wortes in Thailand auf Englisch verstanden. Buddhamäßig lächelte er in Richtung der Ankömmlinge und formte mit seinen Lippen genüsslich das Wort „Tourist?“

Da das Begleitschiff der Planetenbewohner nicht groß genug für all das Gepäck war, blieben die Neuankömmlinge mit dem Kind der Außerirdischen, auch ihr Neffe beziehungsweise Cousin, am Strand zurück.

Das Kind, unwinterlich braun gebrannt mit nackten Füßen im lauwarmen Wasser, fleckigen Seglerhosen und Strohhut, sommersprossig, meinte fachmännisch: „Kaum Schwell hier, gut zum Anlegen, mögt ihr Masaman-Curry und was haltet ihr von Rage against the machine?“

Am Schiff gab es Schwarztee mit Limette und Camembert mit Baguette, doch die Außerirdischen stürzten sich auf die mitgebrachten Weihnachtskekse, die am 24. Dezember in Österreich wirklich keiner mehr sehen oder essen konnte!

Andrea und Tini schwammen im lauen Wasser des Indischen Ozeans, Finn zeigte daran wenig Interesse. Das hatte er doch jeden Tag und heute war es etwas trüb. Andrea wunderte sich über die gebügelte Wäsche an der Reling. In den Wind hängen statt bügeln, wurde sie aufgeklärt. Tini schlummerte im Netz des Planeten ein, um etwas geröstet aufzuwachen. Tropensonne ist trotz grauem Himmel gefährlich! Abends saß man mit den anderen Sternen des Segeluniversums im Stammlokal.

Plaudereien über falsch genähte Segel, bestellte Wassermacherteile und kaputte Klopumpen lullten die Gäste ein, deren Blick auf der langsam im Ozean in allen Türkis- und Pinktönen versinkenden Sonne ruhte. Ihre Jetlagaugen glänzten und die bleichen Winterwangen färbten sich rosa, als die Kokosmilchsuppe mit Zitronengras serviert wurde. „So schön“, hauchte

Tini, „So scharf", keuchte Andrea.

Abends prasselte ein Geschenkeregen auf die Außerirdischen nieder, mit Köstlichkeiten, die sie schon einige Zeit hatten entbehren müssen, wie Kernöl und Kletzenbrot, Mannerschnitten und Marzipanrollen. Tannengründuft und Honiglikör wurde beglückt inhaliert.

Und so vergingen die Tage mit ein bisschen Sightseeing, buddhistischen Tempeln, Souvenireinkäufen, Regenwaldspaziergängen, Elefantenbesuchen, Curryverkostungen, vielen Gesprächen und natürlich einigen Schulstunden für Finn mit einer echten Lehrerin. Andrea prüfte die Leistungen ihres Neffen und lernte, dass Komodo-Warane in Indonesien eine Kuh pro Monat verspeisen und der Wakatanz der Volkstanz der Maoris ist, bei dem man die Zunge rausstecken darf. Dass es im Segleruniversum natürlich das Einmaleins gab, beruhigte Andrea sehr, denn so konnte man am schnellsten ausrechnen, wann man wo ankam. Noch 56 Seemeilen zu segeln. Bei 7 Knoten also noch acht Stunden, wenn der Wind hält. Wenn nicht, eben länger. Einiges war anders auf diesem Planeten. Handy und Internet waren zweitrangig, wo man die Wäsche waschen konnte, die Schiffsschraube bestellen, das Segel nähen, diese Informationen hatten absoluten Vorrang. Auch die Orientierung in einem fremden Supermarkt sollte gelernt sein. Pulvermilch statt echter, Butter mit Salz (hält länger), Vollkornmehl nur vom deutschen Bäcker, Trockenhefe vom Franzosen, Käse ist billig aus Australien. Trinkwasser musste gespart werden, Drachenfrüchte schmecken wie Kiwis. Lemongras nur ein Gewürz, nicht zum Aufessen, und Papageienfische schmecken wie Forellen. Limetten sind die besten Vitamine und Schwimmen in der Nacht wagen nur Greenhorns – wegen der Haie.

Andrea und Tini fügten sich leicht ein, gewöhnten sich an den nassen Popo nach der Dingifahrt, das frische Brot an Bord, das Klo unter den Sternen, den Sundowner mit Freunden.

Gemeinsam hießen wir das Jahr 2009 willkommen, der Himmel voller Sterne und leuchtender Ballons. Die Nachbarplaneten mit den Namen Afriki, Antares und Esperanza und wie sie alle hießen wünschten alles Gute und Risho Maru versprach den Besuchern, die Außerirdischen gut heimzusegeln.

Andrea und Tini stiegen braun gebrannt und fröhlich und ein bisschen außerplanetarisch in die Maschine mit den Flügeln und träumten wahrscheinlich noch einige Zeit von Kokosmilch, lächelnden Mönchen, freundlichen Elefanten, schaukelnden Kojen und und und ...

Die Außerirdischen blieben zurück und waren mit einigen Vanillekipferln, Linzeraugen und Honigkerzen ihrer heimatlichen Galaxie beträchtlich näher gerückt.

Red-Sea-Konvoi

Weihnachten und Silvester waren abgefeiert und unter den Seglern wurden die Gesichter ernst. Vor allem bei jenen, die wie wir den Plan hatten, durchs Rote Meer heimzusegeln. Dass uns diese Strecke schon seit längerer Zeit Bauchweh verursachte, war klar. Piraten, Tanker gekidnappt, Segler entführt, Gegenwind und Korruption. Alles, was Fahrtensegler nicht brauchen und sonst auch niemand. Aber wir waren nun mal in Thailand und eine Entscheidung musste gefällt werden. Ich bin ja nur froh, dass Peter da immer sehr klar und überlegt ist. Er ließ sich von Panik und Trubel nie merkbar anstecken und verfolgte immer sein Ziel. Bewundernswert. Ich würde wahrscheinlich wirklich noch immer in Gibraltar Tee trinken oder in Neuseeland auf ein Wetterfenster warten.

Was nicht heißen soll, dass sich Peter nicht seine Gedanken machte. Und so war der Plan sehr früh klar: Wir würden in einem Konvoi segeln. Unser Red-Sea-Konvoi nahm seinen Anfang durch das Spiel Kuhhandel. Lohnt sich, es macht Spaß, verbindet Nationen und hilft gegen Piratenangst.

In den Ferienwochen in Nai Harn saßen wir plötzlich nächtelang mit Antares, den Holländern, Njord, den Dänen und Afriki, dem Kanadier zusammen. Eines Abends gesellten sich auch Helen Kate, die Norweger, dazu. Die Abende waren lang, voller Lachen und wir fühlten uns alle miteinander sauwohl. Wir waren vier Jahre auf derselben Route gesegelt, aber hatten uns zumeist knapp versäumt oder um ein paar Inseln verpasst. Außer Ian von der Afriki hatten wir keines der anderen Segelboote länger als auf ein „Hallo" getroffen. Ians Plan war, zum Kap der Guten Hoffnung zu segeln. Und so verabschiedeten wir uns nach Silvester unter Tränen, versprachen, uns zu schreiben und winkten Afriki ein letztes Mal zu, als sie ums Eck nach Patong segelte um Großeinkäufe zu machen. Am nächsten Tag war Afriki wieder da. Ian segelte haarscharf an uns vorbei und brüllte „Afriki goes Red Sea!!!" Er hatte einen Abend in Patong mit Njord verbracht und festgestellt, alle Leute die ihm Freude machten, segelten woandershin. Warum folgte er dann nicht ihren Spuren? Somit war klar, Afriki war beim Konvoi dabei.

Ebenso Antares, sozusagen das zweite Kinderschiff. Zwar war der Altersunterschied zwischen Marein, dem Dreijährigen, und Finn, dem Neunjährigen, groß, was die beiden aber nicht daran hinderte, dicke Freunde zu werden. Ein interessantes Phänomen, dass bei den Segelkindern oft gab und Finn bis heute beibehalten hat.

Helen Kate wollten schon früher los aus Thailand, was ihnen aber eine Darmgrippe vereitelte. Sie waren also auch dabei. Njord wartete noch auf Crew und so gab es noch einige Tage Aufschub, an denen wir uns den Tag mit dem Kuhspiel verkürzten. Schließlich wurde der Tag der Abreise festgelegt. Das Wetter passte, die Crews waren bereit. Der Red-Sea-Konvoi komplett. Zu fünft würden wir den Golf von Aden beehren.

Erstes gemeinsames Ziel war jedoch Sri Lanka, nur Antares hatte beschlossen, doch erst auf den Malediven zum Konvoi zu stoßen. Bei Afriki war Crew dazugekommen, der sympathische Südafrikaner Hugh. Njord hatte seine dänische Truppe beisammen, Ole, Siff und Regine.

Auf dem Trip von den Malediven durch den Indischen Ozean würde noch der englische Solosegler Nick auf seiner KIKA dazukommen. Nummer 6.

Ian hatte an einem der letzen Abende das leidige Thema Piraten nochmals angesprochen mit Hinblick darauf, was wir tun würden, sollte eines der Schiffe angegriffen werden. Ian war der Meinung, zusammenzubleiben. Und sollte ein Schiff „geborded" werden, würden die Schiffe, die keine Kinder an Bord hätten, zu Hilfe kommen, die anderen in der Nähe bleiben und den Notruf setzen. Es treibt mir heute noch die Gänsehaut auf den Rücken, denke ich an diese Gespräche. Aber sie waren notwendig und gut.

Auch organisierten wir ein Radionetz – The No-Name-Net – das zu Berühmtheit gelangen würde durch Ians witzige Moderation und Peters tägliche Musik-Improvisationen.

In Sichtweite würden wir erst ab den Malediven segeln. Das Radionetz wurde ab sofort aktiviert. Auch blieben wir in Funkkontakt mit der Vasco da Gama Rally, die diese Strecke zur selben Zeit segelte. Und so begann eine Zeit, die rückblickend trotz des leidigen Reviers als eine der schönsten und besten Zeiten der Reise bezeichnet werden kann. Wir waren frei, verrückt, glücklich und unter Freunden. Seemannschaft wie im Bilderbuch. Keine Konkurrenz, kein Streit, keine Eifersüchteleien. Nähe, Freude, Zusammenhalt. Freundschaft ist stärker als der Südwind, sollte eines von Ians Gedichten auf dem „No-Name-Net" enden. Und so war es. Unvergesslich. Für immer.

Logbuch des Kapitäns

19. Januar

12.00 Uhr

Segeln seit ein paar Stunden von Thailand in Richtung Nicobaren. Alles passt.

17.00 Uhr

Kleiner Schock. Großsegel an der Naht beim Baum gerissen. Brüchig von der Sonne. Nähen seit einer Stunde einen Patch drauf. Alex ziemlich entnervt, dass dies jetzt beim Wegsegeln passiert. HELEN KATE hat eine Nähmaschine an Bord. Können das sicher auf Sri Lanka noch nachbessern.

AFRIKIS Autopilot spinnt. Ian überlegt nach Thailand zurückzusegeln. Ingwill auf HELEN KATE sehr seekrank.

20.00 Uhr

Alle wieder auf Kurs. Ians Autopilot hat sich wieder eingerenkt. Patch fertiggenäht. Hält.

Hab gerade mein Kontrollrunde mit Taschenlampe gemacht. Alles passt.

23.00 Uhr

Musste Alex wecken. Wind auf 25 Knoten aufgefrischt. Haben Reff eingebunden. AFRIKI noch in Sichtweite.

20. Januar

9.00 Uhr

No-Name-Net-Runde, passt. Allen geht's gut. Finn ruft gerade „Fisch!!!“ Muss an Deck.

10.00 Uhr

Das war ein Riesenbrocken. Köder ab. Stahlvorfach gerissen. Wahrscheinlich ein Hai.

15.00 Uhr

Kleine Reparatur an der Steuerbordwinsch. Kugellager macht schon länger Probleme. Bis ins Mittelmeer sollte es halten.

22. Januar

Sind auf dem Wegepunkt durch den Sombrero Channel. Herrlicher Sonnenaufgang.

AFRIKI noch immer am Horizont zu sehen. Ingwill auf der HE-

LEN KATE hat Darmgrippe-Rückfall. Sprechen ihr Mut zu. Schiff names CHALLUNGI hat sich gemeldet. Ist auch auf dem Weg zu den Malediven und hat seinen Pass in Phuket beim Autoverleih vergessen!!!

Haben es durch No-Name-Net geschafft, ANTARES zu erreichen, die noch in Phuket sind. Sie nehmen Pass mit zu den Malediven. Nicht schlecht, oder?

18.10 Uhr

Segeln mit Spinnaker seit zwei Stunden. Herrlich.

23. Januar

10.00 Uhr

Inwill geht's sehr schlecht. Haben versucht, Segler in Sri Lanka zu erreichen wegen Krankenhaus. Mist.

13.00 Uhr

Erreichen Airmailstation Bombay über Funk. Fünfzehn Knoten Wind die nächsten Tage. Passt.

Mittags gab es frisches Fladenbrot und Eiaufstrich. Jetzt ruhen wir. Finn muss wachen. Natürlich haben wir die Eieruhren auf 20 Minuten. Finn liest Asterix und Obelix laut vor: „Die No..., No..., die Normannen!"

18.00 Uhr

Finn ist der Koch. Hat Spaghetti gemacht. Super!

22.00 Uhr

Müssen aufpassen wegen Schiffsverkehr. Südspitze Sri Lankas rückt näher. An das Trennungsgebiet halten sich die Fischer hier definitiv nicht.

24. Januar

10.00 Uhr

Ingwil geht's etwas besser. Uff. Ziemlich hart für sie, der Törn. Haben ihr per Funk ein Lied gesungen zur Aufmunterung!

12.00 Uhr

Fisch! Fisch! Ein fetter Wahoo! Hat wenig gekämpft, hab ihn längsseits geholt und dann mit einem guten Zug auf das Lattenrost vor dem Großmast. Hirnstich zwischen Kiemen und Augen. Geht nach vier Jahren Übung schnell. Filetieren, Rest über Bord, heute gibt es ein köstliches Abendmahl!

15.00 Uhr

Reff im Groß, der Wind hat aufgefrischt.

22.00 Uhr

Erste Fischer in Sicht.

25. Januar

5.00 Uhr

Man riecht das Land!

6.30 Uhr

Man sieht das Land!

7.00 Uhr

Null Wind.

10.00 Uhr

Fischer waren längsseits mit einem riesigen Auslegerboot. Schauen aus, wie echte Piraten, aber es war die netteste Begrüßung, die wir je hatten.

Bekommen Thunfisch geschenkt – blöderweise haben wir noch den Wahoo und zusätzlich einen Thunfisch selbst gefangen ... aber Geschenke lehnt man hierzulande nicht ab ...

12.10 Einfahrt Hafen Galle

Müssen im Schwell ankern. Windsor Agent hat sich auf 69 gemeldet. Warten.

13.00 Uhr Warten

14.00 Uhr

Gerade hat CARINA neben uns geankert. Der Ungar in seiner 6-Meter-Nussschale ist auf der gleichen Strecke wie wir unterwegs. Echter Held. Warten.

16.00 Uhr

Endlich im Hafen, an der Boje hinter SABRINA. Auch Österreicher. AFRIKI ist im Anflug, HELEN KATE kurz hinter ihm und NJORD kommen morgen. Morgen wird gefeiert und Kuhhandel gespielt.

Auf AFRIKI haben Ian und Hugh ein Kuhhandel-Spiel selbst gebastelt. Bin sehr neugierig!

Gesamt 1.093 Seemeilen.

26. Januar, Liebes Tagebuch!

Sri Lanka! Schöne Menschen. Heiß. Müde. Zu viel Rum, noch kein indisches Essen. Überfahrt? Gut!
Die Typen vom Zoll waren eine Augenweide. Im Unterleiberl mit leerem (!!!) Aktenkoffer, wohl um ihn an Bord der einreisenden Schiffe zu füllen. Wollten Rum! Haben ihm indonesische Zigaretten angeboten, er wollte Marlboros! Arg!

27. Januar, Liebes Tagebuch

Glück!!! Vor uns die SABRINAS aus Graz haben eine professionelle Segelnähmaschine und Heinz näht gerade unser Großsegel! Kann man mehr Glück haben? Die Gertraud, seine Frau, ist eine ziemlich lässige, toughe Lady. Hat mir erzählt, als sie einmal in einem ziemlich stürmischen Törn, als Kaptain Heinz wohlverdient ruhte, von Hand steuerte und nebenbei eine heulende Männercrew trösten musste! Sehe sie direkt vor mir, das Superweib! Haha! Ihr Geld hat sie einst mit dem Verkauf bemalter Porzellanpuppen verdient! Das nenn ich Weiterentwicklung!

Liebes Tagebuch

Landreise! Finn hat gepackt! Fahren mit dem Zug! Große Aufregung! Die SABRIRNAS passen auf die RISHO auf.

Sri Lanka: Chaos und Schönheit

Kühe sind hier heilig. Das war ziemlich offensichtlich.

Die Kuh stand halb im Supermarkt und halb auf dem Gehsteig. Das schien niemanden zu stören. Also quetschten wir uns an dem Vieh vorbei. Im Geschäft türmten sich die Waren. Diverse Dosen, Säcke voller Hülsenfrüchte, Trockenmilchpakete, Zwiebeln, Kartoffeln, Waschmittel, Besen und natürlich Curry. Der freundliche Mann hinter der Theke wackelte mit dem Kopf, als er uns sah. Dieses Kopfwackeln hatte uns schon mehrmals verwirrt. Einmal fragte ich nach dem richtigen Weg zum Gemüsemarkt. Rechts oder Links? Kopfwackeln. Rechts? Kopfwackeln. Ja oder nein? Kopfwackeln. Ja? Kopfwackeln. Es war dann der richtige Weg, was aber nicht heißt, dass Kopfwackeln Ja bedeutet. Prinzipiell muss man in Sri Lanka davon ausgehen, dass alles mit Ja beantwortet wird, auch wenn es Nein bedeutet. Das war natürlich verwirrend und manchmal ärgerlich. Als wir zum Beispiel im Hochland in Kandy in einen Bus stiegen und fragten, ob der Bus nach Nuara Aylia fuhr. Kopfwackeln. Fuhr er dann aber nicht. Der Kopfwackler-Typ vor dem Bus war einfach ein Schlepper der Busfahrer, der Kunden besorgte, damit Geld in die Kasse kam Er erhielt für jede vermittelte Busfahrt eine Provision. Dass einige Touristen eigentlich in die andere Richtung wollten, spielte keine Rolle. Als wir nämlich nach mühsamer Rückfahrt wieder am Ausgangspunkt waren, wackelte er wieder mit dem Kopf, als er uns zufällig über den Weg lief.

Treiben lassen, das war wohl das Beste in Sri Lanka. Peter hatte vor Jahren schon die Insel bereist und immer davon geschwärmt. Wir wandelten also auf alten Spuren. Oder Geleisen. Denn mit dem Zug ging es von Galle Harbour ins Hochland zu den berühmten Teeplantagen.

Irgendetwas zu planen ist in Sri Lanka sinnlos. So gingen wir einfach in der Frühe zum Bahnhof, fragten den Bahnbeamten, wann der Zug nach Columbo ginge. Erst am Nachmittag, war die kopfwackelne Antwort. Fünf Minuten später saßen wir im Zug nach Columbo und ließen die Landschaft vorbeiziehen.

Finn war absolut begeistert. Er, der Zugfan schlechthin, dem nichts aus Österreich fehlte außer seiner Märklin-Eisenbahn und seiner Großmutter, saß in einem indischen Überlandzug. Offene Fenster, knarrende Holzbänke, sehr authentische Toiletten – rostiges Loch im Boden, das man sich mit Riesenkakerlaken teilte ...

Rechts zogen Strände vorbei, links Dschungellandschaft mit kleinen Hütten. Überall Menschen. So viel Leben. Wir passierten eine klapprige Eisenbahnbrücke und ich erinnerte mich an Katastrophenmeldungen von überfüllten Zügen, die von einem Tsunami weggeschwappt wurden. Schluck.

Schließlich die Slums am Rande der Stadt Columbo – Wäsche zum Trocknen neben den Gleisen ausgebreitet. Überall Kot aus den rostigen Toilettenlöchern der Züge. Abfallberge und verfallene Holzverschläge. Die Menschen jedoch in sauberen Saris, schön gemacht, Schulkinder in Uniformen.

Kurzer Zwischenstopp in Columbo. Bahnhofsviertel. Wir quetschten uns durch die Massen auf der Suche nach einem Restaurant. Das Essen, serviert auf einem Zeitungspapier auf Plastiktablett, war so scharf, dass wir versuchten, mit vier Cola das Brennen zu lindern. Jeder.

Wieder im Zug lichtete sich der Großstadtdschungel und langsam kletterten wir die Hügel nach Kandy hinauf. Lieblichste Landschaft. Grüne Berge, Nebelfetzen, Wälder, Reisfelder und Clodmilldos. In Indien dürfte diese, in diesem Buch bereits angesprochene Spezies Mensch, weit verbreitet sein.

Unser erster ceylonesischer Clodmilldo sprach deutsch, weil angeblich in Stuttgart gearbeitet hatte und plauderte gemütlich mit uns, bis er schließlich in einem Nebensatz damit rausrückte, dass er Geld brauchte. Wir rückten damit aber nicht raus. Das heißt ich, denn Peter war beim Geplänkel des Herrn eingeschlafen. Finn starrte begeistert aus dem Zug. No money. Darauf fragte er mich etwas irritiert, ob ich wüsste, wie alt er sei. Keine Ahnung. Ich setzte unten an. 50. Ja, genau 50, und heute habe er Geburtstag und leider gäbe es zu Hause beim Geburtstag nur Fisch, weil chicken so teuer sei und auf einem richtigen Fest sollte es chicken geben und ich könnte da doch ein wenig beisteuern – für ein richtiges Fest, kopfwackelte er. Nein. No money. Sein Blick verfinsterte sich. Dann begann er von seinen Kindern zu erzählen, die in die Schule gingen und Kugelschreiber brauchten. Hätte ich vielleicht einen Kugelschreiber für ihn? Ich kramte in meiner Tasche, fand keinen. Peter wachte auf und schaute verwirrt herum. Clodmilldo fixierte meinen Mann und sagte: „You are a good man", dabei blickte er böse zu mir. „And I am a bad woman", gab ich freundlich zurück. Das war genug. Clodmilldo stand schimpfend auf und verließ den Zug, gerade waren wir in eine Station eingefahren. Seine Storys waren gut gewesen, irgendwie dachte ich mit schlechtem Gewissen, dass diese Aufführung schon ein paar Rupies wert gewesen wäre. Aber dieses Kopfgewackel ...

Nach Stunden im Zug erreichten wir Kandy – dort ruht der Eckzahn Bhuddas in einem goldenen Schrein – das schien uns Grund genug, hier zu verweilen. Auch waren wir vom Zug mehr als durchgerüttelt. Nur Finn hing noch immer begeistert am Fenster.

Im unglaublichen Getümmel des Bahnhofs fröstelten wir. Uns war kalt! Wir waren im Hochland und die dampfig heiße Luft abgelöst von frischer Höhenluft. Ein Lonely-Planet-Reiseführer war unter den Seglern herumgereicht worden und so war es kein Wunder, dass wir unsere Segelfreunde noch am selben Abend im selben Hotel wiedertrafen! Kuhhandel! Der moslemische Besitzer des Hause kochte für uns – nach circa drei Stunden war das Essen da – aber wir waren bereits in unser Spiel vertieft. Finn schlief selig im Hotelzimmer – wie immer eine Besonderheit – und sprach im Schlaf von Kakerlaken und ICE-Zügen.

Am nächsten Morgen saßen wir in Decken gehüllt auf der sonnigen Terrasse des Hotels und blickten in die Berge. Es war richtig frisch und der schwarze Tee, der serviert wurde, richtig indisch und das Omelette mit Schinken und schlabbrigem Toast richtig kolonialenglisch. Perfekt. Wir waren hingerissen!

Als wir das heiße Thailand verlassen hatten, hätten wir nie gedacht, bald kalte Füße zu bekommen!

Nach einer abenteuerlichen Reise über die Hügel der Teeplantagen mit Zug und Bus erreichten wir Nuwara Eliya und beim ersten Markt kauften wir uns gefälschte Marken-Fleecepullover. Spazierten durch den schäbigen Ort, entdeckten ein nettes Hotel und wieder saß am Abend unser Red-Sea-Konvoi beisammen, spielte das Spiel und genoss ein knisterndes Kaminfeuer!!! Unser Zimmer war eiskalt, wie unsere Füße! Zu dritt kuschelten wir uns unter klammen Decken zusammen.

Den ganzen nächsten Vormittag beanspruchten Verhandlungen mit einigen Clodmilldos des Örtchens, bis wir einen Bus plus Chauffeur an die Südküste organisiert hatten. Aber es blieb noch Zeit, um mit Kaschim, einem netten Tuk-Tuk-Driver, zum Süßwassersee zu fahren, Pferde grasten dort und man fühlte sich wie im Südburgenland. Ich kaufte bei einer Bäuerin sogar selbst gemachte Erdbeermarmelade. Auf einer Teeplantage bekamen wir eine Führung und als wir durch die Plantage zu einem romantischen Spaziergang aufbrechen wollten, lag eine armdicke Riesenschlange quer über den Weg. Peter verweigerte jeden weiteren Schritt und wir drehten um. Ein laues Lüftchen wärmte unsere Glieder und wir stiegen schließlich in einen Kleinbus in den Süden. Kanada, Norwegen, Dänemark und Österreich erreichten spätabends ein Touristenfallen-Hotel, aber wir fielen schließlich nach einer ausgedehnten Kuhhandelsitzung ins Bett.

Im Uda Walawe Nationalpark standen wir dann mit Elefantenfamily im Hintergrund Modell für Bo von der Njord. Bo, Profi-Fotograf, machte ein Shooting, wir waren nicht ganz bei der Sache, denn das Elefantenbaby mit Familie kreuzte unseren Weg. Fasziniert starrten wir uns gegenseitig an, in magischer Stille, Elefantenauge, Menschenauge. Vorsichtig, neugierig, zurückhaltend. Das Baby hatten die Elefantendamen schützend zwischen sich und stupsten es mit den Rüsseln weiter, wenn es vor lauter Aufregung stehen blieb. Vor Jahren waren sie an einem schrecklichen Tag ins Landesinnere gelaufen. Weg vom Meer, weil sie spürten, dass etwas nicht stimmte. Die Menschen blieben, und zahllose Guides mit Jeep, Mann und Maus ertranken in den Fluten des Tsunamis, der zehn Minuten später Unheil über weite Landstriche brachte.

Ian von der Afriki stand ganz ruhig an unserem Rastplatz unter einem riesigen Baum und blickte auf den breiten Traumstrand und die blauen Wellen. Hinter ihm sanfte Graslandschaft, Steppe. Man konnte noch die Grundpfeiler der Bungalows sehen, ein einst romantisches Übernachtungsplätzchen des Parks, aber am 26. Dezember 2004 eine Todesfalle für eine zwölfköpfige Touristengruppe. „To die here, your eyes resting on this peaceful, perfect, beautiful place. Why not?", waren seine überraschenden Worte. „Better than on a grey day in a hospital in Toronto." Vielleicht hatte er recht.

Als wir im Expressbus nach Galle saßen, dachte ich mir, die Wahrscheinlichkeit, in einem indischen Bus bei einem Unfall zu sterben war um vieles höher, als von einem Tsunami weggeschwappt zu werden. Die Augen der Buddhafigur, die hinter der Windschutzscheibe vor dem Lenkrad des Busfahrers stand, blinkten bei jeder Vollbremsung rot auf. Ich hatte mich in meinen Sitz verkrochen und streichelte den schlafenden Finn. Auf meiner Lippe blühten mal wieder Fieberblasen, der Schmutz, der Staub, die Landreise waren anstrengend gewesen. Schließlich mussten Helen Kate, die vor uns direkt hinter dem Fahrer saßen, ihren Platz räumen, weil ein Mönch eingestiegen war. Offensichtlich waren diese Plätze bei Bedarf freizuhalten. Und Bedarf an ein paar buddhistischen Gebetsgesänge war beim Tempo und technischen Zustand des Busses durchaus gegeben!

Bei einem Kiosk pausierten wir kurz, benutzten Stehklos, begrüßten Kakerlaken und kauften indische Cola und Chilli-Erdnüsse. Nachdem wir die Packung verzehrt hatten, mussten wir bei einem fliegenden Händler an der nächsten Busstation viel Geld hinlegen, um ein paar Flaschen feuerlöschendes Wasser zu ergattern.

Galle erreichten wir verstaubt und erledigt, fielen nach einer kalten Dusche in unsere Kojen und genossen es, unser Zuhause mitzuhaben. Unser Klo zu haben, unser Wasser, unser Bett.

Aber hoffentlich nicht unsere Kakerlaken. Mike vom Yachtservice hatte die bestellten Waren gebracht und einige dieser unliebsamen Besucher dazu. Es waren aber letztendlich bloß Rüsselkäfer, denen wir eine Passage zu den Malediven ermöglichten. Es gefiel ihnen, denn sie begleiteten uns noch bis ins Mittelmeer. Indische Weltenbummler eben. Verstehen wir doch – so unter Kollegen.

Bordmail von der RISHO MARU

Liebe Katsch,

Sitze hier im Schlafzimmer der Tochter von Mike, dem Yachtservicetypen in Galle. Wir dürfen Karimas Computer benutzen und Finn hat ganz rote Ohren, so gut gefällt ihm die junge Inderin. Das Haus hier ist picobello sauber, überall gemütliche Couches und die Räume abgedunkelt. Kühler Kachelboden. Ein angenehmes Lüftchen zieht durch die offenen Türen trotz der mörderischen Affenhitze draußen. Auf dem Schiff ist es fast unerträglich. Morgen geht es zu den Malediven. Haben das Schiff voll mit Proviant, der muss jetzt für vier Wochen reichen. Auf den Malediven gibt es nur Diesel und Gemüse. Ganz ehrlich. Bin etwas segelmüde. Machen viele Meilen zurzeit. Du sitzt wahrscheinlich im kalten Wien und denkst dir, die spinnt. Segelt zu den Malediven, dem Traumziel vieler, und meckert. Ist so. Na ja. Aber heute Abend gehen wir noch indisch essen. Da geht's mir dann gleich besser, versprochen!

Bussi,

Alex und ihre Männer

Liebes Tagebuch

Irgendwo am Indischen Ozean. 15 Knoten von hinten. Flache See. Sonne. Besser geht's nicht, oder?
Hab gerade Einmaleins abgeprüft. Sieben mal acht. Werde ich mir nie merken können. AFRIKI neben uns.

Ein Durchgangsparadies

Und nun war es also passiert. Wir saßen auf dem Schiff mitten hinter einem türkis glitzernden Lagunen-Riff, einen Dingisprung von uns – die nördlichste Insel der Malediven, Uligamo, und irgendwie dachten wir nur: „Wie schön waren doch die Lagunen der Südsee gewesen." Das Wasser war klarer gewesen, die Fische bunter, die Riffe gesünder. Wir waren verwöhnt, anmaßend.

Da war er also, der Schon-gesehen-Effekt. Ich riss mich dann schließlich aus dieser trägen Stimmung mit dem Gedanken heraus, dass ich in einem halben Jahr von einem Ausblick wie diesem träumen würde, einem Licht wie diesem, einem blauen Himmel wie diesem, einem Plätschern wie diesem, dem leichten Wiegen des Schiffes. Denn da würde ich in Wien entweder beim Blick aus dem Fenster auf eine stark befahrene Straße blicken oder auf einen grauen Hinterhof.

Von Wiegen und Plätschern keine Spur. Andererseits gäbe es eine Badewanne, GRIB-files und Piraten wären mehr als zweitrangig. Wieder überkam mich diese segelmüde Traurigkeit. Da half nur ein Landgang.

Wir zogen das Dingi den aufgeworfenen Korallensand zwischen tiefen Bodenlöchern hinauf. Offensichtlich waren wir hier in einer Baustelle gelandet. Ein neuer Hafen schien geplant zu sein. Große Betonklötze lagen im Wasser, einige standen undekorativ am Strand und reflektierten die glühende Mittagshitze. Wir flüchteten in die schattige Kühle der Palmen.

Einige kleine Jungen starrten uns mit großen Augen an. Von einer der Palmen hing eine korbförmige Schaukel, darin wiegte sich eine verschleierte Frau mit einem Baby. Wir grüßten, sie schaute weg. Es war uns plötzlich klar, dass wir hier offensichtlich nicht mit der entwaffnenden Freundlichkeit der Polynesier rechnen durften. Die Buben boten an, uns das Dorf zu zeigen. Die einfachen Steinhäuser waren von Betonmauern umgeben, nur ab und an sah man in einen schattigen Innenhof, hörte Kinder und Frauenstimmen. Wir wanderten die sandigen Gassen entlang. Einige Männer standen vor dem örtlichen Minimarkt. Einer löste sich von der Gruppe, Gel im Haar, Calvin-Klein-T-Shirt, Jeans, Handy um den Hals. Ali stellte sich als unser Agent vor, war sehr freundlich und erklärte fast entschuldigend, warum wir 20 Dollar Einreisegebühr zahlen mussten. Diesel, Gemüse, Bezinnachschub waren geklärt und wir gingen zurück zum Dingi, neugierige Blicke folgten uns, die Insel wirkte trotz Palmengrün karg und sehr einsam.

Am Abend wurden alle Segler zu einem dörflichen Willkommensmahl gebeten. Liebevoll hatten die Einheimischen Stühle um ein Feuer arrangiert. Für jeden eine Kokosnuss mit Strohhalm und Blüte. Ein großes Buffet mit tamilischen Speisen: gebratener Fisch, feine Gemüsesalate, gelber Reis, Fladenbrot. Sehr einfaches, sehr gutes Essen von den Frauen, die man nicht sah, zubereitet. Ein Trommelkonzert brachte dann etwas Schwung in die Runde und ein Franzose versuchte, eines der einheimischen Mädchen, die sich hinter den Bäumen versteckt hatten, hervorzulocken, um mit ihm zu tanzen. Die jungen Mädchen waren hübsch gekleidet mit langen, eng anliegenden bunten Kleidern und Kopftüchern. Jedes hatte ein Handy um den Hals baumeln. All das schien mir so eigenartig. Dieses Verstecken der Frauen. Diese Überpräsenz der Männer hier. Und wireless Internet.

Irgendjemand hatte dann die gute Idee, ein Fußballspiel – Einheimische gegen Segler – zu organisieren. Fußball und Musik. Die zwei Eisbrecher, um gegensätzliche Kulturen zu verbinden.

Unter der glühenden Sonne des Indischen Ozeans schleppten sich unsere Männer mit hochrotem Kopf zwischen den flinken Insulanern hin und her. Schließlich mischten sich die Mannschaften und endlich kam ein ebenbürtiges Spiel zustande. Wir Frauen saßen am Rande des Spielfeldes und genossen den Schatten, als eines der einheimischen Mädchen auf uns zutrat und uns aufforderte, mit ihnen Ball zu spielen. Plötzlich war ein Völkerballspiel zwischen uns und diesen schlanken Girls in langen Kleidern und Stöckelschuhen im Gange. Keine Frage, sie spielten wirklich gut und waren elegant, und sie kicherten wie verrückt als ein Schleier vom Haar rutschte oder ein Schuh durch die Luft flog. Das Eis war gebrochen. Wir quatschten angeregt, lachten über die schwitzenden Männer, ließen uns Facebook auf den Internethandys erklären und dass Michael Ballak der größte Schwarm aller Girls war. Sahlaia erklärte mir, sie nähten sich ihre Kleider selbst, ließen die Stoffe von der Hauptinsel kommen. Sie selbst arbeitete im Immigration Office als Sekretärin. Wir sahen nur die jungen Mädchen des Dorfes, die mit Kind blieben uns verborgen und die Alten ebenso. Sahlaia sagte, sie würde demnächst auf der Hauptinsel Male eine Schule absolvieren und wollte auf keinen Fall einen der Jungs von der Insel heiraten. Too stupid! Sie zeigte mir ihr Wohnhaus. Ein fensterloser Raum mit einem riesigen Flachbildschirm, auf dem eine Mulah lautstark predigte. Sie schenkte mir eines ihrer Kleider, ich ihr neue Flipflops und Nagellack. Keiner von uns konnte die Mauern durchdringen, die hinter der Freundlichkeit der jungen Leute dieses Dorfes lauerten. Die halbe Insel war gesperrt, da ein neues Resort entstand, das in einem Jahr eröffnet werden sollte. Kein Alkohol, Kopfschleier auf der einen Seite, Bikinis, Drinks und Luxus auf der anderen. Der Fischerhafen wurde aus dem Erlös des Landverkaufs finanziert. Die gemischten Gefühle über diesen Pakt mit dem Tourismus-Teufel standen den Menschen ins Gesicht geschrieben. Da unsichtbare Mütter in engen Hinterhöfen, dort Facebook, Handys und Calvin Klein.

Am letzen Abend gab es ein Potluck von den Seglern für die Einheimischen am zukünftigen Resortstrand – nicht zufällig der schönste der Insel. Nur auf ausdrücklichen Wunsch der Segler durften einige der jungen Mädchen am Fest teilnehmen. Die Resortarbeiter aus Indien standen am Rande der Feier und starrten. Trommeln wurden gebracht und alle tanzten. Kein Alkohol, keine Drogen, kein Techno, aber alle waren high, verschwitzt und verrückt. Die Mädchen kicherten mit den Jungs des Dorfes, saßen eng bei ihnen, wir blödelten mit ihnen, zogen sie auf. Die jungen Leute des Dorfs rührten nichts vom Buffet der Segler an, nur bei den Schokoladenkuchen konnten sie sich nicht zurückhalten und langten zu. Eine fremde Welt, von der wir nichts verstanden. So kam mir das vor.

Nächstes Jahr um diese Zeit würden sich hier Touristinnen

oben ohne sonnen und dazu Caipirinha trinken. Und viel Geld verprassen, das unter anderem in die Schulbildung floss. Es gab hier im Dorf drei Schulen für vielleicht 50 Kinder.

Einige Riesenmantarochen begleiteten uns bei der Abfahrt noch aus dem Riff, der Wind des Indischen Ozean blies uns hart auf die Nase. Sahlaias rotes selbst genähtes Kleid leuchtete noch lange am Strand. Was ging nun durch die Köpfe dieser jungen Menschen auf Uligamo? Wovon träumten sie? Die winkenden Gestalten wurden immer kleiner. Eine fremde Welt. Für uns und viele andere Segler ein Übergangsplatz auf dem Weg ins Rote Meer. Zu kurz, um irgendetwas näher kennenzulernen. Fast wie ein Urlaub im Resort. Vielleicht ein bisschen inniger, aber nicht viel.

Doch unserer Gedanken hielten sich nicht lange auf in Uligamo. Die Anspannung war groß, denn unser Red-Sea-Konvoi RISHO MARU, AFRIKI, ANTARES, HELEN KATE – NJORD musste leider auf Crew warten –, näherte sich einem der gefährlichsten Seegebiete der Welt: dem Golf von Aden.

Wer ist der Pirat?

Seefrauen sind noch immer von der Venus und Seemänner noch immer vom Mars.

Logbuch der RISHO MARU

14. Februar

Kurs Golf von Aden. Gestern von Uligamo los. Hart am Wind. In der Nacht Winddrehung. Halbwindkurs. Die letzte große Ozeanüberquerung. Rechne mit 12 Tagen.

Alle Red-Sea-Konvoi-Schiffe auf Kurs in Sichtweite. Naht am Großsegel perfekt.

Liebes Tagebuch

Gegenwind und vor uns Piratengewässer. Herrlich ... Am Funk die ersten Hysteriemeldungen der Segler im Golf von Aden, die in der Nacht angeblich von Schnellbooten verfolgt wurden!!! Warnungen von deutschen Seefahrtkapitänen. Was mach ich hier? Ich bin tapfer. Ich bin tapfer, Ohmmmmmmm ...

Logbuch der Risho Maru

16. Februar

Sehr beunruhigende Mail von Seglern vor uns. Korridor angeblich gespickt mit unbeleuchteten Schnellbooten und Tankern. Legen Kurs dennoch auf Korridor. Vorerst. Risho läuft gut. Wetter stabil. GRIB-files gut. Kein Fisch.

Liebes Tagebuch

Das Segeln hier wäre eigentlich wunderbar, wären wir an einem anderen Platz der Erde. Aber kein Konjunktiv auf diesem Boot, okay?
Sehr beruhigend die Lichter der anderen Konvoi-Schiffe in der Nacht. Wir sind nicht allein! Hab trotzdem echt Schiss, hätten wir in Thailand bleiben sollen? Oh mein Gott... Hab Brownies gemacht in der Nachtwache.

Logbuch der Risho Maru

17. Februar

Seit vier Tagen unterwegs. Alles passt.

No-Name-Net sehr aufbauend. Wir segeln zwar in Sichtweite, aber es tut einfach gut. Jeden Tag Musik-Intro von mir mit Gitarre, Alex sagt dann: „Welcome to the No-Name-Net, Mr. Afriki, are you there?“ Ian macht das super, einige neue Segler haben sich bereits dazugeschaltet.

Kika ist jetzt auch beim Red-Sea-Konvoi dabei. Kam von den

südlichen Malediven. Single hander Nick aus Wales. Treffen hat mitten am Indigo geklappt.

Liebes Tagebuch

Haben AFRIKI unseren alten Spinnaker im Müllsack auf hoher See überreicht. Mein-Frau-Lehman-Atlantik-Desaster-Spinnaker kommt zu hohen Ehren und spart die Dieselvorräte Kanadas. Da sieht man wieder: Was man mit Mühe schafft, ist nie umsonst!

Logbuch der Risho Maru

23. Feburar

Sehr ruhiges Segeln. Spi steht. Alle Kapitäne sind sich einig, dass wir Diesel sparen. Segeltempo zurzeit 3,5 Knoten. Einige Schiffe der Vasco de Gama Rally hängen 100 Seemeilen vor dem Oman ohne Diesel. Morgen erreichen wir den Korridor. Alle motoren zu viel! Wir sind Segler!

Liebes Tagebuch

Dieser Golf von Aden klingt nach Albtraum. Hören in das amerikanische Netz: Panik. Hören in das Vasco-Netz: Panik. Aber entführt wurde noch kein Segler, dafür drei Tanker in einer Woche ... Kahhh, WAS MACH ICH HIER???!!!

Logbuch der Risho Maru

25. Februar

3.00 Uhr

Sind im Korridor. Stimmung sehr angespannt. Tanker ohne Licht. Dauernd Warship-Rufe auf 16. Kein Wind. Motoren. Red-Sea-Konvoi in Sichtweite.

Liebes Tagebuch

Uff. Sind auf dem Weg an die jemenitische Küste. In der Nacht Spontanentscheidung, die Route der Vasco da Gama Rally zu nehmen, an der jemenitischen Küste entlang. Warum?
Ein griechischer Tanker meldete mitten in der Nacht fünf verdächtige unbeleuchtete Subjekte. Ein Kriegsschiff, das sich aber nie meldete. Die Piraten waren genau auf unserer Position, bis wir dann drauf kamen, dass wir die verdächtigen Piratensubjekte waren!!! Jasper auf der ANTARES hat den panischen Griechen dann über AIS erreicht und beruhigt. Der Typ sah unsere Positionslichter noch nicht auf so weite Entfernung, sah nur die Schatten am Radar und dachte, wir seien Schnellboote ... Horror!!! Der Tanker passierte uns dann mit 25 Knoten ohne Positionslichter nur eine Meile entfernt.
WAS MACH ICH HIER UND WER IST DER PIRAT?!?!?

Logbuch der RISHO MARU

25. Februar
8.00 Uhr
Kurs Küste Jemens. Unruhige Nacht. Red-Sea-Konvoi perfekte Truppe. Fünf Kapitäne finden eine Entscheidung. Toll. Kein Wind. Motoren.
14.00 Uhr
Badestopp mit allen fünf Schiffen.

Liebes Tagebuch

Waren schwimmen. Ian hatte diese Idee. Alle Schiffe ließen wir treiben, rein in die lauwarmen Fluten, Anspannung abschütteln, alle sahen sehr erledigt aus. Es tat gut. In der Ferne Schnellboote. Herzschlag erhöht. Aber weiter. Sehen jetzt die Wüstenberge Jemens. Toll. Noch zwei Tage bis Mukalla. Backe Brownies. Hab in der Nacht mal wieder aus dem Nutellaglas gelöffelt. Das mach ich wirklich nur in Extremsituationen. Scheint wohl eine gewesen zu sein ...

Logbuch der Risho Maru

26. Februar

11.30

Noch 89 Seemeilen bis Mukalla. Motoren. Haben auf See Kika Diesel übergeben. Antares geht auch auf dem Zahnfleisch. Aber gemeinsam schaffen wir die Durststrecke. Ich bin froh, dass Risho so gut Leichtwind segelt.

Lichter der Küste zu sehen. Tagsüber einigen Fischern begegnet und Fisch gegen Süßigkeiten getauscht. Waren sehr neugierig und knallten mit ihren Holzschiffen auf unseren Rumpf. War froh, zu fünft zu sein. Waren immerhin an die 30 Fischerboote.

Liebes Tagebuch

Scheiße, Scheiße, Scheiße. Bin fix und fertig. Vor einer Stunde war ein unbeleuchtetes Boot plötzlich an unserer Seite. Peter hat das Motorengeräusch gehört. Leuchtete mit dem Scheinwerfer hin und da stehen drei Typen mit vermummten Gesichtern und Kalaschnikows im Arm in einem Holzboot mit 200-PS-Außenborder. Dachte echt, jetzt haben sie uns.

Peter stellte den Autopilottn aus, ich habe die anderen angefunkt. Meine Stimme war heiser vor Angst und die Hose fast voll. Wusste nicht, was machen. Finn aufwecken? Schlafen lassen? – Habe eine Leuchtpistole ins Schwalbennest gelegt. Und den kaputten Computer in die Naviecke. Den neuen versteckt. (Trotz Panik gut gehandelt!)

Da war Antares schon vor uns und Afriki neben uns. Das Schnellboot ist noch mehrmals zwischen uns umher und die Typen haben irgendwas auf Arabisch zu uns geschrieen. Kein Wort auf Kanal 16. Dann sind sie abgehauen.

Wir waren alle ganz nah zusammen. Hatte noch nie in meinem Leben solche Angst. Neues Nutellaglas geöffnet.

Logbuch der Risho Maru

27. Februar

6.00 Uhr

Noch zehn Seemeilen bis Al Mukalla. Unklares Schiff war längsseits. Jasper meinte, es war Militär. Vielleicht. Das war unangenehm. Wind ist da. Segeln. Das ist gut. Aber irgendwie ist das Ganze hier doch Scheiße.

Liebes Tagebuch

Die Piraten der Nacht waren laut unserem Agenten Ali hier in Mukalla angeblich Security-Leute von der Ölfirma an der Küste. Wollten uns weiter von der Küste weg. Wir hätten ja die Ölfirma sprengen können. Die können kein Englisch, deswegen das kleine Kommunikationsproblem. Ohne die Kalaschnikows wäre es viel stressfreier gewesen. Braue mir jetzt einen Cappuccino. Ach ja, wir sind da. Al Mukalla sieht vom Boot sehr wie „Tausend und eine Nacht“ aus.

Logbuch der Risho Maru

27. Februar

11.30 Uhr

1.584 Seemeilen geschafft. Nach knappen vierzehn Tagen Ankunft in Al Mukalla. Hafenkapitän hat sich auf dem Funk über unsere Ankunft gefreut wie ein Schneekönig! Sind die ersten und wohl einzigen Schiffe in dieser Saison. Alle anderen segeln durch nach Aden.

Liebes Tagebuch

Habe frische Petersilie gekauft und köstliche Pasta a la arabbiata gemacht. Gehe jetzt schlafen.

PS. Noch drei Gläser Nutella gekauft im westlichen Supermarkt. Noch sind wir ja nicht durch die Piratengewässer. Was bin ich doch für eine Abenteurerin ...
Möglicher Buchtitel: Im Nu(tella) um die Welt.

Jemen

Der Stein landete etwas über meinem Schienbein. Ein nussgroßer Schiefer. Er prallte von meinem Bein ab und landete auf der steinigen, schmutzigen Straße. Zuerst wollte ich es gar nicht wahrhaben, jedoch je weiter ich ging, meinen Kopf hob und die Menschen um mich betrachtete, desto deutlicher breitete sich ein Gefühl in mir aus, das mir das Blut in den Adern gefrieren ließ. Jemand hatte einen Stein nach mir geworfen. Jemand hasste mich so, ohne mich zu kennen, dass er mir die größte Erniedrigung seiner Kultur antat.

Seit wir in Al Mukalla angekommen waren, hatten wir Seefrauen Beine und Arme bedeckt, hochgeschlossen, Hut am Kopf. Keine von uns wollte sich jedoch mit einem Tuch verschleiern. Astrid, die schöne holländische Blondine ließ einen Satz fallen, der mir lange noch in den Ohren klang. Bis heute sogar. „Würde ich hier als Frau leben, würde ich nach kurzer Zeit die Burka freiwillig tragen"

Natürlich erregten wir wenigen Weißen in dieser Kleinstadt ziemliches Aufsehen. Geschäfte wurden gemacht, Diesel, Benzin, und unser Agent – wieder mit dem Namen Ali – organisierte für uns eine Busfahrt in das berühmte Manhatten der Wüste. Hugh, der Südafrikaner auf der Afriki, stellte sich als boatwatcher zur Verfügung, er hätte für ein Visum 200 Euro hinlegen müssen. Der Rest von uns quetschte sich in einen Kleinbus mit Chauffeur, Agenten und bewaffneten Soldaten.

Wir fuhren durch die karge Wüstenlandschaft, passierten Lehmhäuser, Polizeikontrollen, Wüstenberge.

In einem verlassenen Nobelhotel in einem Tal voller Palmen legten wir eine Rast ein. Die Sonne glühte, die antiken Gemäuer des Hotels waren mit aircondition gekühlt. Der Preis einer Cola entsprach wahrscheinlich dem Wochengehalt des Kellners. Irgendwann bog der Bus in einem Dorf in eine noch staubigere, steinige, steile Gasse ein. Alle Entführungsvariationen, die ich kannte, tanzten vor meinen Augen. Schließlich stoppten wir vor einem schäbigen Lehmhaus. Der Agent drehte sich zu uns, stolz, mit geschwellter Brust verkündigte er: „Do you know Bin Laden?“ Kanada, Österreich, England und Holland nickten etwas verunsichert. „This is his father‘s house! Make pictures!“ Verstohlen blickten wir uns an, standen vor dem düsteren Gebäude und knipsten lustlos. Ich atmete auf, als wir wieder die Autobahn erreichten. Nach sechs Stunden fragten wir nach einem Mittagessen. Sofort stoppte der Bus in einem Straßendorf. Vor einem verfallenen Haus brieten Hühner oder Ähnliches auf einem Grill. Man wies uns eine betonierte Nische zu. In der Mitte eine Strohmatte. Die anderen Nischen waren gut besetzt mit Männern, die mit ihren Händen Reis und Fleisch aßen. Am Boden sitzend starrten sie uns an.

Ian probierte Ziege, Jasper Kamel, der Rest Huhn, ich reduzierte auf Fladenbrot – groß wie ein Wagenrad in eine Zeitung gewickelt, warm und duftend. Das Kamel dürfte alt gewesen sein, denn ab nun mussten wir für Jasper kleine Toiletten-Zwischenstopps einlegen. Einmal jagten ihn Ziegenhirtinnen in Burkas mit seltsamen spitzen Strohhüten zurück in den Bus und Steine flogen uns nach.

Endlich erreichten wir im Landesinneren eine Stadt. Und das Touristenhotel. Das einzige.

Die Kakerlaken im Klo blickten uns überrascht an und im warmen Minikühlschrank lag noch das schimmelnde Essen vom letzen Gast. Der Blick aus dem Fenster bot eine verlassene Baustelle. Eine zerbrochene Toilettenschüssel lag mitten im Bauloch. Die Sonne war hinter gelben, sandigen Dunstschleiern verschwunden. Am Abend suchten wir ein Restaurant und fanden eine weitere Hühnerbraterei. Der Agent, der Chauffeur und der Soldat betrachteten uns mit leichter Abscheu. Sie aßen einmal am Tag, wir verlangten nach mehr. Finn bekam schreckliche Kopfschmerzen und in einer kalten Apotheke kaufte ich Aspirin. Mit Handzeichen. Sie halfen. Marein, der dreijährige Sohn von ANTARES, und Finn müsste der Preis für die weltbesten Reisekinder anerkannt werden. Zehn Stunden Busfahrt, grausiges Hotel, immer an Mamas Hand.

Am nächsten Tag im Nationalmuseum bewunderte ich die Fotos eines österreichischen Fotografen, der in den Zwanzigerjahren durch den Jemen gereist war. Mit einem Oldsmobil und Kamelen – je nach Straßenlage. Die Menschen auf den Fotos blickten fröhlich, sogar Frauen waren zu sehen – ohne Burka.

Das Manhattan der Wüste war eine mittelalterliche Stadt auf einem Hügel. Es war Mittag geworden, niemand war in den staubigen engen Gassen zu sehen, nur die Souvenirläden machten nach und nach auf. Die hohen Lehmhäuser wirkten beeindruckend, aber der Plastikmüll auf den Straßen würde der bleibendere Eindruck sein. Einige staubbedeckte Kinder folgten uns, manchmal erhaschten wir einen Blick hinter die hölzernen Fensterläden. Ziegen lebten mit den Menschen im Haus. Kurz bevor wir ins Auto stiegen, kam ein Mann und kassierte eine Stadtsteuer. Für Touristen gerade eingeführt. Ohne Rechnung.

Erschöpft hingen wir in den Sitzen, sehnten uns nach unseren Schiffen und starrten in diese dunstverhangene, staubige Welt hinter den Autoscheiben. Vielleicht waren wir einfach alle reisemüde. Vielleicht fühlten wir uns auch durch die Kalaschnikow am Vordersitz etwas unglücklich. Durch das Starren der Menschen, das Fehlen von lächelnden Gesichtern, von Sauberkeit, Wasser und Grün.

Als wir wenige Tage später mit unseren Booten Aden erreichten, waren wir überglücklich. Das schlimmste Piratenstück war geschafft, der Ankerplatz gedrängt voll mit internationalen Schiffen. Eines davon, Franzosen auf dem extrem gefährdeten Weg südlich des Korridors zu den Seychellen, würde in wenigen Wochen Opfer von Piraten werden, der Skipper bei der Befreiung erschossen. Im Hafen von Aden würde kurz nach unserer Abreise ein Boot mit Flüchtlingen aus Somalia kippen und einige wenige würden überleben, die anderen vor den Augen der Menschen am Kai ertrinken. Der Stein hatte keine sichtbare Wunde auf meinem Schienbein hinterlassen. Aber doch spüre ich ihn heute noch. Einmal – in der öffentlichen Toilette der westlichen Aden-Mall – schimmerte dann doch die ureigene Herzlichkeit der Menschen diese Landes durch. Als vor dem Spiegel eine junge Frau ihre Burka abnahm und sich ihre Augen nachschminkte. Sie lächelte mich freundlich an und wir wechselten einige Worte auf Englisch. Zwei Frauen vor einem Waschbecken, vor einem Spiegel. Keinen Steinwurf voneinander entfernt.

Freundschaft ist stärker als der Südwind

Ab nun regierte der Wettergott. Unser Red-Sea-Konvoi startete trotz Verlassen des Piratengebietes wieder gemeinsam los. Alte Gewohnheit! Und das Wetter passte. Südwind. Wir passierten unbeschadet das berühmte „Tor der Tränen“, die Einfahrt zum Roten Meer, und warfen einen letzten Blick auf den Indischen Ozean. Der letzte Ozean auf dieser Reise. Natürlich schwang viel Erleichterung mit, wir hatten den Golf von Aden unbeschadet überstanden und wir hatten Südwind. In Sturmstärke, wie sich herausstellen sollte. Und nach einer erschöpfenden Nacht versteckten wir uns hinter den Hanisch Islands. Fehler. Dass diese Inseln ein Windloch waren, wussten wir nicht. Dass es hier immer stürmte, auch nicht. Dass wir den Südwind hätten nutzen sollen, ahnten wir, aber ...

Der Ankerplatz war relativ ruhig, wir waren müde nach den Wochen der Anspannung und Afriki hatte Probleme mit dem Motor. Natürlich ließen wir ihn nicht zurück.

Kika und Helen Kate wagten sich schließlich hinaus in die Wellen, um das Rote Meer per Ostseite zu bezwingen. Antares, Afriki und Risho Maru folgten am nächsten Tag und würden zusammenbleiben bis in den Suezkanal. Aus einem Zweckkonvoi waren echte Freunde geworden. Manchmal denke ich heute, dass uns das Universum oder der Herr der Abenteurer zeigen wollte, dass selbst an den gefürchteten Plätzen und den harten Tagen diese Reise ihren Zweck erfüllte. Offen zu sein für das Neue, neugierig zu sein, tapfer, stark, dankbar. Wir mochten uns sehr, wir verstanden uns, ohne viel reden zu müssen, wir fühlten uns wohl gemeinsam, wir waren Freunde geworden und jetzt nachdem die größte Bauchwehstrecke hinter uns lag, dachte jeder von uns immer öfter daran, dass unsere Reise zu Ende ging. Dieses Traumleben, das sich zu Hause in unserer Heimat keiner vorstellen konnte oder wollte. Wo Hektik, Stress, Karriere, Habenwollen keine Bedeutung hatte. Das verschüttet war in uns allen, irgendwo. Und nur wenige würden den Mut haben, es zu wagen, die Leinen loszuwerfen und den Passatwind einzufangen oder einen anderen, neuen Weg zu finden.

Viele meinten, nicht das Geld für solch eine Reise zu haben. Fuhren dabei schicke, teure Autos, zahlten ihr Einfamilienhaus ab, kauften das neueste Handy, suchten die besten Ganztagsschulen, Computer, Internetverbindungen. Viele schienen uns für Millionäre zu halten. Dabei gab es hier draußen weit weniger wohlhabende Menschen als zu Hause. Viele haben nur mehr ihr Schiff. Keine Absicherung mehr.

Manche sogar Schulden.

Haben nur sich und wissen, dass dies hier näher am Leben ist als alles andere.

Peter hatte das schon immer gewusst. Für mich war nie klar gewesen, was Segeln mit Freiheit zu tun haben sollte. Diese elende Abhängigkeit vom Wetter, die Sorge, etwas könnte schiefgehen.

Aber war ich je mir, meinem Mann und meinem Sohn so nah gewesen? War ich je so für mich ohne Ablenkungen? Ich fühlte mich so klar und rein gewaschen wie nie zuvor. Ich fing noch einmal von vorn an.

Wiedergeburt. Natürlich sehnte ich mich im Sudan, versteckt in einem ruhigen Marsa vorm brüllenden Nordwind, nach zu

Hause, Ruhe und Badewanne. Aber dann vor dem prasselnden Lagerfeuer am Strand, die Wüstenberge in allen Pinktönen des Sonnenuntergangs, Kamele in der Ferne wusste ich, dass war es, das Leben. Nur das. Dieser Moment des Innehaltens, der Schönheit, der Ruhe.

Wir, neue Freunde, schauten uns an und wussten, diesen Augenblick würde keiner von uns je vergessen. Wie oft hatte ich das in meinem Leben in Wien sagen können?

Suakin im Sudan mit den staubigen Straßen zwischen verfallenen Steinhäusern, Ziegen auf der Straße, wie Statisten für einen Jesus-Film. Der Gewürzmarkt Port Sudans – ein orientalisches Märchen mit Menschen verhüllt in weißen Gewändern, Gewürzen in groben Leinensäcken, unverschleierte Frauengesichter, junge Mädchen in bunten Kleidern, geschminkt, Studentinnen der Universität.

Die Fahrt mit dem Bus durch die karge Landschaft, Nomadenzelte, eine Nomadin in bunten Kleidern mit Nasenring, Baby im Arm, bestieg den Bus. Schmutz, Armut, Misstrauen, aber auch Freundlichkeit, heißer Tee, frisches Gemüse, schüchterne Blicke. Mehr Afrika als Arabien.

Vom Wetter bestimmt motorten wir Meile für Meile Richtung Europa, verbrachten fünf Tage vom starken Nordwind eingeweht hinter einem Riff, bei gemeinsamen Abenden, Gesprächen über die Zukunft, beim Surfen, Kaffee trinken. Wir wurden uns auch langsam bewusst, dass wir die Welt umsegelt hatten., wir hatten dieses, eines der letzen großen Abenteuer, vollbracht.

Peter und mir war klar und heute bestätigt sich unsere Vermutung, wir würden unsere Segelfreunde vermissen. Diesen gemeinsamen Geist, diese Offenheit und Wärme. Diese Zeilen schreibe ich fast ein Jahr später in Wien. Bo und Hanne von der Njord verbrachten Ferientage bei uns. Die Veras unsere Berliner Segelfreunde waren da. Gemeinsam genossen wir Schnee und Österreich. Davor hatten wir uns zuletzt beim Schwimmen mit den Delfinen im Dolphin Reef gesehen. Als wir gemeinsam mit über hundert Delfinen tauchten, Finn und ich Hand in Hand umkreist von einem neugierig blickenden Delfin. Finns Delfinzeichnung, heute liegt sie gut aufbewahrt in meiner Reisemappe, zeigt, wie beeindruckt unser Sohn von diesem grandiosen Erlebnis war. Wenn er groß ist, werde ich sie ihm zeigen und hoffen, dass die Erinnerung bis dahin nicht allzu sehr verblasst ist. Die Erinnerung an ein Leben, frei und intensiv wie niemals zuvor. An unsere Freunde, die Teil seiner Kindheit waren.

Schließlich lag Suez vor uns – mit dem Spinnaker und Südwind rauschten wir Richtung Kanal, kaum unser Glück fassend in all diesen Wochen nicht einmal aufgekreuzt zu sein. Südwind! Und neben uns unsere Freunde! An der Boje in Port Suez verankert, hinderte uns auch ein massiver Sandsturm nicht daran, mit Champagner anzustoßen! Die Durchquerung des Roten Meeres zu feiern! Wermutstropfen war nur der Gedanke, dass sich unsere Wege bald trennen würden. Denn das Mittelmeer stand vor der Tür und so das Ende unserer gemeinsamen Zeit und das Ende dieser Reise.

Pyramiden, Bakschisch und viele Tränen

Ich stand im Museum von Kairo und wunderte mich. Fragile Werkzeuge, hergestellt, um hauchzarten Goldschmuck zu kreieren, bunte Edelsteine aus den Wüstenbergen in allen Farben des Regenbogens, blaue handtellergroße Lapislazuli. Pharaonen, Hunderte davon. Die strahlende Goldmaske Tutanchamuns, die mosaikübersäten Goldsarkophage, feinste Stickarbeiten.

Wo war diese Kultur der Künstler, der Könige, der Fantasten hin?

Vor den berühmten Pyramiden – die weite Wüste dahinter – die wüste Großstadt. Dreck, Müll, Bruchbuden, Satellitenschüsseln, Smog. Ein selbst ernannter Guide zeigte uns eine Grabkammer.

Wandverkleidungen aus weißem Marmor, anmutige Statuen, malerische Hieroglyphen, aufwendige, mythische Zeichen. Draußen hinter dem rostigen Zaun, der die Touristenattraktion von der Stadt trennt, leere Plastikflaschen, angepinkeltes Jahrtausende altes Gemäuer, verfallene Häuser, verarmte Menschen. Man gibt sich nicht mal die Mühe, das Stadtviertel um die Pyramiden adrett und sauber zu halten. Vielleicht auch besser so, der Tourist wird gleich mit der ägyptischen Realität konfrontiert. Wenn er will.

Meist will er nicht.

Das Problem für Fahrtensegler ist aber, dass sie müssen, auch wenn sie nicht wollen. Sie müssen sich mit Polizisten oder anderen korrupten Beamten abgeben.

Den Suezkanal zu passieren, ohne auf diese unangenehmen Gestalten zu treffen, ist nicht möglich.

Als Tourist sitzt man im airconditionierten Bus und ärgert sich über die lästigen Händler, aber man weiß, das Flugticket ist sicher – auch ohne Bakschisch.

Als Fahrtensegler kommt man ohne Bakschischzahlungen nicht mal an Diesel. In Ismaelia, der Marina mitten im Suezkanal, gab es nämlich keine Tankstelle und so war man auf die Stimmung der Soldaten am Tor angewiesen, wollte man mit leeren Kanistern zur nächsten Tankstelle fahren.

Irgendwann explodierte Peter dann wie ein entflammter Dieseltank. Das half. Wobei ich nicht unbedingt empfehlen würde, vor Leuten, die eine Kalaschnikow um die Schulter baumeln haben, ausfallend zu werden. Aber nachdem Peter nach dem Boss verlangt und gedroht hatte zur Botschaft zu gehen und – was auch immer, das Englisch der Soldaten reichte eh nicht so weit – also nachdem er sich Luft gemacht hatte, konnten die Segler aufatmen und zwei Tage ohne Belästigungen ihren Diesel holen. Dabei verdienten immer noch die Taxifahrer ordentlich, da sie mit zehn Dollar Taxigebühr, praktisch ein Monatsgehalt, als Entlohnung verlangten. Einen netten Menschen trafen wir dann doch. Mohamed. Er fuhr uns nach Kairo und zum Supermarkt. Hatte seinen fixen Preis und achtete darauf, dass uns niemand über den Tisch zog. Als ich am Gemüsemarkt Mandarinen kaufte, verringerte sich der Preis um die Hälfte, als Mohamed zu mir trat. Mohamed war zwar der Meinung, dass Männer besser als Frauen waren, aber er akzeptierte, dass diese Einstellung in Europa nicht galt. Und damit akzeptierte er uns Segelfrauen, war freundlich und fair.

Einmal, als wir in dem Marinarestaurant saßen, lernte ich eine nette Ägypterin plus Anhang kennen.

Sie half mir, Freunde per Taxi in die Marina zu lotsen. Die beiden, Franz und Hiroko, waren spontan nach Hurgada geflogen, um uns nach fünf Jahren in die Arme zu schließen. Ihr Taxifahrer hatte es geschafft, eine Distanz von einem Kilometer – Busbahnhof zur Marina – um zwanzig Kilometer zu erweitern. Die nette Ägypterin sprach per Handy mit dem Taxifahrer und so „fand" dieser die Marina dann doch. Sie schloss mich noch mehr ins Herz, als sie Finn sah. Sie trug ein Seidentuch locker über ihre vollen Prachtlocken und coole Jeans. Ihr Baby hieß übrigens Jennifer. Frauen an die Macht!

So sehr wir uns sehnten, endlich den Suezkanal hinter uns zu lassen, endlich einen Lotsen zu bekommen, endlich nicht mehr abhängig zu sein von den Beamten dieses Landes, so sehr schmerzte auch das Wissen, dass Antares und Afriki und all die Fahrtensegler ab hier getrennte Wege gehen würden. Es würde keinen dieser typischen Sammelhäfen mehr geben. Kein Wirsehen-uns in Panama oder Tahiti oder Thailand oder Suez.

Eines Abends lag sich der Rest des Red-Sea-Konvois heulend in den Armen. Unsere Wege trennten sich. Hofften noch immer auf das perfekte Wetterfenster, das uns alle nach Kreta schieben würde. Machten Fotos, versprachen uns, Freunde zu bleiben, ließen alte Zeiten hochleben, Erinnerungen, Anekdoten. Es tat ganz schön weh – als dann die Lotsen am nächsten Tag doch absagten, freuten wir uns fast angesichts dieser Aufschiebung des Unvermeidlichen. Doch dann kam der Tag, die Leinen wurden losgemacht und nach wenigen Stunden setzen wir die Segel und das Mittelmeer begrüßte uns mit seinen blauen Wogen.

Der Wind auch. 24 Stunden später kapitulierte Risho Maru und wir nahmen Kurs auf die Türkei. Wir konnten mit unserem Diesel-Außenbordmotor nicht gegenan nach Kreta bolzen. Antares und Afriki mussten hin – Familienbesuche waren angesagt.

Wir verabschiedeten uns ein letztes Mal per Funk. Weinten, zauderten, versprachen, lachten, trösteten uns. Das gemeinsame Abenteuer war beendet. Eine Seite im Buch unseres Lebens wurde umgeblättert.

Adieu, ihr Lieben, wir werden euch immer vermissen und hoffentlich irgendwann wiedersehen.

Risho Maru nahm Fahrt auf Richtung Finike in der Südtürkei. Die blauen Wogen schoben sie voran. Wir waren im Mittelmeer! Unsere salzigen Abschiedstränen mischten sich mit Tränen des Stolzes und mit der Gischt der Ägäis.

Nach viereinhalb Jahren segelten wir wieder in unseren Heimatgewässern, Europa entgegen.

Wir hatten die Welt umsegelt.

Logbuch der Risho Maru

25. April

Position Nord 31 Grad 17, Ost 032 Grad 20

15.10 Uhr

Wir sind zurück im Mittelmeer! Juhu! Haben es geschafft! Wind aus NNW. Legen Kurs Kreta. Mal sehen, ob das klappt.

26. April

9.00 Uhr

Haben gewendet. Kurs auf Finike, Südtürkei. Jetzt sehr gutes Segeln. 6 Knoten. Trauriger Abschied am Funk von Afriki und ANTARES. Die prügeln sich mit Motorunterstützung hart am Wind durch nach Kreta. Haben dort Familie.

29. April

8.00 Uhr Finike, Türkei

Gerade in der Marina angelegt. Das war wohl die letzte größere Überfahrt.

Gesamt 329 Seemeilen.

Liebes Tagebuch, Finike

Frühling! Juhuuu! Sind im Frühling! Schneebedeckte Berge, Jasminduft, freundliche Gesichter und die besten Orangen der Welt! I love it!

Wanderer, lass dich überraschen ...

Die Türkei hatte wohl im Sinn, uns um den Finger zu wickeln. Ihre Ausgangsposition dabei war alles andere als leicht. Ich wollte Griechenland, Europa, Zaziki, Retsina und Koriatiki. Der Wind wollte Kebab, Güllets und Teppiche.

Die Küste Finikes erstrahlte in den ersten Morgensonnenstrahlen. Jasminduft schmeichelte meine eiskalte Nasenspitze. Und plötzlich: „Schnee!!! Finn, Peter!!! Schneeeeee!!!"

Mit offenen Mündern standen wir am frostigen Deck unseres Schiffes und bestaunten die schneebedeckten, weiß glänzenden Gipfel des Dreitausenders Tahtali an der türkischen Südküste.

Die Marina empfing uns mit einem deutsch sprechenden Marinero, der kein Englisch sprach und fröhlich lachte. Die Schiffe an den Stegen waren winterfest verpackt, bereit für die Saison, die in zwei Monaten starten würde. Flaggen aus Österreich und Deutschland. Wild winkend liefen unsere norwegischen Freunde von der BLUEMARLIN auf uns zu. Überreichten uns frisches Brot. Fahrtensegler – war das schön! Die frühstückenden Wiener neben uns würdigten uns keines Blickes. Segleralltag im Mittelmeer, wie wir wussten.

Im Office der Marina eine junge Frau mit Lockenpracht und Minirock. Ich konnte also meinen Verhülllook der letzen zwei Monate ablegen. Fühlte sich seltsam an wieder ohne Bedenken in Kurzarm-T-Shirt.

Wie schnell man sich an etwas gewöhnt ... Die Küste der Türkei ist europäischer als so manch griechische Insel. Natürlich war es erst April und wir kamen in den Genuss der Vorsaison. Kaum Schiffe, keine Touristen, niedrige Preise, freundliche Menschen. Man lud uns zu Tee in die Souvenirläden, wir kauften zu teuer ein, aber wir genossen die Gastfreundschaft und den Charme der Türken. In Kekova, einer Bucht wenige Seemeilen von Finike, besichtigten wir uralte Gräber aus der Zeit der Lyzier, bevor wir auf den Kelims eines gemütlichen Cafés niedersanken und türkischen Kaffee genossen, während uns der Wirt aus seinem Leben in Deutschland erzählte. Seine Frau rebelte duftenden Keki (Thymian) in einen Korb und Finn half fleißig mit. Unsere salzstarren Teppiche tauschten wir gegen wunderschöne Teppiche aus der örtlichen Weberei, kleine geblümte Keramikschüsselchen fanden ihren Platz auf der RISHO. Der Frühling des Mittelmeers nahm uns in seine duftenden Arme. Überall Blüten, die sonst zur Sommerzeit verkarstete Landschaft zeigte ihre Sonnenseite: zartgrün, frisch, sauber, blitzblauer Himmel, eiskaltes Meerwasser. Seit dem Dolphin Reef, unserem Tanz mit den Delfinen, waren wir nicht mehr schwimmen gewesen. Jede Dusche war eine Überwindung, jede Marina ein Grund, lange und heiß zu duschen. Unsere Fleecepullis aus Neuseeland wärmten uns am Abend, die Wolldecken lagen wieder in den Kojen bereit. Sobald die Dunkelheit hereinbrach kuschelten wir uns in unsere Betten. Lauschten den Zikaden und dem traurigen Klang der Nachtigall, genossen den feinen Duft der Pinien.

Kindheitserinnerungen an Sommerurlaube mit den Eltern im Süden, angeregt durch diese Gerüche und Geräusche, fanden

den Weg in unsere Träume. Wir waren überrascht, die Türkei war ein wunderschöner Platz.

Das Wiedersehen mit alten Freunden in der Bucht von Seliminje wurde zur ersten Willkommensparty in der Heimat. Otti und Conny, beide vor fünf Jahren hierher ausgewandert, lebten in ihrem kleinen blauen Häuschen im Olivenhain mit Blick auf eine kleine Meeresbucht. Sie nahmen uns auf wie lang vermisste Verwandte. RISHO MARU fand ein Plätzchen im nahen Stadthafen des Örtchens Seliminje und wir radelten täglich die kleine Landstraße entlang zu unseren Freunden. Wurden bekocht, verwöhnt, gefeiert. Im Kreise ihrer sympathischen türkisch-deutschen Freunde fühlten wir uns aufgenommen.

Saßen auf der großen Veranda in Korbstühlen, blickten auf die Schafe im Olivenhain, Finn spielte mit den Katzen und all die Spannung der letzen Monate fiel von uns ab. Die Trauer, dass die Reise zu Ende ging, die Sehnsucht nach unseren Seglerfreunden wurde gemildert durch neue Eindrücke und Freundschaften. Zum zehnten Hochzeitstag schenkte mir Peter ein Frühstück in einem entzückenden Café, das extra für mich seine vorsaisonalen Pforten öffnete. Tabletts voller Köstlichkeiten standen am Tisch, Schafskäse mit Oliven, bittere Orangenmarmelade, süßes Erdbeermus und Cappuccino von Illy. Und ein Strauß wilder Rosen aus dem Garten der Wirtin.

Mein Mann und ich küssten uns, und den nächsten Ehejahren stand nichts im Wege. Denn vier Jahre auf See, auf engem Raum, gedrängt in einer schmalen Schlafkoje, in guten und stürmischen Zeiten, bei Sonnenschein und Monsunregen hatten uns so nah zueinandergebracht wie nie zuvor. Unser Sohn mit roten Backen, fröhlich, zufrieden, ausgeglichen bezauberte alle Menschen, die wir trafen. Wir waren stolz auf ihn und auf uns. In der Türkei startete das Abschiednehmen. Plötzlich gab es keine Großeinkäufe mehr, die Dieselkanister an Bord wurden verstaut, die Fischleinen eingerollt. Keine Dose mehr geöffnet. Keine Sundowner mehr auf anderen Schiffen. Wir drei waren für uns. Wie am Beginn der Reise, als wir noch nichts ahnten von dem, was uns erwartete. Als wir auszogen wie Greenhorns, aber voller Mut und Begeisterung und dem Willen, diese Jahre zu den besten unseres Lebens zu machen. Nun kehrten wir heim. Keine Nachtfahrten mehr, keine tagelangen Segelreisen, keine Wettersorgen, keine Funkrunden.

Manchmal dachten wir voll Sehnsucht an die Segelfreunde, die Gemeinsamkeiten, die Abenteuer. Doch es war auch gut, diese ruhige Zeit zu haben, um das Abenteuer ausklingen zu lassen.

Wie würde alles zu Hause werden? Wie? Darauf fehlten uns die Antworten. Und dann kuschelten wir uns in unsere Kojen und genossen noch die letzen Monate in der Dreisamkeit in unserem kleinen Universum. Auf unserer RISHO MARU.

Feriensegeln in Griechenland

Darf man als Weltenbummler überhaupt von Ferien sprechen? Man darf! Denn was wir in Griechenland in diesen letzen Wochen vor unserer Heimkehr taten, war Feriensegeln vom Feinsten.

Flott segelten wir von Simi über die reizenden Kykladen nach Egina. Im Dodekanes war Amorgos schön – der gestrandete Tanker – einst Super-Filmmotiv im Film „The Big Blue" mit dem legendären Jean Reno als einer der Tiefseetaucher. Die Farben hier sind tatsächlich so intensiv wie im Film. Serifos, wilder Thymian, Heuschnupfen für Peter, Sifnos, Kithos, Kea. Welche Namen! Auf Kea trafen wir einen Architekten, der gerne alles hinschmeißen und die Welt mit seiner Bavaria umsegeln wollte. Konnten ihm nur zustimmen. Obwohl, sein Haus auf Kea war auch nicht gerade deprimierend. Passierten dann in Korinth den teuersten, dafür kürzesten Kanal der Welt und jetzt saß ich da im heimelig einsamen Trizonia im Golf von Patras und überlegte, ob ich heute statt des allmittäglichen aftersailing-greek-coffee doch einen Cappuccino schäumen sollte.

Später vielleicht ein Sprung ins kristallklare Wasser, inzwischen schön sommerlich aufgewärmt, kleiner Spaziergang, ein paar Tomaten eingekauft, ein knuspriges psomi. Dann beim Ouzo mit Oliven in der Taverna einen Blick in das griechische Hafenhandbuch. Was haben wir morgen? Zehn Seemeilen? Na ja, wie wäre es mal ausnahmsweise mit fünfzehn? Diese Art des Segelns war wirklich für uns eine gewaltige Umstellung. Nach zwanzig Seemeilen war man gerade losgefahren, hatte den Windpiloten eingerichtet, das Playmobil ausgepackt und die ersten Zeilen des dritten Kapitels des vierten Buchs der Woche angefangen. Hier war man angekommen. Schon lange.

Und dann sagte das Weltenkind Finn: „Die Palmen in der Südsee gefallen mir besser als die in Griechenland.“ oder: „Da riecht's wie in Neuseeland!“ und schnurstracks war man wieder dort mit Bauch und Kopf beim Langstreckensegeln mit GRIB-files, Nachtflug und Proviantieren.

Der Finn holte übrigens seine gesamten Lebensbezüge aus der Reise. Bis heute. Hier im grauen Winter-Wien. „Mama, hast du die Inderin gesehen?“ flüsterte seine aufgeregte Bubenstimme erst gestern im Historischen Museum. „Die Cornflakes schmecken so fad wie die in Bali“, flötete er beim Wiener Frühstück und stopfte sie dennoch beglückt in sich rein.

Die meisten Menschen seiner frühen Kindheit lebten auf Booten oder auf fernen Eilanden, was sich viele gar nicht vorstellen können. Wobei auch Wien für ihn lange nur ein Eiland war – mit Großmutter und Märklin-Eisenbahn zwar, aber eben doch weit weg. Wieder zu Hause wunderte er sich natürlich, dass alles viel kleiner geworden war. Aber seine Boot- beziehungsweise Kojen-Gewohnheiten blieben. Chaos im Bett, Sarong als Pyjama, „Graundeln“ – zum Entspannen –, das war und ist noch immer der Ausdruck für gepflegtes Nichtstun. Zumindest das Nichtstun, was Schule und Ordnung bedarf.

Da wurde auch am Schiff Musik eingelegt, Lego gespielt, ein Donald-Duck-Buch zerfleddert und einfach vor sich hingehangen. Glücklich, ein Kind das noch abhängen kann. Kein

Tennis, kein Yoga, kein Nintendo, kein Fernsehen. Einfach abhängen.

Und genau das taten wir auch in Griechenland. Ließen uns in Athen von meiner ausgewanderten Taufpatin Annelies willkommen heißen, verbrachten schöne Tage gemeinsam in Lefkas, trafen alte Segelfreunde von Peter, die RISHO MARU schon vor 20 Jahre in Griechenland segeln sahen. Lauschten dem österreichischen Radio per Empfänger, was Finn zur Aussage verleitete: „Wie die alle lustig reden." Er hatte auch das österreichische Souvenirbuch an Bord, das wir zum Herzeigen unserer Heimat mitgenommen hatten, eines Tages hervorgekramt und gemeint: „Echt schön in Österreich."

Auch das österreichische Lied mit dem unaussprechlichen Namen Bundeshymne hatte er stolz mit schwierigen Gitarrengriffen als Überraschung seinen erstaunten Eltern vorgespielt.

„Schönes Lied, kennt ihr das?"

Noch seufzten wir zu Zikadengesängen, kühlten uns im Schatten der knorrigen Olivenbäume und kreuzten so still und heimlich unsere Kurslinie. Aber es wollte keine Festtagsstimmung aufkommen. Schließlich beschlossen wir, die Kurslinienkreuzung doch in Fieste in Italien anzusiedeln – das war ja der erste Platz den wir tatsächlich im Laufe dieser Weltreise zum zweiten Mal anliefen. Natürlich waren die Spuren der RISHO MARU ebenso häufig in Griechenland zu finden wie die des Odysseus, doch würden wir diesen wichtigen Punkt tatsächlich bewusst feiern, wir könnten es nicht ertragen. Denn dies wäre tatsächlich das Ende des Kreises gewesen. Der Schampus blieb gekühlt, und mit der Ausrede, Feste müssten groß gefeiert werden, verlängerten wir unsere Weltumsegelung einfach um ein paar Meilen.

Und schließlich noch um ein paar Meilen.

Erst im Eingang zum Fluss Stella in Italien – an einer ganz bewussten Stelle, einem Holzpfeiler im seichten Lagunenwasser mit einer gelbäugig, überrascht blickenden Möwe drauf sitzend, erst dort würde die Reise von uns wirklich für beendet erklärt werden.

Genussvoll schlürfte ich nun doch passend zu den sanften griechischen Hügeln Trizonias meinen eleniko-coffee.

Odysseus, RISHO MARU, Inderinnen, Meilen, Freunde, Träumen, Abhängen.

Schön, dieses Leben.

Bordmail von der RISHO MARU

Liebe Katsch,

war so schön, mit dir zu telefonieren! Mit Handy, so als wärst du nebenan – was du ja praktisch eh bist!

Die Kykladen sind ein Märchen in Weiß und Blitzblau. Wir bewegen uns wie in einem kitschigen Postkartenkalender aus Griechenland. Natürlich sorgt uns die Zukunft. Natürlich. Aber ich freue mich auch auf zu Hause. Und fürchte mich auch. Die Schule – oh Gott, wie wird das alles werden. Andrea hat mit dem Schulinspektor gesprochen, die Schule in der Cottagegasse ist fix. Sollte alles problemlos klappen. Komisch. Fürchte mich. Gut, dass ihr dann da seid!

Willkommensfest in der Marina steht! Super, dass ihr kommt. Kann mir das alles gar nicht vorstellen ... in sechs Wochen ...

In unserer Wohnung war eine Mottenplage! Babs hat das irgendwie doch in den Griff bekommen, einer von Finns Teppichen muss ein Mottenhotel gewesen sein. Das fängt ja gut an! Ist es eh warm in Wien? Im grauen Wien? Uahhhhhhhh!!! Ja klar, wir werden den Kamin einheizen und Rotwein trinken und die Badewanne genießen und ins Burgtheater gehen. Der neue Direktor klingt super.

Küsse an deine Süßen ...

Alex und ihre Männer (die sind grad surfen)

Liebes Tagebuch, Sifnos

Hatte einen furchtbaren Existenzalbtraum. Stehe in einer engen, schmutzigen Küche und mach einen Salat aus Pilzen, Salat und Puppengliedmaßen (!!!)
Die Köpfe der Puppen habe ich dann doch in den Mülleimer geworfen, ließen sich nicht so gut verteilen. Peter ist indessen mit einem Paraglider geflogen und Finn war mit einer Riesengruppe von Seglerfreunden beim Moorweg. War das überhaupt ein Existenzalbtraum?
Draußen griechische Bilderbuchabendstimmung, ein Pope in einer Kirche hat mir in der Rotweinflasche Weihwasser geschenkt. Morgen zum Wochenbeginn soll ich damit alles mir Wichtige weihen... Werd ich seltsam? Bin ich seltsam?

Liebes Tagebuch, Serifos

Wetter ist kein Thema mehr. Meltemi schläft noch. Gut so. In drei Monaten sind wir in Wien.
Unvorstellbar, irgendwie ...

Liebes Tagebuch, Galaxidi

Waren mit Finn übrigens auf der Akropolis. Er freute sich, am Asterix-in-Griechenland-Schauplatz zu sein und meinte: „Da hat das Wildschwein gestanden." Er hatte recht, dort auf den antiken Stufen zwischen den Hunderten Touristen aus allen Ländern der Erde hätte es stehen können. Sie hätten es gar nicht gemerkt. Betäubt von der glühenden Sonne und den surrenden Info-Kopfhörern über den Ohren. Touristen en masse!

Liebes Tagebuch

Wow! Delphi! Das war toll! Ein Tiroler Segler hat uns in Galaxidi beim Anlegen geholfen und mir, der für ihn offensichtlich hübschen Borddekoration, den Palstek erklärt. Dann hat er gefragt, ob wir Wasserkanister an Bord hätten. „Haben wir" ... und die Welt umsegelt haben wir auch – habe ich dann nicht geantwortet.

Liebes Tagebuch, Trizonia

Sollte endlich mit dem Buch anfangen. Weiß nicht, wie. Jetzt hätte ich Zeit. Hab mir Lizzys Haus angesehen – gelebter Traum, leider vorbei. Ihr Paradies. Man spürt die Liebe sehr, die in dieses Lokal reingesteckt wurde. Auch wenn der Garten verwildert ist.
Ob ich auch so einen Traum schaffen werde? Ein Café? Ein Theater? Ein Buch? Oh nein, apropos ... mir fällt nix ein ...

Liebes Tagebuch

Sind in Itaka. Da waren wir zuletzt mit dem dreijährigen Kleinkind Finn und er hat sich die Hose angepieselt und wir mussten einen emergency-Hosenkauf tätigen. Eine blaue Badehose mit weißen Sternen. Finn erinnert sich dran. Die Hose trägt jetzt ein Rastababy in Tobago.

Liebes Tagebuch, Nidri

Nidri. Hier waren meine Segelanfänge. Verliebt, verlobt, verheiratet, schwanger und weltumsegelt. Dieser Ort hat mich in wichtigen Lebensphasen gesehen. Wie wird alles werden? Zu Hause? Noch ein paar Lebensphasen gefällig?

Liebes Tagebuch, Vieste

Habe gerade mit dem Restaurant telefoniert, die wollen nicht reservieren, der 15. August ist der größte Feiertag Italiens und das Ende der Sommerferien ... gut ausgesucht ...
Liebes Tagebuch, Vieste, schmatz.
Waren gerade gigantomanisch gut essen. Die berühmte Orchiette-Öhrchen-Pasta mit hausgemachter Soße aus getrockne-

ten, apulischen Tomaten. Das mit Blick auf mittelalterlichen Hauptplatz von Vieste. Ach, du mein Italien.
Eines steht fest nach unserer Testfahrt um die Welt. Den besten Kaffee gibt es in Italien. Egal ob in Bar, Trattoria, Ristorante, Busbahnhof oder beim Friseur.
Apropos Friseur: Diesen Friseurbesuch wird uns Finn noch lange vorhalten. Hoffe, der Ritter-Löwenherz-Topfschnitt wächst sich bis zum Willkommensfest aus - noch fünf Wochen.

Logbuch der Risho Maru

9. Juli, Vieste
Position N 41 Grad 53, E 016 Grad 11
Kurslinie gekreuzt! Die Welt ist offiziell umsegelt!
Wir haben beschlossen, erst in der Stella Marina zu feiern!
Also! Einladung zum Willkommensfest an alle! Wann?
15. August, Samstag 12 Uhr und zufällig Alex' Geburtstag ...
Wo?
Um High Noon wird die Risho an der Flussbiegung erscheinen und beim Restaurant „Fiume di Stella" festmachen!
Adresse: Via Isolino 1, 33050 Precenicco, Udine, Norditalien

So wie Gott sie schuf ...

In La Stovo passierte es. Da schloss sich der Kreis, man quert die eigene Kurslinie und es fällt einem wie Schuppen von den Augen: Man war tatsächlich wieder in Heimatgewässern und es war nicht der schöne Zikadengesang, der Duft der Zedern, die lieblichen kroatischen Hügel, die grantigen Kroaten, die feurigen Cevapcici, die einen zurückholten; oh nein, es waren die Nackten im Mittelmeer.

Wenn sie an den Stränden lagen, fielen sie einem Segler natürlich nicht auf, weil wir ja nie an Badestrände gingen. Nein, es waren die Segelnden beziehungsweise Motorenden, die uns ins Auge stachen – oder soll ich sagen baumelten?

Schlaftrunken taumelte ich des Morgens an Deck (wohl bemerkt bekleidet) und blickte in die sanfte Morgensonne. Ah, da machte sich schon ein Segelboot auf den Weg, die Crew hatte gerade den Anker gelichtet und die Yacht verließ die Ankerbucht. Dafür mussten sie aber unser Schiff passieren, was an sich kein Problem war. Meist winkte man sich dann zu oder auch nicht. Wie man wollte. Ich wollte diesmal nicht. Die auf dem Segelboot dagegen schon.

Fröhlich winkten sie mir zu, passierten die Risho im vorgegebenen, korrekten Abstand, nicht zu nah, aber dennoch – ich kriegte meine Winkehand nicht hoch. Vielmehr flüchtete ich in den anderen Rumpf. Was war passiert? Dieses lockere, heitere, deutschbeflaggte Segelboot schien doch sympathisch, war ich etwa unter die Morgenmuffel gegangen?

Nein. War ich nicht. Aber ich mag vor und nach dem Morgenkaffee keinem Unbekannten zuwinken, der am Steuer seiner Charteryacht nur mit einer Tasse Kaffee bekleidet steht. Seine Frau im Eva-Kostüm hatte gerade den Anker in gebückter Haltung verstaut, richtete sich auf, als sie mich sah, und winkte ebenfalls heiter.

Aus dem Küchenrumpf-Fenster bemerkte ich noch – ihnen verblüfft nachschauend – dass sie beleidigt waren, weil die Österreicher so unkameradschaftlich abblockten.

Nach zwei Wochen Kroatien-Segeln wusste ich, man gehörte offensichtlich nicht dazu, war man nicht nackt an Bord. In eine vollbesetzte Ankerbucht nackt einzufahren ist normal. Danach sonnte man sich nackt an Deck.

Nur einmal auf dieser ganzen Reise sah ich ein ähnliches Bild: die Robben auf Galapagos, die ein Segelschiff gekapert und es sich im Cockpit in der Mittagssonne gemütlich gemacht hatten. Sie glänzten wenigstens schwarz in der Sonne, nicht rosa.

Natürlich kenne ich den Genuss, nackt baden zu gehen, und in einsamen Buchten haben wir das dann und wann auch praktiziert, aber nirgends auf der Welt in all den Ankerbuchten, zwischen all den Segelbooten aus allen Nationen sah ich Segler nackt in eine Bucht oder sogar einen Hafen einlaufen.

Oder ein Manöver nackt fahren, wie das italienische Paar auf einem Riesenkatamaran, als eine graue Gewitterwolke mit Sturmböe nahte und sie dreimal den Anker ausbringen mussten – beide völlig unbekleidet.

Der Riesenbusen der Frau verwickelte sich beinahe in die Ankerkette, während ihr Ehemann vor sich hin baumelte ... ach, lassen wir das. Man könnte ja einfach wegsehen, aber irgendwie glaubt man es einfach nicht.

Liebes Tagebuch, Medulin

Der letzte dreisame Abend. Morgen kommt Webmaster Hari. Und dann gleich Bruder Stefan und Cousin Andrej.
Freue mich und trauere ein bisschen um unsere Dreisamkeit der letzten Jahre.
Der Augenblick der Heimkunft ist da. Mama ist furchtbar aufgeregt und nimmt die Restaurantorganisation in der Stella in die Hand.

Liebes Tagebuch

Alle da. Hari, Stefan, Andrej. Alle verändert. Nachdenklicher, geschieden, grauer, größer. Wahnsinn, jetzt geht es los, das Heimkommen in die Alltagswelt. Dennoch, die Freude des Wiedersehens ist groß. Und noch sind wir in unserem RISHO MARU-Revier.

Liebes Tagebuch, Veruda Bucht

Wie wird es sein?
Da ist es wieder, dieses Gefühl.
Eine Seite wird umgeblättert.
Das Gefühl hatte ich nur auf dieser Reise.
Das unmittelbare Wissen, dass jetzt gerade ein neuer Lebensabschnitt beginnt.
Jetzt fahren wir los.
Jetzt sagen wir Adieu.
Jetzt segeln wir das letzte Mal auf dieser Reise zu dritt.
Jetzt schlafen wir das letzte Mal auf unserer Weltreise allein auf dem Schiff.
Heute segeln wir das letzte Mal mit der RISHO auf dieser Reise.
Die letzen Meilen.
In wenigen Tagen passieren wir die für uns ausschlaggebende Stelle.
Den Pfahl mit der gelbäugigen Möwe.
Dann haben wir den Kreis geschlossen.
Ich erinnere mich genau, damals beim Losfahren als wir diese Stelle passierten und Peter sagte: „Das wird unser Punkt, wenn wir zurückkommen. Hier werden wir den Kreis schließen."
Wie wird das alles werden?, dachte ich damals.
Eine Seite wurde umgeblättert.
Und heute, nach mehr als vier Jahren, frage ich mich dasselbe.
Wie wird das alles werden?
Wir wissen es beide nicht. Peter und ich. Reden darüber und beide wissen wir es einfach nicht.
Es wird nichts Spektakuläres sein.
Es wird nicht sein, wie der erste Blick auf die Marchesas nach einundzwanzig Tagen.
Oder wie Neuseeland im Morgenlicht.
Oder wie Kamele am Strand im Sudan.
Oder der Schnee auf den Bergen der Türkei.
Aber es wird sein.

Logbuch des Kapitäns

11. August

10.00 Uhr, Kurs Lignano

Unser letzter richtiger Segeltag. Leider kein Wind. Um mich abzulenken, putze ich die Nirosta-Teile.

Es geht mir nicht gut. Gestern hab ich Weltumsegler Harald Klärner getroffen. Er weiß, wie es uns jetzt geht. Hat das selber durchgemacht, das Heimkommen nach so einer Reise. Es hat mir gutgetan.

14.20

Einfahrt Lignano. Wollen die nächsten Tage in der Lagune und im Fluss verbringen. Alles putzen.

15.40

Ankern kurz nach der Einfahrt auf vier Metern Sand. Fahren per Dingi Paninis und Prosciutto holen. Frustessen.

Logbuch der Risho Maru

12. August

Der große Tag ist da. Wir beenden endgültig unsere Weltumsegelung bei Holzbacke 88, kurz vor der Einfahrt in den Fluss Stella.

„Möwiza, Möwiza, die See für uns!“, hier hatten wir diesen Leitspruch für uns kreiert, der uns vor Überfahrten Mut gemacht hatte. Insgesamt 29.084 Seemeilen.

SMS an Katsch

Ich kann's nicht glauben. Morgen sehen wir uns. Freude. Bussi Alex und ihre Männer

Der große Tag …

… begann mit einem großen Schrecken. Der Diesel startete nämlich nicht. Peter blieb cool wie mitten am Pazifik beim Autopilotausfall. Ich war grundlegend mal froh, nicht in einer haarsträubenden Situation zu sein – so à la auf Felsen treibend, in grausiger Strömung, manövrierunfähig. Nein, nein, wir lagen gemütlich an einem Steg mitten im Schilf am Rande des zauberhaften Flusses Stella. Eine Brombeerhecke rankte sich um unsere Reling. Meine blühende Seefrauenfantasie schaffte es natürlich, uns schon im Schlepp eines Dingis die letzten Meter zum Zielhafen treiben zu sehen.

Überlegte nur, wen anrufen, von all denen, die nervös im Restaurant Fiume de Stella unserer harrten. Es war elf Uhr vormittags und um zwölf Uhr hatten wir uns angesagt. Wer kam schon mit einem PS-starken Dingi zur Homecoming-Party eines Weltumseglerschiffes? Die meisten waren doch mit ihren Autos aus Wien angereist, nahm ich mal an.

Wieder einmal lösten sich meine Katastrophengedanken in nichts auf. Und ich warf mir stumm mit schlechtem Gewissen vor, wirklich nichts, aber auch gar nichts auf dieser Reise gelernt zu haben, was mein Vertrauen und meine Selbstsicherheit anging. Na ja. Der Diesel brummte wieder fröhlich vor sich hin. Peter hatte das marode Starterkabel in fünf Minuten ausfindig gemacht und den Wackelkontakt behoben.

Der Mann hatte auf dieser Reise viel gelernt! Dieser, mein Mann, hatte auf dieser Reise überhaupt eine gewaltige Veränderung durchgemacht. Natürlich war er für mich immer schon der coole, starke, perfekte Kapitän und liebende Ehemann gewesen. Aber die kleinen Facetten, die durch diese Reise verstärkt hervorgetreten waren, hatten sein Wesen unglaublich aufblühen lassen. Diese starke Persönlichkeit, die nie zu verleugnen gewesen war, hatte sich auf dieser Reise ihren Raum genommen und sich ganz entfaltet, und was noch interessanter war und ist – sie entfaltet sich mehr und mehr.

Peter hatte sich seinen großen Traum erfüllt. Und wie sich

herausstellte, war es nicht nur der Wunsch gewesen mit RISHO MARU die Welt zu umsegeln, die Welt zu sehen, das Abenteuer zu wagen. Es war auch der Wunsch gewesen, aus sich herauszutreten. Seinem Ich den Platz zu geben, den es verdiente. Den es brauchte. Und dafür liebe und bewundere ich ihn. Denn dass, was er gewagt hat, muss man sich erst mal trauen. Ein toller Mann, gut, dass ich damals Ja gesagt hab. Zum Mann und zur Reise!

Finn wiederum versteckte sich nun, da wir es geschafft hatten, die Leinen zu lösen und per brummendem Motor mit dem noch auslandshalber schlapphängenden Vorsegel den Fluss entlangzutuckern, hinter dem Großbaum. Ihm war diese ganze Ankommgeschichte nicht sehr angenehm.

Irgendwie war das alles peinlich. Natürlich freute er sich auf Großmutter und Co. Aber musste denn deswegen so ein Tamtam gemacht werden? Die Eltern waren total aus dem Häuschen. Die Mutter rannte hin und her, filmte, fotografierte und sagte tausend Mal, was für ein wichtiger, aufregender Augenblick das war. Der Vater hatte genaue Anweisungen zum perfekten Anlegemanöver gegeben und warnte, dass keiner das Schiff verließ, solange es nicht sicher festgemacht war. Denn das waren wir der RISHO schuldig.

Meine Güte, so ein Theater! Die RISHO. Er, der Finn, würde sowieso mit ihr wieder segeln gehen. Wieder zu Valo nach Tuao und natürlich diesmal das Kap Hoorn nicht auslassen. Und der Vater hatte mal gesagt, sollte der Junge in der Pubertät spinnen, schickt er ihn allein über den Atlantik. Okay, kein Problem. Aber bitte bleibt heute ein bisschen cool! Peinlich so was!

Und schließlich bogen wir in die Flussbiegung ein, und noch bevor wir etwas sahen, ging ein Tröten, Scheppern, Johlen los, wie es die stillen Ufer der Stella noch nie gehört hatten.

Unser Mast hatte uns angekündigt!

Und dann breitete sich das Bild der Bilder vor uns aus: Die von Bäumen gesäumte Anlegestelle des Restaurants war in der Ferne durch das Gewühl an Menschen gar nicht auszumachen. Plakate wurden in die Höhe gehalten, ein ratterndes Feuerwerk schoss Rauchfontänen in die Luft. Rufe! Lachen! Gesang! Fassungslos blickten wir uns an, Tränen rannen über unsere heißen Wangen, die Sprache verschlug es uns. Langsam näherten wir uns und ich hörte direkt das Blättern einer weiteren Buchseite. Die Ankunft. Das ist sie. Wir sind da.

Der große Tag war so, wie ein großer Tag eben sein soll.

Emotional, tränenreich, voller Umarmungen, Überraschungen, Geschenke, Begeisterung, Musik, gutem Essen, Blumen, mit Freunden, Familien, Küssen, Kindern, Sonne und Liebe.

Da standen wir drei, alle schauten uns an. Wir hatten einen Traum gelebt. Wir waren wieder da.

Wir sahen gut aus. Wir waren glücklich und stolz. Überwältigt und zehn Zentimeter über dem festen Boden schwebend.

Was für ein Tag! Danke an alle, die da waren!

So war er also, der letzte Tag dieser Reise. Noch jetzt, hier in Wien, an meinem Schreibtisch, überwältigt mich dieses Gefühl von damals. Und steckt im Hals. Und ich denke mir: Wahnsinn. Wir haben das gemacht. Wir sollten es nie vergessen. Nicht im Sog der Stadt, nicht im Trott des Alltags.

Niemand kann uns diese Zeit nehmen. Sie ist in uns eingeschlossen, in uns drei. Sie ist ein Lebensabschnitt, ein Lebenskapitel, eine Seite im großen Lebensbuch. Oder vielleicht doch einiges mehr! Und dann stellt sich natürlich die Frage: Was kann da noch kommen? Mhm.

Brasilien zum Beispiel. Das haben wir noch nicht gesehen. Na dann. Leinen los!

Liebes Tagebuch, Italien, Stella

Sind da. Bin müde und trunken vor Glück. Peter schläft fest neben mir. Der Finn ist in seine Sarongs gekuschelt. Draußen seufzt die Nachtigall. Die RISHO liegt ganz ruhig im Flusswasser. Danke für all das. Danke Universum ... oder was immer da ist ... und natürlich Danke, RishoMaru.
Du bist das beste, schönste Schiff der Welt. Danke, dass du uns gut heimgebracht hast.
Übrigens. Was hältst du von Brasilien?

ENDE

Die Route der Risho Maru

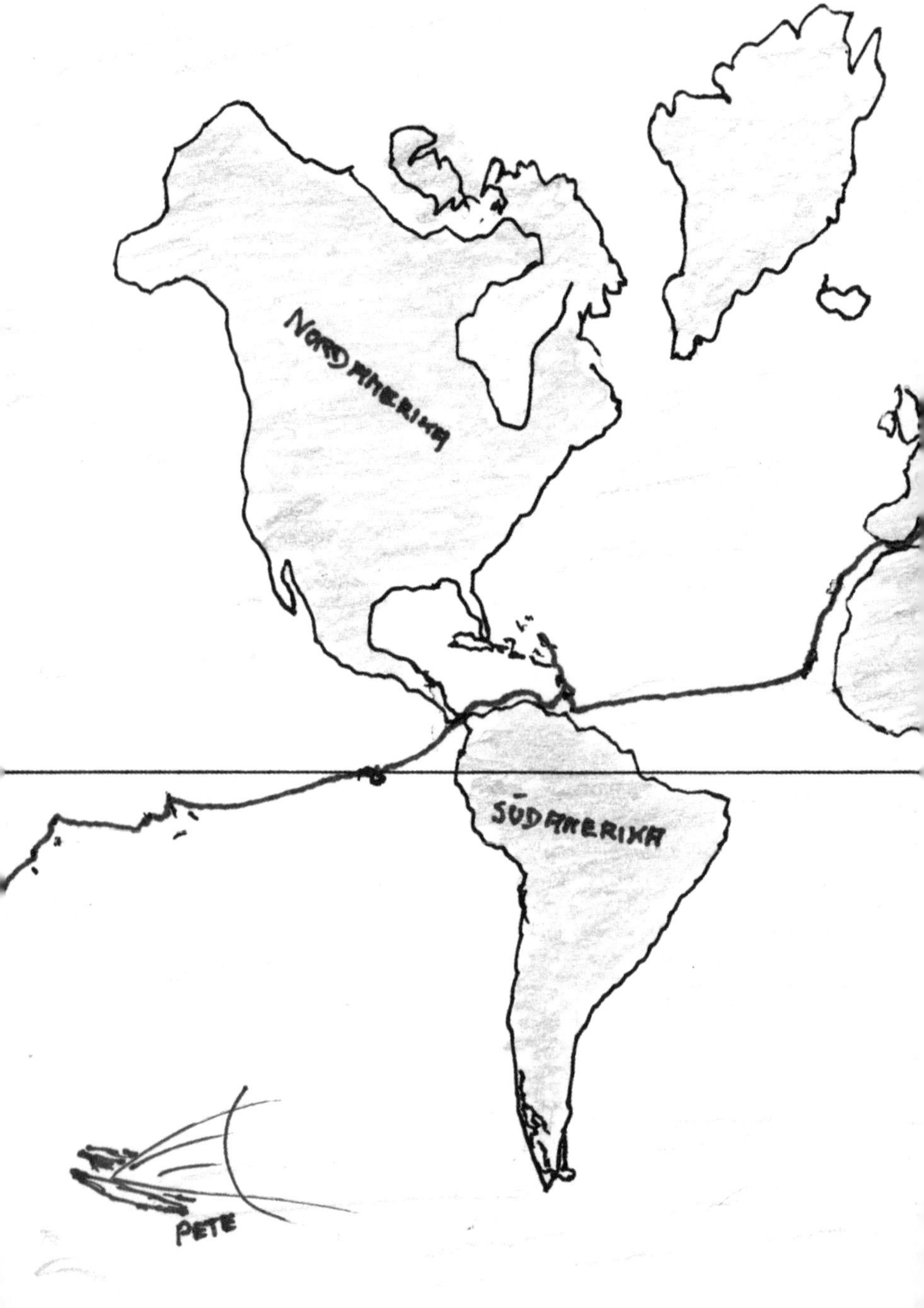

ASIEN
AUSTRALIEN

Der Kapitän und sein Schiff!

Unser Schiff Risho Maru zu beschreiben ist mir eine Freude, denn immerhin hat uns dieses Boot ohne Schaden sicher um die Welt gebracht. Wir könnten gleich die nächste Runde drehen, aber das wird wohl noch etwas dauern. Vielleicht fünf, vielleicht zehn Jahre. Für uns wird Risho Maru, so denke ich, wieder das Schiff sein, mit dem wir über die Ozeane segeln werden.

Risho Maru ist ein Katamaran, eine Narai Mk 4, nach den Plänen von James Wharram gebaut. James Wharram zeichnete seine ersten Boote Anfang der Fünfzigerjahre und blieb seinen Prinzipien treu, einfache Boote für den Ozean zu zeichnen. Seine Schiffe sollen vor allem im Einklang mit der Natur segeln, zurück zu den Ursprüngen einer Seereise führen. Seine Boote sind den Doppelkanus der Polynesier nachempfunden, die mit ihren Booten den weiten Pazifik und den Indischen Ozean bereisten. Vor langer, langer Zeit in der Vergangenheit.
Unsere Risho Maru segle ich seit über 25 Jahren und habe mehr als 56.000 Seemeilen auf der Logge. Viele Jahre im Mittelmeer und zuletzt unsere gemeinsame Weltumsegelung. Sie hat mehr Seemeilen im Kielwasser als die meisten der geklonten Wundercruiser. Ich denke, unser Schiff hat sich dadurch schon selbst bewiesen.

Unser Boot ist einfach zu segeln und lässt sich vor allem alleine segeln. Vor unserer Abreise hatten wir eine größere Liste von Dingen, die wir noch unterwegs anschaffen wollten, wie zum Beispiel einen Wassermacher. Den haben wir, wie viele andere Dinge, nicht gekauft. Wir hatten immer ausreichend Wasser an Bord und auch sonst haben wir nichts vermisst. Je simpler ein Boot, desto mehr Zeit für die vielen Abenteuer.

Derzeit wartet Risho Maru an Land in einer Marina in Italien, wartet dort, bis wir unseren Weg zurück auf See finden.

Einige Daten zum Katamaran und der Ausrüstung:

Eine kuttergetakelte Ketsch, sehr einfach zu segeln. Das Baumaterial sind Sperrholz, Holz, Epoxidharz und Gewebe. Zwei Schotten in jedem Rumpf erhöhen die Sicherheit bei Kollision.

Länge:	11,95 m
Breite:	6,0 m
Tiefgang:	0,8 m
Gewicht:	5,8 t
Segelfläche:	74 qm am Wind mit Klüver, Fock, Groß, Besan.
Weitere Segel:	Blister, Spinnaker, Besanstagsegel, Sturmfock
Motor:	Yanmar Diesel-Außenborder 27 PS
	Beiboot mit Motor 9,8 PS Tohatsu
Wasser:	370 Liter im Nirotank, 200 Liter in Kanistern
Diesel:	250 Liter
Strom:	ausschließlich aus 5 Solarzellen und einem Windgenerator
Anker:	Bügelanker: 23 kg mit 35 m Kette, 60 m Leine
Delta-Anker:	25 kg mit 15 m Kette, 30 m Leine
Navigation:	2 x GPS, Echolot, Log, Radar, GMDSS UKW, Amateurfunk, Pactor, zwei Laptops
Sicherheit:	Epirb, Iridium, Rettungsinsel und alle sonstigen Einrichtungen nach Sicherheitsnorm
Weitere Ausrüstung:	2 Windsurfbords, Wellenreitbrett, Kiteboard, 2 Gitarren, Angelausrüstung und einiges mehr.

Im Lauf der Reise sammelte sich zusätzlich zu vieles an. Alle diese schönen Erinnerungen und Souvenirs hängen jetzt verteilt in unserer Wohnung und bringen unsere Gedanken auf wunderbare Weise zurück zu den vielen schönen Plätzen, die wir entdeckt haben.

Danke an

Hari, unseren Webmaster, ohne den kein Mensch von uns gelesen oder was gesehen hätte.

Andrea, die absolut perfekt alle Bank-, Amts- und Schulwege übernommen hat.

Katsch und die Chaoten-Bande, die gedanklich immer bei uns waren.

Motti, die uns tapfer ziehen ließ.

Franz, mit dem Peter das Segeln entdeckt hatte.

Uli, der an uns geglaubt und dieses Buch gewagt hat.

Alle die vielen anderen, die mit uns mitfieberten, mitfühlten und mitreisten.

PAF hoffen ihr seid bei der nächsten Runde auch wieder dabei – just kidding – oder doch nicht?